아이와 떠나는
제주 여행 버킷리스트

아이와 떠나는 제주 여행 버킷리스트

초판 1쇄 발행 | 2022년 8월 13일
초판 3쇄 발행 | 2024년 1월 5일

지은이 | 신재현, 공혜정
발행인 | 안유석
책임편집 | 고병찬
편집자 | 하나래
디자이너 | 이정빈
펴낸곳 | 처음북스
출판등록 | 2011년 1월 12일 제2011-000009호
주소 | 서울특별시 강남구 강남대로364 미왕빌딩 17층
전화 | 070-7018-8812
팩스 | 02-6280-3032
이메일 | cheombooks@cheom.net
홈페이지 | www.cheombooks.net
인스타그램 | @cheombooks
페이스북 | www.facebook.com/cheombooks
ISBN | 979-11-7022-246-0 13980

이 책 내용의 전부나 일부를 이용하려면 반드시 저작권자와 처음북스의
서면 동의를 받아야 합니다.

* 잘못된 책은 구매하신 곳에서 바꾸어 드립니다.
* 책값은 표지 뒷면에 있습니다.

제주 초등 교사 부부가 알려주는 현장 학습 100선

아이와 떠나는 제주 여행 버킷리스트

신재현·공혜정 지음

아이와 함께 즐기는 제주도의
명소, 체험, 자연, 박물관

처음북스

여는 글 1

아는 만큼 행복해지는 곳, 제주도

특별하게 여겨지던 '제주 한달살이'가 이제는 더 이상 특별한 일이 아닐 정도로 많은 사람이 제주도를 찾고 있다. 우리 가족은 제주도에 이주하기 전 두 번의 '제주 한달살이'를 경험했다. 제주살이는 좋았지만 아이들을 데리고 어디를 가야 좋을지가 항상 고민이었다. 그러면서 자연스럽게 '아이를 둔 부모를 위한 제주 여행 가이드 북이 있다면 얼마나 좋을까?'라는 생각을 했다.

이 책은 제주도를 사랑해 제주도로 이주한 제주도민이 쓴 책이다. 또한 초등학생 아들과 딸을 둔 부모로서 쓴 책이다. 그리고 제주도에서 아이들을 가르치고 있는 현직 초등 교사 부부가 쓴 책이다. 부모이자 교사로서 쓴 책이기에 제주도 여행을 관광의 관점만이 아닌 교육의 관점에서 보고자 노력하였다. 아이들이 제주도 여행에서 특히 좋아하고 즐거워하는 장소와 요소를 담고자 노력하였다.

책을 쓰기 위하여 주말이나 휴일이면 온 가족이 제주도 전역을 다니며 직접 보고 느끼고 체험했다. 책에 소개된 박물관, 명소, 자연은 우리 가족이 직접 찾아간 곳이며 다양한 체험은 초등학생인 아들딸이 참여한 것이다. 또한 여행지에 소개된 음식점은 모두 찾아가 맛을 본 곳이다. 어른들의 입맛에 맞아도 아이들에게 맞지 않으면 과감하게 삭제하였다. 현장을 생생하게 전달하고자 가는 곳마다 카메라 셔터를 눌렀고, 사진이 마음에 들지 않으면, 날씨가 좋은 날을 기다려 다시 찾아가 사진을 찍었다. 책의 사소한 곳까지 많은 정성을 들

였다. 책을 함께 쓴 아내와 집에서 쉬고 싶은 마음을 접고 우리를 따라다녔던 아이들도 고생이 많았다. 힘들었던 만큼 알찬 내용으로 가득 채워졌다고 자신한다.

　제주도는 그냥 보아도 아름다운 곳이지만 알고 본다면 더욱 행복해지는 곳이다. 이 책을 읽는 독자들이 제주도를 더 이해하고 제주도의 다양한 모습을 알 수 있기를 기대한다. 제주도를 더욱 사랑하게 되기를 기대한다.

　함께 글을 쓴 아내와 힘든 여정을 따라나선 아들, 딸에게 고마움을 전한다. 원고의 방향과 관점이 흔들릴 때마다 명확하게 다시 잡아준 처음북스 관계자님과 편집자 고병찬 대리님께도 감사의 인사를 전한다.

- 신재현 -

여는 글 2

제주 여행으로
힐링과 교육을 한번에!

아이들에게 여행 경험은 매우 중요하다. 특별한 장소에 직접 가서 눈으로 보고 듣고 만지고 체험하는 것은 아이들에게 소중한 기억으로 남고 이것이 훗날 아이가 자라는데 큰 자양분이 된다. 많은 곳을 가본 아이들일수록 보는 눈이 넓어지고 마음의 그릇도 커진다. 하지만 부모와 아이 모두 너무 바빠서 체험 한 번, 여행 한 번 가는 것이 쉽지 않다. 그러다 모처럼 어렵게 시간 내서 떠나는 가족 여행길, 그 소중한 시간 동안 많이 웃고 많이 느끼고 많은 추억을 만들 수 있다면 참 좋겠다는 생각, 그렇게 하는 데 내 글이 도움이 될 수 있으면 좋겠다는 생각이다. 제주 여행으로 부모님은 그간의 스트레스를 풀고, 아이들은 소중하고 교육적인 경험을 간직할 수 있었으면 한다.

그래서 제주 여행을 아이와 함께하는 현장 학습으로 보았을 때 교육적으로 좋은 점, 유의할 점, 아이에게 알려줄 만한 팁을 풀어놓았다. 단순히 여행의 재미뿐만 아니라 현장에서 조금 더 세심하게 보고 배우며 느낄 만한 부분이 무엇인지, 아이와 함께하는 만큼 주의해야 할 부분이 무엇일지 생각해서 관련된 정보를 수록하였다.

또 책에 추천한 식당이나 카페 등 맛집들은 아이와 함께 갔을 때 힘들지 않고 즐겁게 식사할 수 있는 곳 위주로 소개했다. 유명한 식당이 아니더라도 테이블 공간이 넓고 아이들 먹기 좋은 메뉴가 있는 식당, 아이들과 같이 가도 편하고 맛있고 영양가 있는 곳인지를 고려하였다. 또 가성비 좋은 착한 식당부

터 고급스러운 분위기를 즐길 수 있는 식당, 숨어 있는 도민 맛집까지 여행 장소에서 가까운 거리에 편하고 즐거운 식사가 가능한 곳들을 추천하였다.

 어디에 있든 내가 발 딛고 있는 그곳이 천국이자 지상 낙원이라는 마음으로 살기 위해 노력한다. 지금의 나는 제주 땅을 딛고 살아가고 있으며 제주에서 많은 것을 보고 느끼고 배운다. 그리고 제주에서 늘 행복한 일상을 만들어 나가고 있다. 여러분들의 제주 여정도 그러하길 바란다.

 이 책을 위해 도움 주신 많은 분들과 부모님께 감사를 전한다. 아들과 딸에게 사랑을, 함께 작업한 남편에게 존경을 표한다. 그리고 고병찬 대리님과 처음북스 관계자분들, 애쓰셨습니다!

- 공혜정 -

<아이와 떠나는 제주 여행 버킷리스트> 활용법

유용한 여행 정보가 가득한 이 책의 특별함 57가지!

1. 제주 초등 교사 부부가 알려 주는 제주도 여행지!

아이와 부모를 위한 가족 중심의 가이드 북

현지 제주 초등 교사 부부가 알려 주는 아이를 위한 제주도 여행지를 소개한다. 실제 두 명의 초등 자녀를 둔 제주 교사 부부가 아이들과 함께 제주도의 곳곳을 다니면서 집필하였다. 내 아이와 교육은 물론 좋은 추억을 쌓고 싶다면 이 책을 들고 제주 여행을 떠나 보자.

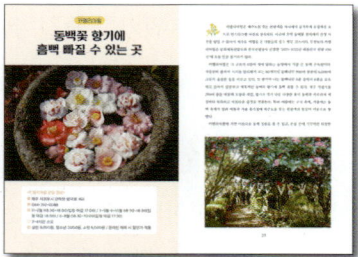

2. 네 가지 테마로 분류한 제주 여행 버킷리스트 100!

명소, 체험, 자연, 박물관 현장 학습 100선

제주도를 여행한다면 꼭 가 봐야 하는 명소. 아이들이 즐기기 좋은 체험 거리. 살아있는 자연을 느낄 수 있는 여행지. 마지막으로 박물관 천국이라고 불리는 제주도의 다양한 박물관까지! 아이와 제주도에서 해야 하는 100가지의 여행 정보를 담았다.

3. 아이 성장에 도움이 되는 현장 학습 정보가 가득하다!

즐거운 여행과 아이의 성장을 한번에!

아이와 제주 여행을 떠날 때 꼭 필요한 정보는 물론 여행지마다 아이에게 유용한 교육적 내용과 현장 학습 팁까지 꼼꼼하게 서술하였다. <아이와 떠나는 제주 여행 버킷리스트> 보며 아이와 즐거운 여행을 보내고 일일 선생님이 되어 보는 것은 어떨까?

제주도민 추천 음식점부터 SNS에 핫한 장소까지!
이동 동선을 고려한 추천 맛집 정보 수록

여행에서 결코 빠질 수 없는 곳이 바로 음식이다. <아이와 떠나는 제주 여행 버킷리스트>는 여행의 동선을 고려해 해당 스폿과 가까운 맛집을 수록하였다. 제주도민이 추천하는 로컬 식당은 물론 SNS에 핫한 음식점까지 빠짐없이 담았다.

제주 한달살이와 일년살이의 정보도 가득 담았다!
아이와 제주살이 로망을 꿈꾼다면 주목하자

두 번의 제주살이와 제주를 사랑해 이곳에 정착하게 된 제주 초등 교사 부부가 알려주는 한달살이와 일년살이 정보를 담았다. 아이와 부모 모두 잊지 못할 추억을 만들고 싶다면 주목하자. 집을 구하는 일부터 제주살이의 생활까지 총망라하였다.

<아이와 떠나는 제주 여행 버킷리스트>는 제주도 여행의 최신 정보를 정확하고 자세히 담고자 노력하였으나, 시시각각으로 변화하는 제주도의 특성상 현지 사정에 의해 정보가 달라질 수 있음을 사전에 알려드립니다.

목차

여는 글 1, 2　004
<아이와 떠나는 제주 여행 버킷 리스트> 활용법　008
한눈에 보는 제주 여행 지도　016

명소편

카멜리아힐 - 동백꽃 향기에 흠뻑 빠질 수 있는 곳 …………………… 020
성산일출봉 - 제주도의 뛰어난 경관을 볼 수 있는 곳 ………………… 024
산굼부리 - 제주도에서 가장 아름다운 가을 억새 …………………… 030
절물자연휴양림 - 가슴 깊은 곳까지 맑은 공기를 느껴요 …………… 034
하귀애월·신창풍차·해맞이 해안도로 - 가족과 함께 해안도로를 달려요 ……… 039
휴애리 자연생활공원 - 계절별로 꽃 축제가 유명한 테마파크 ……… 044
광치기 해변·표선면 가시리·산방산 - 제주도 봄날의 수채화, 유채꽃밭 ……… 048
구엄리 돌염전 - 제주도 사람들은 어떻게 소금을 얻었을까? ……… 053
종달리 수국길 - 여름을 알리는 제주도의 선물 ……………………… 056
한라 수목원 - 도심 속의 수목원, 조용한 숲길을 걸어요 …………… 059
한림공원 - 열대 지방의 나무가 모두 모여 있는 곳 ………………… 063
여미지 식물원 - 기네스북에 오른 동양 최대의 온실 식물원 ……… 067
4·3평화공원 - 아이의 눈높이로 제주의 아픈 역사를 이야기해요 …… 071
비자숲힐링센터 - 친환경 체험으로 아이와 힐링을 하자 …………… 075
새연교 - 야경이 예쁜 다리를 아이와 함께 산책해요 ………………… 079
에코랜드 - 제주도에서 기차 타고 숲을 여행해요 …………………… 082
명월국민학교 - 폐교가 아름다운 문화공간으로 거듭나다 ………… 086
액티브파크 제주 - 사계절 실내에서 클라이밍을 즐겨요 …………… 090
오설록 티 뮤지엄 - 국내 최초의 차 박물관이자 문화공간 ………… 094

무민랜드 - 무민 이야기가 가득 채워진 감성 공간……………………………098
스누피 가든 - 따듯함이 가득한 야외 정원과 전시관……………………………102
제주민속촌 - 조선 시대 속 제주 마을로의 여행……………………………106
화조원 - 예쁜 새들과 친구가 되어요 ……………………………………………110
더마파크 - 제주도에서는 말도 연기를 한다 ……………………………………116
신비의 도로 - 어라, 저절로 공이 위로 올라가네? ………………………………120

체험편

감귤 따기 체험 - 새콤달콤한 귤을 수확해 보자……………………………126
제주도 보말 채집 - 제주도의 보물, 보말을 잡아요……………………………130
우당 도서관 - 아름다운 뷰가 있는 제주도의 도서관……………………………134
동문재래시장·매일올레시장 - 아이와 제주 전통 시장을 찾아가요 …………138
계절별 제주 추천 호텔 - 아이와 함께 호캉스를 만끽하자……………………143
도치돌 알파카 목장 - 귀여운 알파카를 찾아서!………………………………150
북타임 - 아이와 함께 제주도 책방 투어 ………………………………………154
노루생태관찰원 - 가볍게 트레킹을 하며 노루를 만날 수 있는 곳……………158
아침미소목장 - 탁 트인 풍경을 자랑하는 제주도의 스위스……………………162
제주해바라기공방 - 제주의 바다를 나만의 작품 속에 담아요…………………166

캔디원 - 사탕 향기가 솔솔, 하루가 달콤해지는 체험 ············ 170
아토도예공방 - 나만의 접시를 만들 수 있는 곳 ················ 174
노지 캠핑 - 캠핑의 천국 제주도 1 ···························· 178
오토 캠핑 - 캠핑의 천국 제주도 2 ···························· 184
비밀의 숲 - 동화 같은 숲을 산책할 수 있는 곳 ················ 192
하효살롱협동조합 - 제주도의 맛, 감귤 타르트 만들기 ············ 196
산방산 탄산온천 - 제주도의 신기한 탄산온천 체험 ············· 200
차귀도 요트 투어 - 럭셔리하게 제주 바다를 즐기는 방법 ········ 204
제주 승마공원 - 제주도에서 즐기는 승마 체험 ················· 208
서핑 체험 - 시원한 바다에서 아이와 함께 서핑을 ·············· 212
당근 체험 - 아이부터 어른까지 수확의 기쁨을 느껴 봐요 ········ 217
제주대학교 벚꽃길 - 전국에서 가장 먼저 벚꽃이 피는 곳 ········ 220
서귀포 잠수함 - 수심 40m까지 볼 수 있는 특별한 경험 ·········· 223
차귀도 낚시 체험 - 초보자도 손맛을 느낄 수 있어요 ············ 227
모슬포항과 대방어 축제 - 대방어의 쫄깃함을 맛볼 수 있는 곳 ···· 231

자연편

사려니숲 - 피톤치드를 가슴 깊숙하게 마셔요 ··················· 236
용두암·도두동 무지개해안도로 - 제주 바다에서 용을 만나다 ······ 240

큰엉해안경승지 - 나무 사이에 그려진 한반도 지도 ··· 244

성산일출봉·거문오름 - 유네스코 세계 자연유산의 현장으로 ····························· 247

아이와 함께 가기 좋은 오름 10곳 - 아이와 함께 오름에 올라요 ························ 252

섭지코지 - 제주도 동쪽 바다를 한눈에 바라보자 ··· 260

돈내코 유원지 - 물놀이하기 좋은 제주도의 계곡 ·· 264

쇠소깍 - 제주 전통 배를 타고 쇠소깍을 구경해요 ··· 267

표선해수욕장·이호테우해수욕장 - 아이와 물놀이하기 안전한 해수욕장 ······ 270

정방폭포 - 서귀포 지명의 유래가 담긴 곳 ·· 275

천지연폭포 - 폭포가 쏟아지는 공원에서 하루를 ··· 279

천제연폭포 - 예술품 같은 세 개의 폭포가 모여 있는 곳 ······································· 283

우도 - 섬 속의 섬, 아름다운 우도 여행 ·· 287

가파도 - 드넓은 청보리밭이 아름다운 섬 ·· 292

비양도 - 비양나무를 볼 수 있는 유일한 곳 ··· 296

마라도 - 우리나라 최남단의 섬으로 떠나 보자 ·· 300

1100고지 습지 - 차를 타고 한라산에 올라요 ·· 304

한담해안산책로 - 아이와 함께 걷기 좋은 해안산책로 ·· 308

월정리 바다 - 해외여행을 온 듯한 에메랄드빛 바다 ·· 312

색달해수욕장 - 하와이의 와이키키 해변이 제주도에 ··· 316

성이시돌목장 - 척박한 땅에서 일궈 낸 거대한 초원 ·· 320

송악산 - 걷기 좋은 둘레길이 있는 곳 ·· 324

안덕계곡 - 사시사철 물이 흐르는 유일한 제주도 계곡 ································ 328
어영공원 - 대한민국 최고의 바다 뷰 놀이터 ···································· 331
만장굴 - 동양 최대의 용암 동굴 ·· 334

박물관편

제주 돌문화공원 - 제주도를 이해할 수 있는 테마파크 ························· 340
감귤박물관 - 제주도 하면 감귤, 감귤 하면 제주도 ··························· 344
이중섭 미술관 - 불운의 천재 화가, 이중섭을 찾아가다 ······················ 348
왈종미술관 - 미술관 전체가 하나의 예술 작품인 곳 ························ 352
김영갑 갤러리 두모악 - 제주도를 사랑한 사진작가 김영갑을 찾아서 ········· 356
아르떼뮤지엄 제주 - 빛으로 그린 아름다운 예술 작품 ······················ 360
국립제주박물관 - 모든 제주의 역사를 만날 수 있는 곳 ····················· 364
해녀 박물관 - 유네스코 인류무형문화유산 해녀를 찾아서 ··················· 368
피규어 뮤지엄 - 아이보다 어른이 더 좋아하는 박물관 ······················ 372
헬로키티 아일랜드 - 온통 핑크빛으로 물든 세상 ··························· 376
넥슨 컴퓨터 박물관 - 제주도에서 컴퓨터의 역사를 배워요 ··················· 380
제주 항공우주 박물관 - 제주도를 넘어 세계로, 우주로! ···················· 385
아쿠아플라넷 제주 - 아시아 최대 면적을 자랑하는 아쿠아리움 ·············· 389
박물관은 살아있다 - 어른도, 아이도 동심의 세계로 떠나요 ················· 393

별빛누리공원 - 제주에서 우주 과학자의 꿈을 키워요 ·················397
아프리카 박물관 - 제주도에서 아프리카 문화를 배워요···············401
더 플래닛 - 버디프렌즈가 들려 주는 숲속 이야기 ····················405
세계 자동차&피아노 박물관 - 아이를 위한, 어른을 위한 박물관·········409
제주민속자연사박물관 - 제주의 역사와 전통문화가 숨 쉬는 공간·········413
삼성혈 - 탐라왕국의 발상지를 찾아서······························417
추사관 - 추사 선생님의 묵향이 있는 곳····························420
제주목 관아·관덕정 - 옛 제주의 중심을 찾아서······················425
제주 유리박물관 - 아름다운 유리 공예를 만날 수 있는 곳··············430
테디베어 박물관 - 귀여운 테디베어로 가득한 세상····················434
브릭캠퍼스 - 아이들의 친구 레고와 하루를··························438

부록 1 제주도 한달살이 446
부록 2 제주도 일년살이 459

아이와 떠나는 제주 여행 버킷리스트

명소편

카멜리아힐 | 성산일출봉 | 산굼부리 | 절물자연휴양림 | 하귀애월해안도로·신창풍차해안도로·해맞이해안도로 | 휴애리 자연생활공원 | 광치기 해변·표선면 가시리·산방산 | 구엄리 돌염전 | 종달리 수국길 | 한라 수목원 | 한림공원 | 여미지 식물원 | 4·3평화공원 | 비자숲힐링센터 | 새연교 | 에코랜드 | 명월국민학교 | 액티브파크 제주 | 오설록 티뮤지엄 | 무민랜드 | 스누피 가든 | 제주민속촌 | 화조원 | 더마파크 | 신비의 도로

카멜리아힐

동백꽃 향기에 흠뻑 빠질 수 있는 곳

<카멜리아힐 관람 정보>

📍 제주 서귀포시 안덕면 병악로 166
☎ 064-792-0088
📅 11~2월 08:30~18:00(입장 마감 17:00) / 3~5월·9~10월 08:30~18:30(입장 마감 18:00) / 6~8월 08:30~19:00(입장 마감 17:30)
🕐 3~4시간 소요
🆆 성인 10,000원, 청소년 8,000원, 어린이 7,000원 / 온라인 예매 시 할인

카멜리아힐은 제주도를 찾는 관광객들 사이에서 급격하게 유명해진 곳으로 인스타그램 사진의 성지이다. 이곳에 오면 동백꽃 천지에서 인생 사진을 남길 수 있어서 제주도 여행을 온 사람들의 필수 방문 코스이다. 무엇보다 카멜리아힐은 문화체육관광부와 한국관광공사 선정한 '2021~2022년 대한민국 관광 100선'에 오를 만큼 볼거리가 많다.

카멜리아힐은 그 규모가 6만여 평에 달하는 동양에서 가장 큰 동백 수목원이다. 가을부터 봄까지 시기를 달리해서 피는 80개국의 동백나무 500여 품종의 6,000여 그루가 울창한 숲을 이루고 있다. 또 향기가 나는 동백나무 8종 중에서 6종을 보유하고 있어서 달콤하고 매혹적인 동백의 향기에 흠뻑 취할 수 있다. 제주 자생식물 250여 종을 비롯해 모양과 색깔, 향기가 각기 다른 다양한 꽃이 동백과 어우러져 계절마다 독특하고 아름다운 풍경을 연출한다. 특히 여름에는 수국 축제, 겨울에는 동백 축제가 열려 여름과 겨울 휴가철에 제주도를 찾는 관광객의 발길이 이곳으로 향한다.

카멜리아힐에 가면 아름다운 동백 정원을 볼 수 있고, 온실 안에 가꾸어진 다양한

꽃과 식물을 볼 수 있다. 또한 정원 전망대에 올라 서귀포의 멋진 풍경을 감상할 수도 있다. 이런 다양한 볼거리가 가득한 카멜리아힐을 한마디로 표현하자면 '자연이 만든 야외 미술관'이다.

  카멜리아힐을 방문할 계획이라면 여유 있게 일정을 세워야 한다. 되도록 천천히, 오래 머물며 이곳을 느끼기를 바란다. 1~2시간 안에 사진만 찍고 돌아가려 한다면 이곳을 제대로 누릴 수가 없다. 온실에 마련된 카페에서 꽃향기를 맡으며 차를 한잔하고, 각양각색의 동백나무 아래에서 사진을 찍고, 넓은 잔디 운동장에서 마음껏 달리며 동심의 세계로 돌아가 보는 것도 좋다. 날씨가 추워지는 겨울이 되어야 더욱 선명한 빛을 내는 동백꽃, 이것은 제주도가 주는 겨울의 선물이다. 이곳에 오면 동백꽃 향기에 취할 수 있다.

  카멜리아힐 내부에 마련된 굿즈 숍에서는 동백꽃으로 만든 오일, 향수, 비누 등 다양한 제품과 기념품을 판매하고 있으니 필요한 것은 구입해 볼 수 있다. '자연은 원래 느리다.'라는 말처럼 카멜리아힐에 오래 머물며 지친 몸과 마음을 달래는 기회를 갖기를 바란다.

아이와 함께 현장 학습 팁!

카멜리아힐은 아이들과 걸으며 꽃과 자연의 아름다움을 감상할 수 있는 곳이다. 특히 11~3월 사이 절정을 이루는 아름다운 동백꽃과 함께 자연을 가까이 느끼고, 넓은 잔디밭에서 신나게 뛰어놀며, 물총새와 대화를 나누는 즐거운 여행을 만끽할 수 있다. 부지가 넓고 코스가 길기 때문에 저학년 아이들의 경우 힘들어할 수 있으므로 쉼터나 카페 등을 이용하는 것이 좋다.

특히 카멜리아힐에 위치한 플라워카페는 자연을 생각한 생분해성 친환경 종이컵과 종이 빨대를 사용하고 있었다. 이러한 소재를 매개로 환경에 대한 이야기를 아이들과 주고받는 것은 어떨까? 특히 제주도는 관광객이 많아 쓰레기와 일회용품 사용량이 많기 때문에 환경 문제를 해결하고 아름다운 제주를 지키는 방법을 논하는 것도 좋다.

카멜리아힐 주변 맛집

잇뽕사계

사계 해변 근처 신선하고 맛있는 일식당이다. 흑돼지 돈까스와 짬뽕 그리고 사케동이 맛있는 장소.
위치 서귀포시 안덕면 사계로114번길 54-12
전화 064-794-2545
시간 11:30~21:00(15:30~17:00 브레이크타임) / 월 휴무
메뉴 본카츠 16,000원, 짬뽕 12,000원, 사케동 14,000원

더비치크랩

랍스타, 제주돈마호크, 제주딱새우를 맛볼 수 있는 곳이다. 입맛 취향 다른 가족을 모두 만족시키는 곳.
위치 제주 서귀포시 안덕면 사계남로 168
전화 0507-1428-0514
시간 11:30~20:30 / 월요일 휴무
메뉴 제주돈마호크스테이크(400g) 39,900원, 스노우크랩세트(M) 129,900원

성산일출봉

제주도의 뛰어난 경관을
볼 수 있는 곳

<성산일출봉 관람 정보>

📍 제주특별자치도 서귀포시 성산읍 일출로 284-12
☎ 064-783-0959
📅 3~9월 07:00~20:00, 10~2월 07:30~19:00 / 매월 첫째 월요일 휴무
🕐 2~3시간 소요
₩ 성인 5,000원, 청소년·군인·어린이 2,500원

제주도 하면 가장 먼저 떠오르는 것은 무엇인가? 사람마다 다를 수는 있지만 대부분 한라산과 성산일출봉이지 않을까? 성산일출봉은 유네스코 자연과학 분야 3관왕, 세계 7대 자연경관, 한국생태관광 10선, 한국관광 50년 기네스 12선 등으로 국제사회에서도 인정받는 제주도의 상징이다. 성산일출봉의 일출은 고려 시대 팔만대장경에도 새겨져 있을 정도라니 그 역사와 의미가 얼마나 대단한지 짐작할 수가 있다. 이름에서도 알 수 있듯이 이곳에서는 떠오르는 해를 가장 먼저 볼 수 있다. 이러한 이유로 옛날부터 새해가 되면 이곳에서 새해맞이 행사가 열렸다. 지금도 매해 1월 1일 0시가 되면 화려한 불꽃축제와 함께 '성산일출 축제'가 열린다.

> **TIP**
>
> **성산일출 축제**
>
> 성산일출 축제는 제주도에서 열리는 가장 큰 행사 중의 하나이다. 유명 인사들이 행사에 참석하고 다양한 공연이 열린다. 그리고 성산일출봉의 커다란 주차장은 모두 제주도 내 읍면동 지역 마을 부스가 세워져 다양한 먹거리와 특산물을 판매한다. 성산 읍내에서부터 화려하고 신나는 퍼레이드를 선보이고, 새해 1월 1일 0시가 되면 까만 밤하늘을 화려한 불꽃놀이로 물들인다. 단, 워낙 많은 인파가 몰리다 보니 행사장에서 먼 성산 읍내에 주차를 하고 걸어와야 한다.

성산일출봉은 제주도의 수많은 오름 중의 하나이다. 하지만 제주도에 있는 360여

개의 오름 중 하나라고 말하기에는 섭섭한 일출봉만의 특징과 매력이 있다. 차이점은 성산일출봉이 마그마가 분출하면서 만들어진 수성화산체라는 사실이다. 다른 오름들이 지면에서 마그마가 분출하여 만들어졌다면 성산일출봉은 물속에서 만들어져 솟아난 것이다. 화산활동 시 분출된 뜨거운 마그마가 차가운 바닷물과 만나면서 화산재가 습기를 많이 머금어 끈끈한 성질을 띠게 되었고, 이것이 층을 이루면서 쌓인 것이 성산일출봉이다.

정상에 오르면 너비가 8만여 평에 이르는 분화구를 볼 수 있다. 오목한 형태의 분화구 안에는 억새와 많은 식물들이 무성하게 자라고 있다. 분화구 둘레에는 99개의 봉우리(암석)가 자리하고 있는데 이 모습이 거대한 성과 같다고 해서 '성산(城山)'이라고 이름 붙여졌다. 또한 해가 뜨는 모습이 장관이라 하여 '일출봉(日出峰)'이라는 이름이 붙었다. 제주도 전설에 의하면 성산일출봉의 봉우리가 백 개였다면, 제주에도 호랑이, 사자 같은 맹수가 날 것인데, 하나가 모자란 아흔아홉 개여서 호랑이와 사자가 살지 않는 것이라고 전해진다.

성산일출봉에는 두 개의 코스가 있다. 하나는 오름 하단부를 가볍게 산책하는 코스로 입장료가 없고 어린이도 쉽게 걸을 수 있는 코스이다. 망원경이 설치된 곳까지 걸

어가면 우도가 한눈에 들어오고 일출봉의 기암절벽 모습을 볼 수 있다. 계단을 따라 내려가면 성산일출봉 둘레를 돌 수 있는 모터보트를 운영하는 곳이 있고, 해녀분들이 멍게와 해삼을 팔고 있어 바닷바위에 앉아 멋진 풍경을 배경으로 맛을 볼 수 있다. 또 하나는 입장료를 내고 성산일출봉을 등반하는 코스이다. 가파른 코스이지만 계단이 잘 설치되어 있어 등반하기는 어렵지 않다. 아이가 너무 어리거나 연세가 많으신 노인분들의 경우에만 체력적으로 무리가 갈 수 있다. 초등학생 정도면 1시간 이내에 충분히 등반할 수 있으니 도전할 만하다. 일출봉의 정상에 서서 성산 일대의 풍경을 보면 왜 이곳이 명소인지 금방 알 수 있다. 탁 트인 풍경과 바다와 육지가 이룬 자연의 조화에 감탄하게 된다. 이곳에 오면 반드시 사진 촬영을 하는 곳이 있다. 바로 '일출봉 정상'이라고 쓰인 제주도 지도 모양의 기념 푯말 앞이다. 이곳에 줄을 서서 사진 촬영을 마치고 풍경을 감상해 보자. 산에서 내려갈 때는 중간에 등산길과 하산길이 나누어져 있어 관광객 간의 동선이 겹치지 않고 안전하게 내려갈 수 있다.

성산일출봉은 제주도의 상징이다. 그래서 더욱 의미가 있다. 평소 등산을 좋아하지 않더라도 산세가 험하지 않고 오르기 쉬운 성산일출봉에 올라 보면 색다른 경험이 될 것이다.

아이와 함께 현장 학습 팁!

　성산일출봉 입구에서 보이는 기념관에 가 보면, 성산일출봉이 유명한 이유를 알 수 있다. 유네스코 세계자연유산으로 지정된 유래, 성산일출봉의 지리학적 의미까지 자세한 설명이 있다. 게다가 성산일출봉의 보이지 않는 바다 밑의 지질 구조는 얼마나 신기하고 장엄한지, 알면 알수록 자연의 놀라움에 빠지게 될 것이다.

　입구에서 시작하여 성산일출봉 정상까지 가는 길은 초등 2~3학년 아이들도 올라갈 수 있는 코스이다. 약간 가파른 구간이 나올 때 서로 격려해 주고 뒤에서 밀어주며 함께 힘을 실어 보자. 정상에 도착하면 장관이 펼쳐지고 자연의 경건함에 푹 빠지게 된다. 드넓은 바다와 화산섬 제주의 아름다움을 흠뻑 느낄 수 있을 것이다. 정상에서 시원한 바닷바람을 맞으면 뿌듯하기도 하고, 집 안에만 있던 아이들이 바깥바람 제대로 쐬며 가슴이 뻥 뚫리는 경험을 하게 될 것이다.

성산일출봉 주변 맛집

쏠레국수

깔끔한 국물에 고기가 듬뿍! 제주도민들의 국수집으로 잘 알려져 있다. 제주도의 유명한 고기국수는 물론 멸치국수까지 맛있는 맛집.

위치 서귀포시 성산읍 성산등용로 96-1
전화 064-782-7354
시간 09:30~13:30
메뉴 멸치국수 7,000원, 고기국수 8,000원

맛나식당

가성비가 끝내 주는 성산 로컬 맛집이다. 생선조림 요리가 일품인 음식점으로 간혹 웨이팅이 있을 수 있으니 참고하기를 바란다.

위치 서귀포시 성산읍 동류암로 41
전화 064-782-4771
시간 08:30~14:00 / 수, 일요일 휴무
메뉴 갈치조림 13,000원, 고등어조림 11,000원

제일성심당

동네 빵집 느낌이 나는 제주 성산 빵집이다. 소보로 파이, 보리 카스테라, 쑥·보리찐빵, 이불빵이 대표적인 메뉴로, 착한 가격에 맛까지 좋다.

위치 서귀포시 성산읍 고성오조로 47 1층
전화 064-782-3125
시간 07:00~23:00
메뉴 이불빵 4,500원, 제주마늘버터브레드 4,000원

윌라라

피쉬 앤 칩스가 맛있는 성산일출봉 맛집이다. 영국 피시앤칩스 자격증을 보유한 셰프들의 제주식 피시앤칩스를 맛볼 수 있다.

위치 서귀포시 성산읍 성산중앙로 33
전화 010-8392-5120
시간 매일 12:00~18:00
메뉴 제주 생선 달고기 피시앤칩스 16,000원(포장 가능)

산굼부리

제주도에서 가장 아름다운 가을 억새

<산굼부리 관람 정보>

📍 제주 제주시 조천읍 교래리 산38

☎ 064-783-9900

📅 3~10월 09:00~18:40(입장 마감 18:00) / 11~2월 09:00~17:40(입장 마감 17:00)

🕐 2~4시간 소요

🆆 성인 6,000원, 청소년 4,000원, 어린이(만 4세 이상) 4,000원, 경로·국가유공자·장애인 4,000원

 산굼부리는 조천읍에 위치한 천연기념물로 둘레가 2km가 넘는 화구이다. 이곳은 국유지가 아닌 사유지로 입장료를 받는 흔치 않은 오름이다. 입장료는 비싸지만 그만큼 관리가 잘 되고 있어 깔끔하고 볼 것이 많다. 산굼부리 분화구는 제주도

> **TIP**
> 마르(Maar)는 마그마 수증기 폭발에 의해 생긴 화산 지형이다. 단시간의 폭발적인 분출 활동으로 인하여 작은 언덕이 화구를 둘러싼 형태를 보인다.

에서 유일하게 용암이나 화산재의 분출 없이 폭발이 일어나 그곳에 있던 암석을 날려 버리고 구멍만 남게 된 특이한 화산이다. 다른 오름이 대접을 엎어놓은 형태인 것에 비하면 분명한 차이가 느껴진다. 이러한 화산을 마르(Maar)라고 부르는데 한국에는 하나밖에 없으며 세계적으로도 아주 희귀한 화산이다.

산굼부리는 사계절 언제 가도 그 나름의 멋이 있지만 단연 최고는 억새가 피는 가을에서 초겨울 사이이다. 커다란 오름 전체를 새하얀 억새꽃이 뒤덮고 있어 그 풍경이 장관이다. 가을바람에 억새가 흔들릴 때면 하얀 억새 바다가 출렁이는 것만 같다. 그래서인지 가을이 되면 오름 곳곳에서 사진을 찍는 관광객들로 가득하다. 하얀 억새를 배경으로 사진을 찍으면 인생 사진을 찍을 수 있다. 친절하게도 이곳에서는 사진이 가장 잘 나오는 곳을 스폿으로 정하여 관광객들이 쉽게 멋진 사진을 찍을 수 있도

록 도와준다. 산굼부리는 다른 오름과 다르게 계단으로 된 산책로가 잘 조성되어 오르는 것이 어렵지 않다. 어린아이들도 쉽게 정상까지 오를 수 있어 산을 싫어하는 아이들도 아무런 불평 없이 함께 다닐 수 있다. 분화구는 한라산의 백록담보다 크고, 분화구 안은 빼곡한 나무들로 장관을 이룬다. 분화구 주변에는 잠시 쉬었다 갈 수 있는 그네 벤치가 있고, 쌍안경으로 주위의 풍경을 감상할 수 있게 꾸며져 있다.

> **TIP**
>
> **갈대와 억새**
> 갈대는 볏과에 속하는 여러해살이풀로, 강가나 습지 같은 물이 있는 곳에 산다. 키는 2~3m 정도이고, 9월에 갈색 꽃을 피운다. 억새 역시 볏과에 속하는 여러해살이풀로 주로 산이나 들과 같은 건조한 곳에 산다. 키가 1~2m로 갈대보다 작고 하얀 꽃이 핀다.

제주도에는 크고 작은 오름이 360개가 넘는다고 한다. 모든 오름을 다 가 볼 수도 없고, 특히 아이와 함께 오름에 오르는 것은 부담이 될 수 있다. 이럴 때 가 볼 수 있는 곳이 산굼부리이다. 가을에 제주도 가족 여행을 계획하고 있다면 꼭 이곳을 방문해 보기를 바란다.

아이와 함께 현장 학습 팁!

산굼부리에 가면 돌이 많은 제주의 특성을 확인할 수 있다. 무엇보다 우리나라 유일의 마르형 화산 분화가 있어, 제주의 지질학적 특징을 학습할 수 있기도 하다. 또 억새 명소로 알려진 만큼 억새와 갈대의 차이점을 알아볼 수 있는 안내 자료도 마련되어 있어 학습의 즐거움을 더한다.

등산을 별로 좋아하지 않는 아이여도 가벼운 마음으로 오르기 좋은 곳이 바로 이 산굼부리이다. 가파르지 않은 코스여서 힘들지 않아 어르신들과 함께하는 여행에서도 단연 추천 코스로 꼽힌다. 부모님과 아이들 모두 함께 산책하면서 제주의 풍경을 누릴 수 있는 최적의 장소이다. 산간에 위치해 있어 바람이 많이 불고 다소 춥게 느껴질 수 있으니 두툼한 외투를 챙겨 가면 좋다.

===== 산굼부리 주변 맛집 =====

선흘곶

가성비 좋은 정갈한 상차림으로 유명한 곳이다. 제주도의 재료로 만든 건강한 쌈밥정식을 맛보고 싶다면 찾아가자.
위치 제주시 조천읍 동백로 102
전화 064-783-5753
시간 10:30~20:00 / 화요일 휴무
메뉴 쌈밥정식 17,000원

타무라

아이유도 반한 제주도 태국 요리 전문점. 외관 인테리어도 최고이다.
위치 제주시 조천읍 중산간동로 670
전화 0507-1302-9460
시간 11:00~22:00(15:00~17:00 브레이크타임) / 월 휴무
메뉴 팟타이 13,000원, 분짜 18,000원(포장 가능)

절물자연휴양림

가슴 깊은 곳까지
맑은 공기를 느껴요

<절물자연휴양림 관람 정보>

📍 제주 제주시 명림로 584
☎ 064-728-1510
📅 07:00~18:00
⏰ 3~4시간 소요
💰 성인 1,000원, 청소년 600원, 어린이 300원 / 도민 무료

절물자연휴양림은 공항에서 20km 정도 떨어져 있으며 차로 30분 이내에 도착할 수 있어 접근성이 매우 좋다. 이곳은 면적이 무려 300만m² 이며 제주시청과 산림청이 관리하는 국립 휴양림이다. 울창한 수림의 대부분이 수령 30년 이상의 삼나무이며 소나무, 산뽕나무 등 다양한 나무와 식물들이 분포하고 있다. 이곳은 1995년에 처음 개장한 후로 많은 사람이 찾는 관광 명소가 되었다. 하루 평균 1,000명 이상의 인원이 찾는다고 하니 그 명성이 대단하다.

절물이라는 이름은 근처에 약효가 좋은 물이 난다는 뜻에서 유래했다. 가뭄 때도 마르지 않아 주민들이 식수로 이용했을 정도로 수량이 풍부하며, 신경통 및 위장병에 특효가 있다고 전해진다. 근처에는 절물오름이 유명한데 큰대나오름과 족은대나오름, 두 개의 오름을 끼고 있으며 오름 옆구리에 둥근 화구가 남아 있는 특이한 형태이다. 절물오름은 해발 697m이며, 정상까지는 1시간 정도면 충분히 왕복이 가능하다.

휴양림에는 전망대, 등산로, 순환로, 산책로, 야영장 등의 편의시설과 체력단련시설, 어린이놀이터, 민속놀이시설 및 야외교실, 자연관찰원, 교육자료관, 임간수련장 등의 교육 시설이 갖추어져 있다. 잔디 광장 중앙에 커다란 잉어가 헤엄치는 연못이

있어 방문객들의 시선을 끈다. 그리고 가족과 함께 절물자연휴양림에 왔다면 꼭 가 보아야 할 곳이 있다. 제주시가 지정한 제1호 약수터인 절물 약수터와 절물 약수암이라는 작은 절이다. '절물'이라는 명칭은 절물오름에서 자연적으로 흘러나오는 약수로 과거에 이 근방의 사찰에서 이 물을 이용한 데서 유래했다. 옛날부터 이 약수를 몸에 적시면 신경통을 낫게 하는 효험이 있다고 하여 절물자연휴양림을 방문하는 관광객과 이 지역 일대 주민이 즐겨 찾는 유명한 약수이다. 약수암은 절이라고 하기에는 작은 암자인데 '절물'이라는 이름에서 알 수 있듯이 역사가 꽤 깊다. 이 작은 암자에서 매년 '산사음악회'가 열려 제주도민들이 많이 찾는다고 하니 기회가 되면 방문해 보자.

> **TIP**
>
> 이곳에 처음 가면 먼저 휴양림의 큰 규모에 놀라고 빼곡하게 늘어선 커다랗고 다양한 나무들에 놀란다. 워낙 볼 것과 즐길 것이 많으니 한나절 시간을 보내다 올 것을 추천한다. 촉박한 일정으로 와서는 제대로 즐길 수가 없다. 또한 주변에 용암동굴인 만장굴, 기생화산인 산굼부리와 고수목마, 비자림, 몽도암관광휴양목장, 성판암 등의 관광지가 있으니 시간을 잘 분배하여 같이 다녀오는 것이 좋다.

❶ 산책로 일부에는 물이 흐르는 구간도 있어서 시원한 느낌을 받을 수 있다. ❷ 제주시가 지정한 1호 약수터 절물. ❸ 곳곳에 아이와 함께 체험 수 있는 다양한 요소들이 많다(맷돌 체험).

절물자연휴양림은 아이를 동반한 가족들이 오기에 참 좋은 곳이다. 곳곳에 놀이터가 있고 어른들이 쉴 수 있는 평상도 부족함 없이 조성되어 있으니 가족들이 편안하게 쉬어갈 수 있는 곳이다. 또한 투호, 고리 던지기, 맷돌 체험 등 전통 놀이도 체험할 수 있어 가족끼리 재미있는 시간을 보내기에도 좋다. 절물자연휴양림은 규모가 크기 때문에 전체를 다 돌아보려면 하루를 꼬박 보내야 할 정도이다. 따라서 평상에 앉아 나무들이 내뿜는 피톤치드를 마음껏 마시고 느끼는 것도 이곳을 즐기는 좋은 방법이다.

특히 아토피가 있거나 축농증 등 비염이 있는 아이들이 편안하게 쉴 수 있는 곳이다. 이곳에 있는 동안은 숨쉬기가 수월해질 것이다. 절물자연휴양림은 지친 현대인들에게 제주도가 주는 또 다른 선물이다.

아이와 함께 현장 학습 팁!

아이들과 걸으며 자연의 아름다움을 느끼는 곳이다. 부지가 넓지만 비교적 코스가 완만하여 걷기 좋다. 산책로 옆으로 흐르는 물줄기에 손을 대 물을 만져보고 깔깔거리며 웃는 아이들의 모습도 보기 좋다. 더운 날에도 울창한 나무 그늘이 있어 시원하고 피톤치드 향이 코를 자극하니 생각보다 힘들지 않을 것이다. 다만 다른 공원들과 달리 코스 중간에 매점이나 카페가 없으므로 입구에 있는 매점이나 다른 곳에서 물이나 간단한 간식거리를 미리 챙겨 가야 한다.

절물자연휴양림 주변 맛집

원조교래손칼국수

예전부터 닭 양계장이 있어 마을 자체가 닭 요리로 특화된 교래리에서 가장 인기 많은 닭칼국수 가게이다.

위치 제주시 조천읍 비자림로 645
전화 064-782-9870
시간 10:30~18:30
메뉴 토종닭칼국수 11,000원, 보말전복칼국수 13,000원

성미가든

샤브샤브와 닭볶음탕으로 인기 많은 교래리 핫플레이스다. <백종원의 3대 천왕>에도 나온 곳이기도 하다.

위치 제주시 조천읍 교래1길 2
전화 064-783-7092
시간 11:00~20:00 / 두 번째, 네 번째 주 목요일 휴무
메뉴 닭 샤브샤브(2~3인) 70,000원, 닭볶음탕(2~3인) 70,000원

오드씽

수영장 딸린 초대형 브런치 카페로, 낮에는 아이들과 수영도 즐길 수 있다. 분위기가 좋아 사진을 찍으러 오는 손님도 많다. 펫 전용 공간도 따로 있다.

위치 제주시 고다시길 25
전화 070-7872-1074
시간 10:00~24:00
메뉴 피시앤칩스 15,000원, 가든샐러드피자 19,000원

문문선

그림같은 풍경을 배경삼아 브런치를 즐기기 좋은 곳이다. 아이와 함께 맛있는 음식도 먹고 건물을 배경 삼아 예쁜 사진을 찍어 보자.

위치 제주시 오등6길 31
전화 010-7110-8506
시간 10:00~17:00 / 화~수요일 휴무
메뉴 리코타샐러드+바질바게트빵 15,500원, 아보카도 오픈 샌드위치+감자튀김 14,000원

하귀애월해안도로 • 신창풍차해안도로 • 해맞이해안도로

가족과 함께 해안도로를 달려요

<하귀애월해안도로 관람 정보>
- 제주 제주시 애월읍 하귀리~애월항
- 왕복 40~50분(약 9km) 소요

<신창풍차해안도로 관람 정보>
- 제주 제주시 한경면 신창리
- 왕복 30분(약 6km) 소요

<해맞이해안도로 관람 정보>
- 제주시 구좌읍 김녕리~서귀포시 성산읍 오조리
- 왕복 1시간 20분(약 29km) 소요

아름다운 제주도 바다를 옆에 끼고 달리는 해안도로는 저마다 멋진 풍경을 자랑한다. 제주도에는 총 11곳의 해안도로가 있는데, 이곳을 모두 드라이브하려면 최소 2박 3일의 일정은 잡아야 한다. 모든 해안도로를 가 보는 것도 좋지만, 대표적인 해안도로 몇 곳만 드라이브해 보는 것도 좋은 방법이다.

애월읍 하귀리에서 애월항까지 약 9km가량 이어진 하귀애월해안도로에서는 북서부의 해안선을 따라서 이어진 빼어난 제주의 바다 풍경을 감상할 수 있다. 자전거 전용도로와 인도도 잘 갖추어져 있어 드라이브 외에도 사이클링과 산책 등의 방법으로 다양하게 즐길 수 있다. 특히, '제주 환상 자전거길'이 있어 자전거 여행자들에게 인기가 좋다. 해안 길과 숲길을 모두 경험할 수 있는 제주올레길 16코스 고내~광령 올레의 일부이기도 하다. 지그재그로 이어지는 애월해안로를 따라서 가다 보면 일몰이 아름다운 소금 마을 구엄리의 돌염전 등 다채로운 볼거리들이 기다리고 있다.

해안도로 주변으로 이름난 호텔과 음식점들이 많이 들어서 있어 관광객들에게 특히 인기가 좋다. 해안도로를 드라이브하다 보면 '삼별초 항몽 유적지'를 볼 수 있으며 어느 곳에 차를 세우고 사진을 찍어도 아름답다. 특히 일몰 시간에 맞추어 해안도로를 달리면 환상적인 제주 서쪽 바다의 일몰을 감상할 수 있다.

신창풍차해안도로는 제주도 서쪽 끝을 따라 연결된 풍력발전기가 풍차처럼 보여 붙여진 이름이다. 원래 그 풍경이 아름답기로 유명한데, TV프로그램 <나 혼자 산다>에서 송승헌이 이곳을 배경으로 촬영을 해서 더욱 유명해졌다. 해안도로를 따라 조성된 해상풍력단지는 바다와 잘 어우러져 있는데, 구불구불 해안선을 따라 보이는 하얀 풍차와 에메랄드빛 바다는 우리에게 상쾌한 풍경을 선사한다.

　여기에 마치 고래처럼 보이는 차귀도는 제주 서쪽 바다에 신비로움을 더해 준다. 일몰 시간에 맞추어 이곳에 오면 차귀도 쪽으로 지는 해를 감상할 수 있다. 또한 해안도로를 달리다 보면 생태체험장이라는 이름의 산책 코스를 발견할 수 있다. 이곳에는 자바리상과 원담체험장, 휴게 공간이 마련되어 있다. 잠시 차를 멈추고 산책 코스 중간에 있는 전망대를 가볍게 산책하며 이곳을 즐기는 것도 좋다.

　해맞이해안도로는 제주도에서 가장 긴 해안도로이다. 무려 그 길이가 29km에 이르러 편안하게 차를 타고 한 번에 제주도 동쪽 바다의 풍경을 감상할 수 있다. 이 해안도로는 성산일출봉에서부터 김녕해수욕장까지 이어진다. 성산일출봉에서 갑문 다리를 지나 서쪽인 하도해수욕장 방면으로 서서히 달리면, 오른쪽에는 소가 드러누운 형상의 우도가, 바로 옆에는 성산일출봉이 보인다. 해안도로에서 해산물을 말리는

해안가 마을의 모습도 인상적이다. 하얀 한치와 준치들이 빨랫줄에 널려 있고 미역과 다시마가 제주도에 햇살에 맛 좋게 말라가고 있다. 영화 <건축학개론>에서 주인공인 엄태웅과 한가인이 해안도로를 달리는 장면이 나오는데 바로 이곳이다. 종달리의 기암괴석 해안을 따라 달리다 보면 하도리 철새 도래지를 볼 수 있다. 해맞이해안도로는 어느 계절에 와도 각각의 멋이 있지만 특히 5~6월에 올 것을 추천한다. 종달리에서 세화리까지 달리는 길에 핀 수국을 보면 분명히 차를 멈추고 사진을 찍게 될 것이다.

아이와 함께 현장 학습 팁!

창밖으로 펼쳐지는 멋진 제주 바다 풍경을 감상하자. 같은 제주 바다여도 다 같은 푸른색이 아니라는 걸 깨닫게 된다. 해변마다 느낌이 달라 자연이 주는 다양한 감성을 느끼기 좋다. 마음에 드는 해변을 발견하면 잠시 내려서 그 바다를 감상해 보자. 바닷바람이 추워 잠시 쉬었다 가고 싶으면 근처 카페에 들어가서 다시 바다의 아름다움을 느낄 수 있다. 숙소에 돌아오면 색연필과 사인펜을 들고 아이와 함께 제주 바다를 그림으로 그리는 시간을 가지는 것도 좋다. 바다에 죽 늘어선 풍차도 그리고 빨간 등대도 그리고 바다가 가진 여러 색을 섞어 그리며 추억을 만들어 보자.

애월해안도로 주변 맛집

애월동깨

애월항 포구에 위치한 횟집. 계절별로 신선한 회를 맛볼 수 있다. 제주스러운 쌈장도 최고!
위치 제주시 애월읍 애월로11길 22
전화 064-799-1268
시간 11:00~22:00 / 수요일 휴무
메뉴 참돔, 광어, 우럭, 한치 등(계절에 따라 가격이 변동됨)

신창풍차해안도로 주변 맛집

파라토도스

협재 금능 최고의 바다 뷰를 자랑하는 브런치 카페이다. 예쁘게 세팅되어 나오는 3단트레이는 이곳의 시그니처이다.
위치 제주시 한림읍 금능길 87
전화 064-796-4331
시간 09:00~20:00 / 월요일 휴무
메뉴 3단트레이 50,000원, 제주녹차슈페너 8,000원

해맞이해안도로 주변 맛집

평대성게국수

평대리 해녀 엄마와 딸들이 직접 운영하는 국수가게. 육수에 푸짐한 성게가 들어 있다.
위치 제주시 구좌읍 해맞이해안로 1172
전화 064-783-2466
시간 10:00~18:00 / 수요일 휴무
메뉴 성게국수 12,000원

목화휴게소편의점

레트로한 시골 가게에서 아이들은 구운 쫀드기를 먹고 어른들은 한치(준치)구이 먹을 수 있다.
위치 서귀포시 성산읍 해맞이해안로 2526
전화 064-782-2077
시간 11:30~18:00 / 두 번째, 네 번째 주 수요일 휴무
메뉴 한치(준치)구이 8,000원, 컵라면 1,500원

휴애리 자연생활공원

계절별로 꽃 축제가 유명한 테마파크

<휴애리 자연생활공원 관람 정보>

- 제주 서귀포시 남원읍 신례동로 256
- ☎ 064-732-2114
- 09:00~18:00 연중무휴 / 4~9월 입장 마감 17:30, 10~3월 입장 마감 16:30
- 2~3시간 소요
- 성인 13,000원, 청소년 11,000원, 어린이 10,000원 / 감귤 체험 5,000원

휴애리 자연생활공원은 감귤로 유명한 남원읍에서도 일 년 내내 관광객이 끊이지 않는 곳이다. 이곳에서는 제주도의 사계절을 모두 느낄 수 있는데, 대표적인 것이 계절별 대표 꽃 축제이다. 2~3월에 제주의 봄을 가장 먼저 알리는 매화 축제를 시작으로 3~5월에는 봄 수국 축제, 6~7월에는 여름 수국 축제, 7~8월에는 유럽 수국 축제가 차례로 열린다. 9~11월에는 제주도의 가을을 핑크색으로 물들이는 핑크뮬리 축제가 열리고, 11~1월까지 겨울 제주를 대표하는 동백 축제가 열리는 등 제주에서 볼 수 있는 꽃과 나무를 모두 만날 수 있다.

감귤의 고장답게 이곳에는 제주를 대표하는 계절 체험으로 감귤 체험이 있다. 감귤 맛이 좋기로 소문난 휴애리 감귤을 직접 따서 먹어 보는 어린이 교육용 감귤 체험을 진행하고 있다. 체험비는 5,000원으로 매우 저렴하며 딴 귤을 담아갈 수 있는 봉투를 주는데, 감귤밭에서 마음껏 감귤을 먹고 가지고 갈 수 있어 인기가 좋다. 감귤을 따며 군데군데 예쁘게 꾸며진 포토존에서 사진도 찍을 수 있다.

또한 이곳에서는 '동물 먹이 주기 체험'도 할 수 있는데, 흑돼지, 말, 염소, 산토끼, 닭, 거위에게 줄 수 있는 먹이를 판매한다. 이 중에서 가장 인기가 좋은 것은 흑돼지 체험이다. 울타리 안에 직접 들어가 아기 흑돼지를 만져 볼 수도 있고, 먹이도 직접

줄 수 있다. 아기 흑돼지들도 관광객이 익숙한지 전혀 경계하지 않으니 아이들이 즐거워하며 흑돼지에게 다가간다. 또한 매시간 정각이면 인기 절정 '흑돼지야 놀자' 공연이 펼쳐지는데, 수많은 흑돼지들이 관람객들 앞으로 행진을 하고 관람객들이 먹이를 주고 만져볼 수 있는 시간이다. 아이들은 마음껏 제주도 흑돼지와 사진을 찍으며 추억을 남길 수 있다.

곤충 테마관에서는 토종 곤충과 장수풍뎅이, 사슴벌레, 수중 생물 등 제주도에 서식하는 여러 곤충들을 관찰할 수 있고, 귀뚜라미의 생활 모습과 울음소리 등을 감상하며 의미 있는 시간을 보낼 수 있다.

휴애리는 사진을 찍기 좋아하는 사람들에게 많이 알려진 곳이다. 꽃나무가 예쁘게 가꾸어져 있고, 사진을 찍기 좋게 포토존과 조형물들이 조화롭게 배치되어 있다. 특히 수국과 동백꽃이 피는 여름 겨울에는 발 디딜 틈이 없이 사람들이 많은데, 특히 겨울철에는 빨간 동백꽃이 공원 전체를 물들여 장관이다.

풍성한 볼거리와 다양한 체험을 제공해 주는 휴애리 자연생활공원, 이곳은 아이들과 함께 방문하기에 너무도 좋은 체험의 장소이다. 예쁜 사진과 함께 아이들에게 기억에 남는 시간을 선물해 줄 것이다.

아이와 함께 현장 학습 팁!

휴애리에서는 감귤 체험 외에도 더 많은 체험을 할 수 있다. 제주의 화산송이 맨발 체험은 맨발로 화산송이 올레길을 걷는 체험이다. 제주 화산송이는 철분과 미네랄이 많아 여행에 지친 발의 피로도 풀고 건강도 챙길 수 있다. 맨발 체험 후 한라산 화산 암반수를 이용한 계곡물에 발을 담가 시원하게 발을 풀어 주고 자연석을 따라 걸으면 발이 자연스럽게 마른다.

매실 따기 체험은 5월 하순~6월에 사전 예약 후 가능한데, 직접 매실을 따면서 수확의 기쁨을 경험할 수 있다. 수확한 매실은 매실 엑기스, 매실장아찌 등으로 만들어 보는 것이 어떨까.

휴애리에서는 곳곳에 남아 있는 고즈넉한 제주의 전통 집과 제주 사람들의 지혜를 엿볼 수 있다. 안거리와 밖거리로 구성된 집의 형태, 정낭, 물허벅 등 제주의 향토 문화도 그대로 보존되어 있어 역사를 공부하기에도 좋다.

휴애리 자연생활공원 주변 맛집

팔도강산

위미리에 있는 곳으로, 제주도민이 인정하는 맛집이다. 저렴한 가격으로 배를 채울 수 있다.
위치 서귀포시 남원읍 태위로 82
전화 064-764-0168
시간 10:30~13:30
메뉴 정식 10,000원

카페 서연의 집

영화 <건축학개론> 촬영지로 유명한 카페. 아이와 부모 모두 편안하게 쉴 수 있는 곳이다.
위치 제주 서귀포시 남원읍 위미해안로 86
전화 064-764-7894
시간 10:00~19:00
메뉴 사려니라떼 8,000원, 납뜩이 머핀 6,500원

광치기 해변 · 표선면 가시리 · 산방산

제주도 봄날의 수채화, 유채꽃밭

<광치기 해변 유채꽃밭 관람 정보>
📍 제주 서귀포시 성산읍 고성리 224-33
🗓 09:00~17:00 ⏰ 1시간 소요 ₩ 1,000원

<산방산 유채꽃밭 관람 정보>
📍 제주 서귀포시 안덕면 사계리 산방로
🗓 09:00~17:00 ⏰ 1시간 소요 ₩ 1,000원

<표선면 가시리 유채꽃밭 관람 정보>
📍 제주 서귀포시 표선면 가시리 녹산로
🗓 제한 없음 ⏰ 1시간 소요 ₩ 무료

유채꽃은 봄이 오는 것을 알리는 꽃이다. 대체로 1월 말에 피기 시작하여 3월에 절정을 이루고, 4월 벚꽃에게 배턴을 넘겨주며 지는 꽃이다. 제주에서도 특히 더 따뜻한 남부 지역에선 늦겨울부터 꽃을 피워 봄 내내 샛노란 자태를 뽐낸다. 제주 전역에서 흔히 볼 수 있는 유채꽃은 1960년대부터 본격적으로 재배되었다고 한다. 추위와 습기에 강하고 빨리 자라는 습성이 있어 척박한 제주 땅에 잘 맞기 때문이다. 봄철 제주도를 드라이브하다 보면 유채꽃이 흐드러지게 피어 있는 것을 볼 수 있는데, 유채꽃밭에서 사진을 찍으며 가족끼리 즐겁게 시간을 보낼 수 있는 대표적인 장소를 세 군데 소개하려 한다.

첫 번째로 소개할 곳은 '광치기 해변 유채꽃밭'이다. 이곳은 광치기해안도로를 사이에 두고 양옆으로 유채꽃밭이 넓게 펼쳐져 있는데, 이 땅은 사유지로 입장료를 1,000원씩 받는다. 유채꽃밭 안에 들어가 사진을 찍으며 즐기는 시간은 정해져 있지 않다. 유채꽃밭에 어울리는 초가집, 말, 원두막과 같은 조형물을 설치해 꽃밭에서 사진을 마음껏 찍을 수 있다. 유채꽃 구경을 마치면 바로 뒤에 있는 유명한 광치기 해변에서 멋진 풍경을 감상할 수도 있다. 광치기 해변과 성산일출봉이 한눈에 보이는 이곳은 제주도에서도 풍경 맛집이다.

두 번째로 소개할 곳은 매년 유채꽃 축제가 열리는 표선면 가시리 녹산로 일대이다. 이곳은 가시리 마을 진입로부터 가시리 사거리까지 10km가량 유채꽃밭이 도로를 따라 양옆으로 이어져 있어 장관을 이룬다. 특히 유채꽃이 핀 녹산로는 '한국의 아름다운 길 100선'에 선정될 정도로 유명하다. 가시리 마을 10경 중 제1경으로 꼽히며 유채꽃 축제 기간에는 녹산로 구간 1.5km 일대를 보행자 전용 도로로 만들어 차량을 통제하니 마을 입구에 주차를 하고 도보로 이동해야 한다. 가시리는 조선 시대 국영 목장이었던 곳으로 가장 최고의 등급인 갑마(甲馬)를 키우던 갑마장이 있었다. 곳곳에 남아 있는 역사·문화적 자원 덕분에 제주의 여느 도보 코스와는 다른 매력을 자랑하는데 봄철 유채꽃까지 피어 제주도의 명소로 손꼽힌다.

세 번째로 산방산 아래 산방로 일대의 유채꽃밭이다. 이곳은 아름다운 유채꽃밭과 산방산이 어우러져 멋진 풍경을 자아낸다. 이곳 역시 사유지로 1,000원씩 입장료를 받는데 산방산과 유채꽃을 배경으로 사진을 찍으려는 관광객들이 많이 찾는다. 산방산 아래 유채꽃밭은 3개의 구역으로 나누어져 있는데 재미있는 것은 밭 주인이 다 달라서 도로변에 차를 세우면 호객행위를 하기도 한다. 세 개의 밭 중에서 마음에 드는 곳에 들어가 사진을 찍으면 된다. 유채꽃밭에서 시간을 보낸 후 산방산을 감상하거나

주변의 예쁜 카페에서 차 한잔을 하며 여유를 누릴 수 있는 곳이다.

제주도는 계절을 대표하는 꽃들이 연이어 핀다. 유채꽃을 시작으로 벚꽃, 수국, 핑크뮬리, 억새, 동백꽃까지. 아름다운 꽃들이 바다와 산이 멋진 제주도를 다양한 빛으로 물들이니 사시사철 아름다운 풍경에서 눈을 떼기가 어렵다. 매년 제주도의 봄을 알리는 유채꽃밭에서 멋진 가족사진을 남겨 보자.

아이와 함께 현장 학습 팁!

어른들은 꽃과 자연을 보고 감상하는 것을 좋아한다. 아이들도 물론 좋아하지만, 혹시 지루해한다면 아이들이 카메라를 들고 다니며 사진 찍기 미션을 해 보는 건 어떨까? 예쁜 꽃 사진 찍기, 제주의 풍경과 꽃이 어우러지게 찍기 등을 하면 사진 찍기에 좀 더 열중하는 아이의 모습을 발견할 수 있을 것이다. 같은 종의 꽃이라도 저마다의 빛깔, 크기, 모양이 다 달라서 찍는 재미가 있다. 또 네이버 앱에서 렌즈를 활용하거나 다음 앱의 꽃 검색 기능을 통해 모르고 지나쳤던 꽃들을 알아보면서 걷는 것도 좋다. 유채꽃 옆에 숨어 있던 이름 모를 잡초 같은 꽃들에도 다 이름이 있음을 깨닫게 된다.

광치기 해변 주변 맛집

성산짬뽕

바삭한 탕수육에 칼칼한 짬뽕 추천. 일출봉짬뽕은 푸짐한 해산물과 쫄깃한 면발로 배가 든든해진다.
위치 서귀포시 성산읍 성산중앙로25번길 13 1층
전화 0507-1353-7477
시간 11:00~19:00 / 화요일 휴무
메뉴 제주등심탕수육 17,000원, 짬뽕 8,000원, 일출봉짬뽕 13,000원

표선면 가시리 주변 맛집

가시식당

표선 도민 맛집으로 이미 입소문 자자한 곳이다.
위치 서귀포시 표선면 가시로565번길 24 중앙슈퍼
전화 064-787-1035
시간 08:30~20:00(15:00~17:00 브레이크타임) / 두 번째, 네 번째 주 일요일 휴무
메뉴 흑돼지두루치기 10,000원, 순대백반 10,000원

산방산 주변 맛집

순천미향 제주산방산본점

삼합에 과일을 우려 만든 국물을 살짝 적셔서 먹으면 맛있다. 나중에 볶음밥도 먹을 수 있다.
위치 서귀포시 안덕면 사계남로 216번길 24-73
전화 064-792-2004
시간 10:00~20:00 / 목요일 휴무
메뉴 제주삼합(통문어+전복+흑돼지) 50,000원

구엄리 돌염전

제주도 사람들은 어떻게 소금을 얻었을까?

<구엄리 돌염전 관람 정보>
- 제주 제주시 애월읍 구엄리(하귀애월해안도로에 위치)
- 24시간
- 1시간 소요
- 무료

구엄리 돌염전은 풍경이 멋진 하귀애월해안도로의 중간에 있다. 이곳은 우리나라의 역사와 풍습을 알아볼 수 있는 좋은 장소이다. 현무암은 표면이 비교적 치밀하여 바닷물을 가두어 둘 수 있기 때문에 이 지역에서는 과거에 염전을 만들어서 소금을 제조하였다고 한다. 점토질 흙으로 현무암의 수직절리 부분을 덮어 언덕처럼 만들고 그 칸마다 바닷물을 채워 햇볕으로 말려서 천일염을 만드는 것이다. 제주 지방에서는 이런 현무암으로 만든 돌염전을 '소금빌레'라고 하였다. 이곳에 가면 바위의 틈을 흙으로 채워 벽을 세운 후 바닷물을 가둘 수 있게 만든 것을 알 수 있도록 보존이 되어 있다. 또한 돌염전의 역사와 생산 원리를 설명하는 안내판을 세워 이곳을 찾는 사람들이 쉽게 이해할 수 있도록 학습의 장을 마련하였다.

 소금밭은 약 390여 년 동안 마을 주민들의 생업의 터전이자 삶의 근간이었다. 품질이 뛰어난 천일염이 생산되다가 해방 이후 폐기되어 지금은 소금 생산을 하지 않고 있지만 2009년에 제주시가 예산을 투입하여 돌염전을 일부 복원하고 관광안내센터와 주차장 등을 설치하였다. 섬이라는 이유로 모든 것을 자급자족하며 살았던 제주도민들의 생활을 일부 엿볼 수 있다. 더구나 이곳은 풍경이 아름다워 많은 사람들이 차를 멈추고 사진을 찍는 곳이다. 특이한 돌염전의 형태를 보며 이곳의 역사와 의미도 배울 수 있다 최근에는 제트 보트나 투명 카약 등 레저스포츠를 체험할 수 있는 장소가 생겨 관광객들이 많이 찾고 있다.

아이와 함께 현장 학습 팁!

구엄리 돌염전은 주상절리로 이루어져 있어 윗부분이 매끄럽고 평평하다. 이 부분이 소금빌레이다. 소금빌레의 암반 사이에 틈을 따라 찰흙으로 둑을 쌓았는데 이 둑을 '두렁'이라 하고 이렇게 둑을 쌓는 것을 '두렁막음'이라고 하며 이렇게 하여 이루어진 하나의 칸을 '호겡'이라 한다. 보통 한 가구당 6~8개 정도의 호겡을 소유하여 4개의 호겡에 곤물(염도 20%의 깨끗한 소금물)을 보관하고 2개의 호겡에서 돌소금을 만들었다. 바닷물을 곤물로 만드는 데는 보통 15~20일에서 한 달 정도 걸리고, 곤물을 다시 돌소금으로 만드는 데는 평균 7일 정도 걸린다. 겨울에는 곤물을 솥에 달여서 소금을 만들기도 했다.

[바닷물 15~30일 -> 곤물(20% 소금물) 7일 -> 돌소금]

바닷물이 곤물이 되었는지 확인하는 방법도 간단하면서 지혜로운데, 계란을 띄워서 계란이 뜨는지 확인하며 염분을 측정했다고 한다. 염분이 20% 정도 되면 계란이 뜨고, 20%가 안 되면 가라앉는 원리를 이용한 것이다.

구엄리 돌염전은 품질이 뛰어난 소금을 만드는 것으로 유명했다. 이렇게 생산된 소금은 김장철에 거래량이 많았으며 인근 중산간 마을(장전, 유수암)이나 서남 지역(하가,상가,납읍,소길) 쪽에서 물물교환 위주로 거래가 많이 이루어졌다고 알려져 있다. 면적당 생산량도 타 염전에 비해 압도적으로 높아서 구엄리 소금밭이 육지 소금보다도 높은 가격에 매매되기도 했다고 한다.

구엄리 돌염전 주변 맛집

코시롱

유니호텔 셰프가 요리하는 정갈한 밥상.
위치 제주시 애월읍 애월해안로 656
전화 0507-1360-5051 시간 07:30~14:30
메뉴 몸국한상 19,000원, 고사리해장국한상 19,000원(소인 15,000원)

> 종달리 수국길

여름을 알리는
제주도의 선물

<종달리 수국길 관람 정보>

📍 제주시 구좌읍 해맞이해안로 2121(제주도 동쪽으로 가는 해맞이해안도로를 따라 피어 있다.)
📅 6월 초~7월 초
🕐 1시간 소요
💰 무료

제주도에 핀 수국은 그 크기가 크고 색깔이 선명하여 더욱 아름다운데, 제주도의 북동쪽 구좌읍에 위치한 조용한 마을 종달리에는 '수국길 테마 거리'가 형성되어 있다. 종달리는 공항에서 제주 동부로 약 1시간 정도 달리면 비자림을 지나 지미봉 자락에서 만날 수 있는 마을이다.

종달리 수국은 해안도로 드라이브 코스로도 유명한 해맞이해안로에 피어 있다. 매년 수국이 피는 계절이면 관광객들은 차를 멈추고 사진 찍기에 바쁘다. 멋진 바닷가 길 양쪽으로 핀 수국은 제주도의 자연환경과 어우러져 그 아름다움을 더한다. 특히 제주도의 사계절 중 가장 맑고 푸릇한 늦봄, 초여름에 수국이 피어 파란 제주의 하늘, 바다와 함께 수국이 더욱 빛을 발한다. 꽃이 피기 시작할 때 수국은 녹색이 약간 들어간 흰 꽃이었다가 점차 밝은 청색으로 변하여 나중엔 붉은 기운이 도는 자색으로 바뀐다. 토양이 강한 산성일 때는 청색을 많이 띠게 되고, 알칼리 토양에서는 붉은색을 띠는 재미있는 특징이 있다. 이러한 과학적 사실은 초등학교 과학 교과서에도 나오는데 직접 수국을 보며 배울 수 있어 좋다.

제주도에는 관광지마다 수국을 많이 심어 놓아서 6월 초~7월 초에 제주도를 찾는 사람들의 발걸음을 멈추게 한다. 제주도 내 학교에서는 수국 철이 되면 학생들이 종달리 수국길로 현장 학습을 나오기도 하는데, 수국길을 걸으며 맑은 공기와 나무, 꽃을 느낄 수 있어 자연 친화적인 현장 학습이라고 할 수 있다.

아이와 함께 현장 학습 팁!

미술 시간에 흔히 배우는 색에 대한 공부. 수국꽃 관찰을 통해 제대로 느껴 보는 것은 어떨까? 5월 말경부터 시작해서 6월~7월에 절정을 이루는 수국은 그 꽃의 색이 저마다 달라서 유심히 관찰하게 된다. 파란색이라고 다 같은 색이 아니라 하늘빛이나 녹색이 감도는 파랑, 깊은 파랑, 이국적인 느낌의 코발트블루 등 다양한 색이 있다. 순백, 핑크, 연분홍, 자주, 연보라, 진보라 등 여러 가지 색의 배합과 농담(濃淡)의 차이가 수국 한 송이 안에서 다채롭게 펼쳐진다. 물감으로는 차마 다 알기 어려운 색들을 자연을 통해 접할 수 있는 것이다.

제주는 본래 탐라 수국의 본고장인 만큼 아름답고 탐스러운 수국이 많이 피어난다. 해안가 산책로를 걸으며 천천히 수국 감상을 해도 좋고, 체력이 달린다면 종달리해안도로를 드라이브하며 감상해도 좋다. 초등 고학년에 체력이 최고치인 아이들이라면 자전거 코스로도 좋다. 제주 환상 자전거길을 달리며 제주의 바닷바람과 꽃, 자연의 아름다움을 흠뻑 느껴 보자.

종달리 수국길 주변 맛집

종달미소

가성비 최고의 한식 뷔페. 음식이 맛있고 친절해서 아이들도 다 잘 먹어요.
위치 서귀포시 구좌읍 종달로 60-15
전화 064-782-1525
시간 10:30~15:00 / 화요일 휴무
메뉴 성인 10,000원, 초등학생 6,000원, 유아 4,000원

한라 수목원

도심 속의 수목원, 조용한 숲길을 걸어요

<한라 수목원 관람 정보>

📍 제주 제주시 수목원길 72
☎ 064-710-7575
📅 동절기 09:00~17:00, 하절기 09:00~18:00
🕐 2시간 소요
ⓦ 무료

한라 수목원은 제주시 도심에서 가까운 연동 1100도로변 광이오름 기슭에 있어 접근성이 좋다. 제주의 자생수종과 아열대 식물 등 1,100여 종의 식물이 식재 전시되어 있는 수목원으로, 학생 및 전문인을 위한 교육과 연구의 장이다. 산림욕장은 면적이 5만 평에 이르고, 1.7㎞의 산책코스로 거의 오름 정상까지 올라갔다 내려오는 코스로 만들어져 있다. 인구가 많은 제주시에 수목원이 있어 많은 제주도민들이 산책코스로 이용하며, 아침 운동을 하러 자주 찾는 곳이다.

관광객들 사이에도 입소문이 나면서 이곳을 찾는 관광객이 늘고 있다. 가족 단위로 여유 있게 숲을 거닐며 시간을 보내는 사람들을 많이 볼 수 있다. 잘 가꾸어진 연못을 볼 수 있고 연못 위를 다리로 건널 수 있도록 만들어져 있다. 유리 온실에서는 다양한 꽃과 나무, 식물을 볼 수 있어 자연 체험학습의 장으로 이용된다. 이곳은 제주도 내 많은 학교에서 현장 체험학습 장소로 찾는 곳으로 유명하다. 한라 수목원은 인위적으로 만들어진 수목원이 아니어서 더욱 친근하다. 무성한 나무와 식물 사이에 산책로를 내고 쉴 곳을 두어 자연과 사람이 잘 어우러진다.

이곳이 유명한 또 다른 이유는 바로 오후 6시에 수목원 주차장 쪽에서 열리는 '수

목원 테마파크 야시장' 때문이다. 이곳에는 다양한 음식을 맛볼 수 있는 푸드트럭이 있다. 바비큐, 베트남 음식, 샌드위치, 회오리 감자, 햄버거, 슈림프 박스 등 맛있는 음식이 많아 사람들의 발길을 잡는다. 또한 어른들은 시원한 맥주도 즐길 수 있다. 저녁이면 예쁘게 켜지는 조명으로 분위기를 더하고 예쁜 사진을 찍으며 추억을 남길 수 있다. 이미 제주도의 명소로 알려져 사람들이 저녁이면 이곳을 찾고 있다.

 제주도에서는 관광지마다 작은 푸드트럭들을 볼 수 있는데, 제주도청에서는 푸드트럭과 같은 소상공인들의 사업을 장려하고 지원하고 있다. 휴일에 가족과 함께 한라수목원을 산책한 후 내려오는 길에 야시장에서 야식을 먹는 사람들이 많아, 제주도민들이 가끔 방문하는 편안한 곳이다. 한라 수목원은 날씨가 더운 여름철 저녁에 가 보는 것이 좋다. 여름철 수목원이 주는 자연의 바람과 서늘함을 느낄 수 있고 먹거리가 가득해 가족 모두가 만족할 수 있는 곳이다. 봄에는 수목원에 지천으로 자라고 있는 봄철 나물을, 여름에는 짙은 녹음을, 가을에는 단풍을, 겨울에는 멋진 설경을 볼 수 있는 한라 수목원으로 떠나 보자!

아이와 함께 현장 학습 팁!

초등학생 아이들이 산책 코스를 따라 돌기에 적당한 코스이다. 다만 코스에 언덕이 꽤 있어서 아이들이 힘들어할 수도 있으니 미리 배낭에 물과 간식을 챙겨갈 것을 권한다. 코스 중간에 운동기구가 있는 공원이 있어 놀면서 쉬어가기 좋다. 또 이곳은 제주 자생식물 유전자원을 수집, 증식, 보존하고 학술적 연구도 함께 진행하고 있다. 제주에 자생하는 다양한 식물을 관찰하기에 좋다. 단, 뱀이 나온다고 쓰여 있는 곳도 있으니 조심하자. 자연 그대로를 보존하고 연구하는 곳이니 생태환경을 보존하기 위한 관광객들의 매너 또한 중요하다. 쓰레기는 꼭 가져가는 센스를 발휘해 보자.

=== 한라수목원 주변 맛집 ===

작가의 부엌 한라수목원점

쫄깃한 해산물과 부드러운 갈비로 고기파와 해산물파를 모두 만족시키는 가족 음식.
위치 제주시 수목원길 65-6
전화 0507-1342-3093
시간 10:00~21:30
메뉴 해물삼합찜 2~3인용 69,000원, 제주항아리훈제바베큐 52,000원, 해물뚝배기 17,000원

플레이스 꽃섬

매일 직접 삶는 국내산 팥과 눈꽃 빙수의 완벽한 조합! 제주 도민들이 추천하는 빙수 맛집이다. 제주말차빙수도 맛있으니 취향대로 주문하자.
위치 제주시 수목원서길 3 1층
전화 070-4212-7179
시간 11:00~22:20
메뉴 팥빙수(2인) 15,000원, 제주말차빙수(2인) 15,500원

한림공원

열대 지방의 나무가 모두 모여 있는 곳

<한림공원 관람 정보>
- 📍 제주 제주시 한림읍 한림로 300
- ☎ 064-796-0001
- 📅 3~8월 09:00~17:00, 9~10월 09:00~17:30, 11~2월 09:00~16:30
- 🕐 2~3시간 소요
- ₩ 성인 15,000원, 청소년 10,000원, 어린이 9,000원

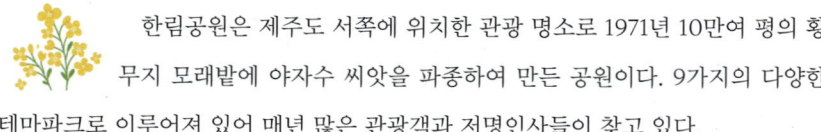 한림공원은 제주도 서쪽에 위치한 관광 명소로 1971년 10만여 평의 황무지 모래밭에 야자수 씨앗을 파종하여 만든 공원이다. 9가지의 다양한 테마파크로 이루어져 있어 매년 많은 관광객과 저명인사들이 찾고 있다.

9가지 테마파크는 '아열대 식물원, 야자수길, 산야초원, 협재굴·쌍룡굴, 제주석·분재원, 재암민속마을, 사파리조류원, 재암수석관, 연못정원·파충류원'이다. 아열대 식물원은 3천여 종의 희귀한 식물이 자라고 있는 온실로 열대 지방에서나 볼 수 있는 선인장과 열대 과일나무들이 자라고 있다. 야자수길은 남국의 정취가 물씬 풍기는 곳으로 1971년에 모래밭에 씨앗을 심어서 가꾼 야자수들이 높이 자라 멋진 풍경을 이룬다. 산야초원은 사시사철 피는 야생화와 제주 특산식물, 생태연못이 어우러진 오솔길을 볼 수 있는 곳이다. 협재굴·쌍룡굴은 천연기념물로 지정된 곳으로 마치 두 마리의 용이 지나가서 만들어진 것과 같은 느낌을 주는 용암동굴이다. 학술적으로 가치를 인정받고 있으며 신기하고 진기한 모습을 볼 수 있다. 제주석·분재원은 분재와 돌을 소재로 구성된 테마 공원으로 다양한 분재작품과 희귀한 모양의 자연석을 감상할 수 있다. 주변의 경관과 어우러져 사람들의 시선을 잡는다.

❶ 하늘 높이 솟은 이국적인 열대지방의 나무를 배경으로 사진을 찍어 보도록 하자. ❷, ❸ 천연기념물로 지정된 협재굴과 쌍룡굴에서 진기한 모습을 볼 수 있다.

재암민속마을은 옛날 제주도의 전통 가옥을 그대로 옮겨 놓은 곳이다. 마을이 그대로 보존되어 있어 마치 조선 시대로 돌아간 것 같은 느낌을 준다. 옛날에 쓰던 물건들도 전시되어 있어 교육의 장으로 쓰이고 있다. 사파리 조류원은 공작새, 앵무새, 호로조와 한국꿩, 타조가 자라고 있어 가까이서 관찰할 수 있다. 재암수석관은 화산 폭발 시 형성된 다양하고 진귀한 돌들이 전시되어 있다. 국내외 다양한 수석과 화산석, 광물, 화석들은 자연의 힘이 얼마나 위대한지 알게 해 준다. 연못정원·파충류원은 천연 용암 암반 위에 자연스럽게 조성된 연못으로 대형폭포와 연꽃, 수련 등 수생식물을 볼 수 있다. 희귀한 파충류들도 볼 수 있으며, 대형 선인장도 볼 수 있다.

　이렇게 볼 것이 많은 한림공원에서 아이들이 가장 좋아하는 곳은 '사파리 조류원'과 '재암민속마을'이다. 특히 사파리 조류원에서는 화려한 공작새가 날개를 펼 때면 아이들이 환호성을 지르며 좋아한다. 타조가 긴 목을 빼고 가까이 오면 아이들은 매우 신기해한다. 재암민속마을에서 제주도 전통 초가를 볼 수 있는데 너무도 작은 방과 높이가 낮은 초가집의 모습이 놀라웠다. 민속 마을에 전시된 대형 돌하르방과 함께 기념사진을 찍을 수 있어 좋다.

ⓒ사진제공(김지화)·한국관광공사

❹ 사파리 조류원에서 다양한 새들을 만나 보자. ❺ 재암민속마을에 있는 커다란 돌하르방. 기념사진을 찍기에 좋다. ❻ 재암민속마을에서는 제주도의 전통 가옥을 볼 수 있다.

아이와 함께 현장 학습 팁!

부지가 꽤 넓은 편이어서 힘들 수 있지만, 중간에 지루해질 때쯤 아이들을 재미있게 해 주는 테마들이 등장한다. 두 마리의 용이 지나갔다는 쌍룡굴에서 용머리 모양을 찾아보는 재미도 있고, 동굴에서 볼 수 있는 특징적인 요소들을 모두 찾아볼 수 있다. 또 나무에 둥지를 틀고 살고 있는 동박새가 사람들을 무서워하지 않고, 연못에 있는 물고기도 볼 수 있다. 자연의 매력에 흠뻑 빠져있을 때쯤 민속 마을과 동물원, 식물원을 볼 수 있는, 그야말로 체험학습의 종합선물 세트다. 시간이 부족하여 여러 곳을 가기 어려울 때 한림공원 한 군데만 제대로 돌고 와도 여러 가지 체험을 한 번에 할 수 있으니 바쁜 일정으로 제주에 온 사람들에게는 최고의 코스가 될 것이다.

한림공원 주변 맛집

면뽑는선생 만두빚는아내

부드러운 한우 수육이 들어가 아이들이 고기를 엄청나게 잘 먹는다.
위치 제주시 한림읍 옹포2길 10 아길라호텔 1층
전화 064-796-4562
시간 10:30~21:30(16:00~17:00 브레이크타임)
메뉴 한우수육만두전골 2인 48,000원, 손만둣국 12,000원

카페 인어

드라마 <유미의 세포들>, KT 광고 촬영지 등으로 유명한 바다뷰 카페.
위치 제주시 한림읍 한림해안로 584
전화 064-796-4179
시간 10:00~22:00
메뉴 크림라떼 8,000원, 카페인어젤라또 7,500원

여미지 식물원

기네스북에 오른 동양 최대의 온실 식물원

<여미지 식물원 관람 정보>

- 제주 서귀포시 중문관광로 93
- 064-735-1100
- 09:00~18:00 (매표 마감 17:30)
- 2~3시간 소요
- 어른(20세 이상~65세 이하) 12,000원, 청소년(14세 이상~19세 이하) 8,000원, 어린이(36개월 이상~13세 이하) 7,000원, 경로(66세 이상) 9,000원

여미지 식물원은 동양 최대의 온실 정원으로 기네스북에 오른 기록을 가지고 있다. '아름다운 땅'이라는 뜻의 여미지 식물원은 이름만큼 아름다운 식물들로 가득하다. 입구에서 보이는 온실의 크기에 입이 다물어지지 않는다. 온실 안에 들어서면 마치 숲속에 온 듯한 느낌이 든다. 식물이 내뿜는 맑은 공기에 머릿속이 상쾌해진다. 온실 정원에는 1,300여 종의 식물이 살고 있다. 식물원 전체 면적이 34,000평이고 온실 면적이 3,794평인데 이토록 큰 면적에 잘 가꾸어진 정원이 있다는 것이 신기하다. 온실 정원은 신비의 정원, 꽃의 정원, 물의 정원, 선인장 정원, 열대 정원, 열대 과수원, 중앙홀로 이루어져 있는데, 곳곳에 예쁜 포토존이 꾸며져 있어 사람들이 사진을 찍으며 즐거워했다.

> **TIP**
>
> **소원 트리 꾸미기**
>
> 이곳에 오면 가족끼리 여러 가지 체험도 할 수 있다. 소원을 적은 종이를 나무에 다는 것으로 가족과 함께 체험하면 의미가 있다. 나뭇잎 색칠하기, 가드닝 룸에서 사진 찍기 등 아이들이 좋아할 만한 것들이 곳곳에 있었다. 또한 정원을 구경하다가 피곤하면 쉴 수 있는 쉼터가 많아 관광객을 위한 배려를 느낄 수 있었다.
>
>

ⓒ 여미지 식물원

중앙홀에는 우뚝 솟은 전망대가 있는데 5층 높이의 전망대에는 엘리베이터가 운영되고 있어 어렵지 않게 올라갈 수 있다. 38m 높이의 전망대에 올라가면 한라산과 범섬이 한눈에 보인다. 주변에 이보다 높은 건물이나 산이 없어 시원하게 트인 제주도의 모습을 볼 수 있다.

야외에는 한국, 일본, 이탈리아, 프랑스 등 각 나라의 특색에 맞추어 정원을 꾸며 놓아 아름다운 꽃과 식물을 감상할 수 있다. 잘 가꾸어진 광활한 정원과 분수, 주변의 풍경에 어울리게 가꾸어진 조경 덕분에 힐링할 수 있다. 날씨가 너무 덥거나 춥지 않은 봄과 가을이면 한나절 야외 정원에서 햇볕을 쬐며 시간을 보내도 좋을 것이다. 제주도와 같은 천혜의 자연 속에 이토록 크고 아름다운 정원이 있어 더욱 잘 어울렸다. 식물원도 구경하고 전망대에 올라 제주도의 전망을 볼 수 있어 특별한 추억을 쌓을 수 있다.

유리 온실 안에는 꽃향기가 가득하고, 눈길을 끄는 포토존을 어렵지 않게 만날 수 있어 이곳을 방문한 관광객들이 모두 만족해한다. 아이들과 함께 왔다면 다양한 체험을 하며 여유롭게 시간을 보내기에 좋은 곳이다.

아이와 함께 현장 학습 팁!

　신기하고 아름다운 식물들이 많아 저절로 식물에 대해 공부하고 싶은 욕구가 샘솟는 곳이다. 이럴 때 식물도감을 참고하며 관찰하는 것도 좋다. 그림 그리기를 좋아하는 아이라면 작은 스케치북과 휴대하기 간편한 채색 도구를 가지고 가서 중간 벤치에 앉아 좋아하는 식물을 그려 보는 것도 추천한다. 실제로 여미지 식물원 로비에는 꽃을 채색하는 코너가 마련되어 있고, 중앙 홀 2층에는 핑거 페인팅 체험장이 있다. 또 스마트폰을 잘 다루는 아이에게 좋아하는 꽃 사진을 찍어 보거나 궁금했던 꽃을 검색해 보도록 하는 것도 좋은 경험이 될 것이다.

여미지 식물원 주변 맛집

오후새우시

아이들과 먹기 좋은 달콤한 메뉴로 허니마요게살김밥을 추천한다. 포장해서 숙소에 가져가 라면과 함께 먹으면 꿀맛이다.

위치 서귀포시 천제연로 184
전화 0507-1300-0349
시간 11:00~19:00
메뉴 허니마요게살김밥 7,500원(포장 가능)

몸냥식탁

먹물 빵가루와 제주 돼지 뼈등심으로 만든 돈가스가 특이하다. 연돈 예약에 실패를 했다면 이곳으로 가도 맛있는 돈까스를 먹을 수 있다.

위치 서귀포시 천제연로 172-3 1층
전화 064-738-1723
시간 11:00~20:30(15:00~17:00 브레이크타임) / 일 휴무
메뉴 몸냥카츠 16,000원, 크림우동 14,000원

4·3평화공원

아이의 눈높이로 제주의 아픈 역사를 이야기해요

<4·3평화공원 관람 정보>

📍 제주 제주시 명림로 430
☎ 064-723-4344
📅 09:00~17:30 / 기념관은 첫 번째, 세 번째 주 월요일 휴관(입장 마감 16:30)
🕐 2~3시간 소요
₩ 무료

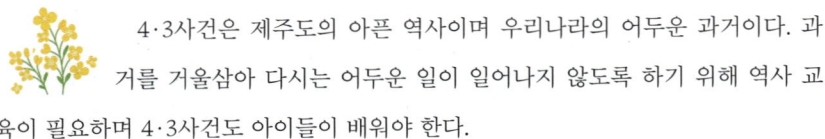 4·3사건은 제주도의 아픈 역사이며 우리나라의 어두운 과거이다. 과거를 거울삼아 다시는 어두운 일이 일어나지 않도록 하기 위해 역사 교육이 필요하며 4·3사건도 아이들이 배워야 한다.

4·3사건은 1947년 3월 1일을 기점으로 1948년 4월 발생한 소요 사태 및 1954년 9월 21일까지 제주도에서 발생한 무력 충돌과 그 진압 과정에서 많은 주민들이 희생된 사건이다. 제주 4·3평화공원은 4·3사건의 아픈 역사를 기억하고, 화해와 상생을 연다는 취지로 2008년 3월 제주시 봉개동에 개관한 평화·인권기념공원이다. 한국 현대사를 기념하는 국내 최대 규모의 공원으로도 알려져 있다. 이곳은 4·3사건의 역사적 의미를 되새겨 희생자의 명예 회복은 물론 평화·인권의 의미와 통일의 가치를 되새길 수 있는 인권 교육의 장으로 활용되고 있다.

공원 내에 있는 기념관은 지하 1층, 지상 4층의 규모로 4·3사건의 역사를 담은 그릇의 형태를 차용하였으며, 4·3의 역사적 진실을 기록한 상설전시실과 특별전시실, 기획전시실, 자료실, 영상관 등으로 이루어져 있다. 전시실의 관람로를 따라가다 보면 4·3사건의 원인과 과정, 결과까지 순서대로 알아볼 수 있다. 남녀노소를 불문하고 희생된 것은 물론, 특히 갓 태어난 아기까지 포함되어 있다는 충격적인 사실을 알게 된다. 김대중 대통령과 문재인 대통령의 4·3사건 특별법 제정에 관한 서명과 그때 사

용했던 만년필도 전시되어 있어 눈길을 끌었다.

'4·3 어린이 체험관'은 4·3사건을 어린이의 관점에서 이해할 수 있도록 기획되어 있었다. 다소 어렵고 복잡한 역사가 얽힌 사건은 아이들이 이해하기 어려울 수 있는데, 4·3 어린이 체험관은 아이들이 쉽게 이해할 수 있도록 스토리텔링 형식으로 구성되어 있다. 해설사분이 아이들의 눈높이에서 쉽게 설명해 주는데, 4·3사건 당시 8살이었던 임두홍 작가의 '대나오름의 기억'이라는 이야기를 통해 아이들이 4·3사건을 이해할 수 있다. 아이들이 사건 당시 피해자들의 삶이 어땠을지 간접적으로 배울 수 있는 여러 가지 체험이 준비되어 있다. 모형 동굴과 나무집에 들어가 보면 이곳에서 얼마나 불편하고 힘들었을지를 알게 된다. 특히 인상적인 활동은 4·3사건의 피해 아이들에게 편지를 쓰는 시간이었다. 편지를 쓰고 스캔을 하면 스크린 속으로 풍등이 되어 하늘로 날아가는 모습을 화면에서 볼 수 있어 아이들의 편지가 하늘에 있는 피해자들에게 전달될 것 같은 느낌이 들었다.

4·3평화공원은 아이들에게 어두운 역사를 주입식 지식으로 가르치는 것이 아니라 이야기와 체험으로 자연스럽게 이해할 수 있도록 구성되어 있다. 제주도에 관광 목적으로만 올 것이 아니라 4·3사건을 통해 제주도를 이해하고 아픔을 함께한다면 더욱 의미 있는 여행이 될 것이다.

아이와 함께 현장 학습 팁!

　4·3사건은 가슴 아프고 마주하기 힘들고 아이들 입장에서 이해하기 어려운 주제이기도 하다. 아이들이 궁금해서 이것저것 물어보면 어디서부터 어떻게 말해 줘야 할지 곤란한 경우도 있다. 한국 현대사의 어두운 단면을 보는 것이기 때문이다. 무작정 피하기보다는 아이들에게 아름다운 제주에서 있었던 슬픈 역사가 있었음을 알게 해 주도록 접근하는 것이 좋다. 갈등에만 초점을 맞추기보다는 평화로운 미래를 만들어 나아가는 데 중점을 두도록 긍정적인 방향으로 이끌어 주는 역사 교육의 기회를 제공하자.

　저학년 아이들일수록 스토리텔링과 체험 위주로 접근하여 생각의 차이가 가져온 아픔을 위로하고 긍정적인 미래를 향해 행동하는 역사 교육이 효과적이다. '4·3 어린이 체험관'은 아이들이 거부감 없이 최대한 친숙하게 받아들일 수 있도록 여러 가지 프로그램을 제공하고 있어 어렵지 않게 역사적인 사실에 접근할 수 있다. 초등 고학년 이상인 경우에는 박물관 관람을 통해 역사적 사실관계와 전후 사정을 좀 더 깊이 있게 들여다보되, 인간의 사고와 가치관, 그에 따른 당시의 심리적 분위기 등을 다루면서 사회적 갈등을 이해하는 방향으로 접근해 보자. 관람과 사색을 통해 다양한 각도에서 역사적 사건을 바라보고 갈등을 해결해 나가는 방법을 모색하는 시간을 가져 보자.

4·3평화공원 주변 맛집

밀림원

고추기름 풍미 가득한 흑돼지 제육에 직접 주인이 직접 기른 쌈 채소를 함께 먹을 수 있다.

위치 제주시 조천읍 남조로 2446 1층
전화 0507-1352-1537
시간 11:00~21:00(15:00~17:00 브레이크타임) / 일~월 휴무
메뉴 흑돼지제육쌈밥정식(2인) 26,000원

비자숲힐링센터

친환경 체험으로 아이와 힐링을 하자

<비자숲힐링센터 관람 정보>

📍 제주 제주시 구좌읍 다랑쉬북로 68-92
☎ 064-782-8963
📅 15:30~17:30
⏰ 2시간 소요
💰 어린이 2,000원(실내 놀이터 이용 시) / 어른 무료

오름의 고장 제주도 구좌읍에 가면 비자숲힐링센터가 있다. 이곳의 정식 명칭은 '제주특별자치도 환경성질환예방관리센터'인데 그 이름에 맞게 아토피 질환에 대한 정보를 제공하고 적정 치료 상담과 예방 관리를 위한 목적으로 세워진 곳이다. 이곳에서는 친환경 실내 놀이터, 건습식 테라피, 친환경 식사, 숙박, 숲체험, 천연비누 만들기, 쿠킹교실, 1:1 아토피질환자 검사 및 상담, 단체예방관리교육, 찾아가는 예방관리교육, 각종 건강관련 검사 등의 프로그램을 운영하고 있다. 모든 프로그램은 사전 예약제로 운영되는데, 제주도 지역의 많은 어린이집, 유치원, 학교들이 이곳으로 현장 체험학습을 온다.

이곳은 연령대별로 마련된 친환경 실내 놀이터 때문에 아이들에게 인기가 좋다. '아랑이 놀이터'는 유아~7세까지 이용할 수 있으며, '다랑이 놀이터'는 7세~13세까지 이용할 수 있는 놀이터이다. 아랑이 놀이터에 있는 놀이기구와 도구는 대부분 원목이라 아이들이 가지고 놀기에 자연 친화적이었다. 재미있는 그림책을 볼 수 있는 공간이 있고, 원목 클라이밍, 원목 주방 놀이, 원목 말타기, 편백나무 존, 베이비 놀이터, 볼풀장 등 다양한 놀이기구가 설치되어 있어 유치원생 아이들이 재미있게 놀기에 좋다.

다랑이 놀이터는 초등학생들이 놀기에 좋게 꾸며져 있는데 플라스틱이나 공산품으로 만든 놀이터가 아닌 굵은 섬유를 엮어 그물로 만든 놀이기구가 인상적이었다.

알록달록 친환경 색을 입힌 그물놀이 기구로 그네와 출렁다리, 정글짐을 만들어 아이들이 즐겁게 놀 수 있다. 도시의 키즈카페처럼 화려하거나 커다란 규모는 아니지만 아이들이 2시간 정도 안전하게 놀기에 충분해서 모두 만족했다. 더군다나 2시간에 2,000원밖에 하지 않는 가격은 부담스럽지 않아 좋았다.

비자숲힐링센터에 있는 시설 대부분은 실내 놀이터를 제외하고는 무료이다. 2층에 가면 탁구장이 있는데, 한산해서 가족들이 마음 놓고 탁구를 즐길 수 있으며, '비자숲 문화공간'은 아이들이 좋아하는 책들로 꾸며져 한나절 동안 편하게 책을 보며 시간을 보낼 수 있다. 아이들과 함께 온 부모들도 마련된 탁자 앞에 앉아 책을 보거나 노트북을 하며 즐길 수 있다. 이렇게 쾌적하고 친환경적인 시설을 모두 무료로 이용할 수 있다니, 제주도가 아니면 누릴 수 없는 특별한 곳이다. 이 밖에도 3층 습식 편백탕, 습식 족욕실, 건식 테라피존, 명상실도 마련되어 있으니 가족끼리 한 번쯤 방문해도 후회하지 않을 것이다.

야외에는 예쁜 사진을 찍을 포토존을 마련해 두는 것도 잊지 않고 있었다. 비자숲힐링센터의 마스코트 아랑이, 다랑이와 사진을 찍을 수 있는 곳이 마련되어 있으니 멋진 오름으로 둘러싸인 야외에서 꼭 사진을 찍어 보자.

ⓒ 비자숲힐링센터

아이와 함께 현장 학습 팁!

영국 내셔널 트러스트가 선정한 <아이들이 12살이 되기 전에 해 봐야 할 50가지> 목록을 보면, 요즘 아이들이 평소 자주 접하지 못하는 활동이지만 자연 놀이터에서는 누릴 수 있는 활동들이 몇 가지 눈에 띈다. 나무에 오르기, 밧줄 그네 타기, 나무 은신처나 동굴 같은 아지트 만들기, 밧줄을 이용해 비탈길 내려가기 등이 그것이다. 이곳 비자숲 힐링센터의 친환경 놀이터에서 신나게 움직이고 뛰놀며 영국 내셔널 트러스트가 추천하는 활동들을 자연스럽게 해 보자. 몸도 마음도 건강해져서일까? 또래 아이들에게도 금세 마음을 열어 모르는 아이들끼리도 금방 친해진다. 갈수록 친구들과 어울려 놀 기회가 적어지는 우리 아이들이 이번 기회에 친구들과 뛰어노는 즐거움을 누릴 수 있을 것이다.

=== 비자숲힐링센터 주변 맛집 ===

놀놀 플레이그라운드
아이들은 뛰어놀고 어른들은 여유롭게 차를 한잔 마실 수 있는 키즈 카페.
위치 제주시 구좌읍 비자림로 2228
전화 1498-1067
시간 09:00~19:00 / 동절기 화요일 휴무
메뉴 한라봉에이드 7,000원, 마시멜로구이+불멍 1,000원

명리동식당 구좌직영점
가성비 좋은 제주 흑돼지 전문점이다.
위치 제주시 구좌읍 일주동로 3010-17
전화 064-783-2225
시간 11:30~21:30 / 수요일 휴무
메뉴 흑돼지삼겹살 20,000원, 목살 20,000원, 짜투리고기 15,000원

새연교

야경이 예쁜 다리를 아이와 함께 산책해요

<새연교 관람 정보>
- 제주 서귀포시 서홍동 707-4
- 24시간
- 1~2시간 소요
- 무료

새연교라는 말은 '새로운 인연을 만들어가는 다리'라는 뜻이다. 새섬을 찾는 관광객들에게 좋은 인연이 생기기를 바라는 마음에서 지어진 것이다. 서귀포항에서 유람선을 타면 해설사의 설명을 들으며 새섬 주변과 서귀포 바다를 관광할 수 있다. 새연교는 서귀포 관광지의 랜드마크이며 최장 보도교로 차량은 출입이 불가하다. 주변에는 보행 산책로와 새섬 산책로, 뮤직 벤치 등이 설치되어 있어 산책하기 좋다.

새연교를 건너면 새섬을 산책할 수 있다. 새섬은 1960년대까지만 해도 사람이 살며 농사를 지었다고 하는데 지금은 사람이 살지 않는 무인도이다. '새섬'이라는 이름은 섬에 초가지붕을 잇는 '새(띠)'가 많이 자라고 있어 붙여졌다고 한다. 새섬은 섬 둘레를 따라 데크가 조성되어 있는데 여유롭게 산책할 수 있어 서귀포 시민들의 사랑을 받고 있다. 산책로 중간중간에는 쉼터가 있어 잠시 앉아 쉴 수도 있고 사진을 찍을 수 있는 포인트가 있어 멋진 기념사진을 남기기도 좋다.

새연교를 따라 새섬으로 들어가 산책하는 이 코스는 저녁을 먹고 찾는 것을 추천한다. 저녁에는 새연교를 따라 예쁜 조명이 켜져 더욱 멋지다. 또한 저녁 식사 후 가족끼리 운동 삼아 섬을 산책하는 것도 특별한 경험이 될 것이다. 가파르지 않고 완만하게 산책길이 조성되어 있어 아이들이 걷기에도 좋으며 가족끼리 이야기를 나누며 산책을 하기에도 안성맞춤이다.

아이와 함께 현장 학습 팁!

부산에 동백섬이 있다면 제주에는 새연교로 이어지는 새섬이 있다. 산책 코스로 한 바퀴 돌면 서귀포 해안의 절경을 한눈에 담을 수 있다. 아이들과 아침 산책으로도 좋고 새벽에 산책이나 조깅을 하며 하루를 시작해도 좋다. 또 야경이 멋진 곳이라 저녁에 가도 절경인데 다리 밑으로 흐르는 제주 바다를 느낄 수 있어 가족들과 행복한 추억을 남기기 좋다.

또한 이 근처에서 서귀포 유람선을 타면 새연교에서 출발하여 범섬 가까이 갔다가 되돌아오는데, 선장님의 말솜씨가 매우 유창해서 들으면 들을수록 재미있다. 선장님께서 제주도의 특징과 문화에 대해 어른, 아이 모두가 쉽고 재미있게 알 수 있도록 설명을 잘해 주신다. 또 범섬 바로 앞까지 유람선이 가기 때문에 범섬의 주상절리를 매우 가까이서 관찰할 수 있다. 주상절리는 화산이 냉각될 때 수축하면서 생기는 육각기둥 모양의 화산암인데, 제주도의 서귀포나 중문 해안가 곳곳에서 관찰할 수 있다. 특히 범섬의 주상절리는 바다에 떠 있는 섬 자체가 온통 주상절리로 이루어져 있어 웅장하다.

=== 새연교 주변 맛집 ===

오는정김밥

너무 유명해서 아침에 전화 예약하면 오후에 김밥을 찾아가라고 하는 곳이다. 김밥집 안으로 들어가면 있는 유명인들의 사인이 가득한 것이 인상적!
위치 서귀포시 동문동로 2
전화 064-762-8927
시간 10:00~20:00(13:30~14:30 브레이크타임) / 일 휴무
메뉴 오는정김밥 3,500원

에코랜드

제주도에서 기차 타고 숲을 여행해요

<에코랜드 관람 정보>

📍 제주 제주시 조천읍 번영로 1278-169
☎ 064-802-8000
📅 08:30~17:30
🕐 3~4시간 소요
₩ 성인(만19세 이상) 16,000원, 청소년(만13세~만18세) 13,000원, 어린이(36개월~만12세) 11,000원

에코랜드는 1800년대 증기 기관차인 볼드윈 기종 모델의 기차를 타고, 약 4.5km 거리의 곶자왈을 체험하는 테마파크이다. 이곳에서 기차가 다니고 역마다 다른 풍경과 체험 거리가 있어 아이들에게 인기가 좋다. 메인 역은 매표를 하고 매점과 화장실을 사용할 수 있는 열차의 시작점이다. 에코브리지 역은 넓은 호수에 300m가량의 수상 데크가 설치되어 있어 산책하기에 좋다. 호수 위에 설치된 데크를 걸으면 마치 물 위를 걷는 것 같은 느낌을 준다. 중간중간 설치된 포토존에서 사진도 찍을 수 있다.

레이크사이드 역에서는 풍차와 목초지가 주는 이국적인 풍경을 감상할 수 있다. 에코랜드에 있는 풍차는 마치 실제 유럽의 풍차처럼 크고 사실적이다. 풍차 안에는 풍차의 원리를 설명해 주는 안내판이 설치되어 있고, 톱니바퀴가 움직여 풍차가 돌아가는 모습을 볼 수 있도록 투명 벽을 설치하였다. 또한 이곳에서는 범퍼 보드, 백조 보트 등 수상 활동을 즐길 수 있어 여름에 에코랜드를 방문한다면 아이들과 시간이 가는 줄 모르고 재미있게 놀 수 있다.

피크닉가든 역은 어린이들이 뛰놀 수 있는 키즈 타운과 요정의 집 '그라스 하우스'가 있어 아이들이 직접 들어가 사진을 찍을 수 있다. 또한 곶자왈 숲길인 에코로드를

체험할 수 있다. 라벤더, 그린티&로즈가든 역에는 허브, 장미, 녹차가 어우러진 유럽식 정원을 볼 수 있으며 노천 족욕탕, 목장 산책로를 갖추고 있어 힐링하기에 좋다. 에코랜드는 사계절 내내 다른 분위기를 띠는데, 봄과 여름에는 푸른 녹음과 따뜻한 햇살을, 가을에는 알록달록 피어난 코스모스와 억새 물결을, 겨울에는 새하얀 설경을 볼 수 있다.

> **TIP**
> 에코랜드의 가장 큰 매력은 곶자왈 숲속을 열차를 타고 달릴 수 있다는 것이다. 학술적으로도 가치가 높은 곶자왈의 아름다운 자연과 맑은 공기를 느낄 수 있어 자연 친화적인 현장 학습 장소이다. 제주도에 방문하는 관광객들이 한 번쯤 가볼 만한 가치가 있는 곳이다.

에코랜드는 워낙 넓고 볼 것이 많아 한나절 여유를 가지고 다녀오기에 좋다. 기차를 타고 역마다 내려 관람을 하는 방식이기에, 가족끼리 편안하게 구경하고 체험할 수 있다. 기차는 8~10분 간격으로 오는데, 기차를 타고 다음 역으로 이동할 때 무엇이 기다리고 있을지 아이들의 얼굴에서 기대감을 느낄 수 있다. 기차를 타지 않고 걸어서도 이동할 수도 있는데 아이와 손을 꼭 붙잡고 숲속과 에코랜드의 곳곳을 산책하면서 아름답게 꾸며진 동화 마을에서 사진을 찍으며 추억을 남기는 특별한 경험을 해 보자.

아이와 함께 현장 학습 팁!

에코랜드는 부지가 엄청 넓다. 중간에 쉼터가 있어도 뒤로 갈수록 아이들이 힘들어한다. 따라서 출발하기 전 밥을 든든히 먹고 가는 것이 좋다. 중간중간 힘들면 쉼터나 카페에서 음료도 먹고 천천히 쉬어가며 즐기자. 또 한여름에는 너무 덥고 지치는데 코스가 길어서 아이들이 힘들어 할 수 있으니 되도록 해가 쨍쨍한 날씨는 피할 것을 추천한다. 어쩔 수 없다면 선크림과 모자는 필수다. 나무 그늘이 우거진 숲보다는 테마 공원 위주로 구성되어 있어 제주의 강한 햇볕이 피부를 강타하므로 선크림을 꼼꼼하게 바르고 다녀야 한다. 그리고 입구에 비치된 안내 지도를 살펴본 뒤, 모든 테마의 정원을 다 둘러보려 하지 말고 가장 가고 싶은 곳 위주로 살펴보자. 대략적인 계획 없이 모든 곳을 다 구경하려 하면 처음에는 좋았다가 나중에는 다 그냥 패스하고 기차 타고 숙소에 가자는 아이들의 원성이 들릴 수 있으니 주의하자.

=== 에코랜드 주변 맛집 ===

자연과 사람들 밀면

아빠는 시원한 물밀면, 엄마는 매콤한 비빔밀면, 아이들은 떡갈비로 모두 만족한다.
위치 제주시 조천읍 남조로 2185
전화 070-7798-2185
시간 11:00~18:00
메뉴 물밀면 8,000원, 비빔밀면 8,000원, 수제떡갈비 5,000원

2093 하우스

한라봉으로 만든 특제 돈가스 소스가 독특하다. 근처 와흘리 메밀 마을이 유명해서 메밀칼국수도 신선하고 맛있다.
위치 제주시 조천읍 남조로 2093
전화 070-8833-2093
시간 10:00~18:00
메뉴 흑돼지 수제돈가스 15,000원, 보말 메밀칼국수 11,000원

명월국민학교

폐교가 아름다운 문화공간으로 거듭나다

<명월국민학교 관람 정보>

- 📍 제주 제주시 한림읍 명월로 48
- ☎ 070-8803-1955
- 📅 10:00~18:30
- ⏰ 1~2시간 소요
- ₩ 없음(단, 입장 시 카페에서 어른은 1인 1음료를 주문해야 함.)

명월국민학교는 한림읍에 위치한 곳으로 폐교된 초등학교를 리모델링 하여 카페와 갤러리, 소품 숍으로 꾸민 다채로운 문화공간이다. 이곳에 도 착하면 우선 넓게 펼쳐진 잔디 운동장이 관광객을 맞아 준다. 시골 학교답게 넓은 천 연 잔디 운동장은 관리가 잘 되어 있어 아이들이 뛰어놀기에 좋다.

이곳은 입장료가 따로 없다. 다만 관광객들은 음료나 간식을 반드시 주문해야 하는 데 이것이 일종의 입장료인 셈이다. 물론 먹을 것을 주문하지 않아도 눈치를 주거나 쫓아내지는 않지만 관광객 모두 이 규정을 제대로 지키고 있었다. 음료 가격은 그리 비싸지 않고 맛도 나쁘지 않아 입장료를 대신하기에 합리적이다. 학교 건물에 들어서 면 세 개의 교실이 있는데 음료를 주문하고 앉아 마실 수 있는 카페인 '커피반'이다. 이곳에는 다양한 음료와 먹거리를 판다. 어른들을 위한 커피와 차, 아이들을 위한 어 린이 음료를 팔고 출출한 관광객을 위해 디저트와 분식류를 판매한다. 음식의 맛도 괜찮아 돈이 아깝지 않았다. 카페 한켠에는 불량식품이라고 불렀던 옛날 과자들도 판 매했는데, 초등학교 때 사 먹었던 추억의 과자들이 있다.

'커피반'을 나와 복도에 들어서면 두 개의 교실이 더 있다. 가장 먼저 만나는 교실 은 '소품반'이다. 이곳은 다양한 액세서리와 제주도 관련 소품, 기념품을 판매하고 있

었다. 돌하르방 모양의 캔들, 디퓨저, 제주도 관련 배지, 그립톡부터 반지, 목걸이 등의 액세서리, 옛날 학용품까지 이곳의 특색을 제대로 살린 다양한 소품들이 있다. 이곳에 아이들과 온다면 지갑을 열 준비를 하고 와야 한다. 예쁘고 귀여운 캐릭터의 기념품 때문에 아이들이 그냥 지나치기 힘들 것이다.

갤러리반은 포토존이다. 교실 벽에 예쁜 그림이 그려져 있고 옛날 걸상을 배치해 그곳에 앉아 사진을 찍을 수 있다. 교실 한쪽에 있는 풍금은 직접 연주도 해 볼 수 있어 옛날 감성을 자극한다. 갤러리인 만큼 교실 벽에는 제주를 나타내는 작품들이 걸려 있어 관광객이 잠시 걸음을 멈추고 그림을 감상할 수도 있다.

명월국민학교 복도는 밖의 풍경을 감상하며 음료를 마시고, 사진을 찍을 수 있게 꾸며져 있는데, 유리창을 통해 보이는 제주도의 시골 풍경이 마음을 편안하게 해 주었다. 또한 실외도 잘 꾸며져 있는데, 카페의 밖에는 테라스가 있어 날씨가 좋은 날은 커피 한잔을 마실 수 있다. 울타리가 쳐진 곳에는 '명월 지킴이'라고 불리는 다섯 마리의 순한 개들이 있어 반려견을 좋아하는 사람들의 눈길을 사로잡는다.

아이와 함께 현장 학습 팁!

명월국민학교는 김영갑 갤러리 두모악과 같이 폐교를 아름다운 공간으로 재탄생시킨 대표적인 공간이다. 시골에 폐교가 생기는 원인을 떠올려 보면 자연스레 사회 교과의 인구 이동에 대해 학습한 내용을 이해할 수 있다. 4학년 사회 교과 내용 중 도시와 촌락의 모습을 비교하고 그에 따른 사회 현상에 대해 조사, 탐구하는 학습 활동이 있는데, 시골의 폐교와 그 주변을 둘러보면 아이들이 단번에 깨달을 수 있다. 또 인구 부족으로 어려움을 겪고 있는 촌락을 살릴 수 있는 방법, 도시와의 교류 방법 등을 생각해 보는 활동에서 폐교를 업사이클링한 사례를 눈으로 보고 느끼게 해 주는 것도 좋은 사회 공부가 될 것이다.

명월국민학교 주변 맛집

협재칼국수

보말칼국수와 문어숙회가 맛있는 곳이다. 진한 국물에 푸짐한 재료로도 유명하다.
위치 제주시 한림읍 협재로 3
전화 0507-1335-8107
시간 09:00~20:00
메뉴 보말칼국수 11,000원, 문어숙회 35,000원, 한치물회 (여름 한정) 15,000원

뼈대감 본점

제주도에서 후회 없는 감자탕.
위치 제주시 한림읍 동명북1길 13
전화 064-796-3356
시간 10:00~21:30(15:00~16:00 브레이크타임) / 일 휴무
메뉴 뼈해장국 10,000원, 뼈대찜(중) 38,000원, 감자탕(중) 35,000원, 묵은지감자탕(중) 41,000원

액티브파크 제주

사계절 실내에서
클라이밍을 즐겨요

ⓒ 액티브파크 제주

<액티브파크 제주 관람 정보>

📍 제주 제주시 한림읍 금능남로 76 액티브파크 제주
☎ 0507-1461-0881
📅 09:30~18:00(10:00~17:00까지 매시 정각에 클라이밍 시작, 클라이밍 이용 시 최소 15분 전에 도착해야 함)
⏰ 2시간 소요
₩ 클립앤클라임(소인, 성인) 25,000원 / 클라이밍 소인 이용 시 성인 보호자 1인 무료 입장 / 실내 키즈카페 2시간 10,000원 / 레저 카트 1인승 25,000원 / 레저 카트 2인승 35,000원

액티브파크 제주는 제주시 한림읍에 위치한 실내외 스포츠 시설이다. 실내에서는 다양한 클라이밍 스포츠를 즐길 수 있고 실외에서는 속도감과 스릴을 느낄 수 있는 카트 스포츠를 체험할 수 있다. 2020년 2월에 개장해 시설이 깔끔하며 위생적으로 관리되고 있다.

이곳의 클라이밍은 '클립앤클라임'으로 안전 클립을 클라이밍 시설의 안전줄에 연결하여 클라이밍을 하는 것으로 매우 안전하다. 뉴질랜드에서 시작되어 전 세계 190여 개 센터가 운영되고 있으며 이곳의 41개 시설도 뉴질랜드에서 직수입한 것이다. 이곳이 좋은 이유는 어른들과 아이 모두 즐겁게 참여할 수 있다는 것이다. 다양한 클라이밍 시설에 올라 정상의 버저를 울리면 자동으로 시간이 측정되어 기록에 도전할 수 있으며 난이도가 다른 다양한 시설물을 자유롭게 이용할 수 있다. 또한 버티컬 드롭 슬라이드는 거대한 미끄럼틀인데 참여자가 안전바를 잡으면 높이 끌어올린 후 손을 놓아 슬라이딩을 즐기는 것이다. '아이고, 오지고, 지리고'의 단계로 높이를 선택하여 스릴 있는 슬라이딩을 경험할 수 있다.

'믿음의 도약'도 인기가 좋은데 클라이밍을 해서 발판에 선 후 공중에 매달린 백에 매달리는 것으로 용기와 담력이 필요하다. 이외에도 다양하고 재미있는 시설들이 즐비하다. '클립앤클라이밍'의 시설들은 화려하고 화사한 색감으로 꾸며져 있어 인상적

ⓒ 액티브파크 제주

이다. 클라이밍 하면 암벽을 등반하거나 위험한 운동이라고 여겨지는데, 이곳은 그냥 스릴 있는 놀이터라는 느낌이 들었다. 함께 갔던 제주 남매도 한 시간을 클라이밍을 하며 시간 가는 줄 모르고 즐겼다. 한 시간으로 시간 제약이 있는 것이 아쉬울 뿐이다.

클라이밍을 한 후에는 야외에서 카트 체험을 하면 된다. 카트 체험은 따로 시작 시간이 정해져 있지 않아 클라이밍 전에 해도 상관이 없는데 깔끔하고 성능 좋은 카트를 이용할 수 있어 좋았다. 키가 150cm 이상이면 1인 카트를, 이하이면 2인 카트를 이용하여 가족끼리 즐길 수 있다. 2인 카트를 사용해도 보조석에서 운전이 가능해 아이들이 매우 흥미 있어 한다. 제주도의 바람을 맞으며 속도감을 마음껏 즐기니 마음이 뻥 뚫린 것처럼 시원했다.

'액티브파크 제주'를 즐기고 돌아오는 길에 성공한 클라이밍과 실패한 클라이밍에 대한 이야기를 나누며 아이들이 즐거워했다. 다음에 오면 꼭 성공하겠다고 다짐하는 아이들의 모습을 보며 클라이밍 체험이 도전 정신과 자신감을 키워 주는 좋은 활동이라는 생각이 들었다. 제주도에서 정적인 것이 아닌 활동적인 경험을 하고 싶다면 이곳을 방문해 보기 바란다. 분명 에너지 넘치는 하루가 될 것이다.

ⓒ 액티브파크 제주

ⓒ 액티브파크 제주

ⓒ 액티브파크 제주

아이와 함께 현장 학습 팁!

이곳을 처음 방문했다면 부모는 특히 안전 교육에 신경 써야 한다. 어린이 전용으로 만들어진 곳이 아니라 성인들도 함께 이용하는 곳이기 때문에 숙달되지 않은 아이들의 경우 다칠 위험이 있다. 상주하는 안전 요원이 있지만, 사전에 안전 교육을 철저히 해야 한다. 탄성력이 강한 클립의 줄은 초등학생의 힘으로 끼우기 힘들 수 있으니 익숙해질 때까지 부모가 옆에서 도와주는 것이 좋다.

또한 착지할 때 벽 반대쪽으로 뒤로 눕듯이 자세를 취해야 하는데 몸무게가 가벼운 아이들의 경우 자세를 잘 잡지 않으면 벽에 머리나 등을 부딪치는 경우가 있어 주의해야 한다. 안전하게 하는 방법을 잘 터득한다면 그 다음부터는 아이들 스스로 도전 의식을 가지고 재미있게 잘하는데, 자신의 난이도에 맞게 선택해서 성취감을 느끼도록 해 주면 좋다. 쉬운 것부터 하나씩 도전해서 성공 버튼을 눌렀을 때의 아이들이 짓는 뿌듯한 표정은 가족 모두에게 큰 추억거리가 될 것이다.

액티브파크 제주 주변 맛집

금능샌드

갓 구운 파니니가 아이들과 어른들 모두의 입맛을 사로잡는 곳이다. 파니니는 물론 현무암샌드도 이곳에 시그니처이니 꼭 맛보도록 하자.

위치 제주시 한림읍 금능길 89
전화 0507-1311-8072
시간 11:00~18:00 / 화요일 휴무
메뉴 콰트로치즈파니니 10,500원, 현무암샌드 7,500원 / 포장만 가능)

오설록 티 뮤지엄

국내 최초의
차 박물관이자 문화공간

<오설록 티 뮤지엄 관람 정보>
- 제주 서귀포시 안덕면 신화역사로 15 오설록
- 064-794-5312
- 09:00~18:00
- 1~2시간 소요
- 무료

오설록 티 뮤지엄은 서귀포시 안덕면에 있는 차(tea) 박물관이다. 웅장한 건물과 주변의 광활한 녹차밭이 어우러져 멋진 풍경을 선사한다. 아모레퍼시픽이 한국 전통차의 문화를 소개하고, 보급하고자 2001년 9월에 개관한 국내 최초의 차 박물관이다. 이곳에 오면 차에 대한 역사와 녹차 음료, 녹차 아이스크림 등 다양한 맛을 경험할 수 있다.

이곳의 관람료는 무료이다. 관람객은 오설록에서 운영하는 티 숍에서 다양한 차와 티 푸드, 선물 세트 등의 제품을 구입할 수 있다. 또한 관람객에게 가장 인기가 좋은 오설록 카페에서는 녹차 아이스크림부터 녹차 롤케이크, 녹차 등 다양한 음료와 음식을 맛볼 수 있다. 멋진 야외 풍경이 있는 실내에 앉아 음료를 마시면 관광객은 마음의 여유와 힐링을 느낄 수 있다. 야외에도 테이블이 준비되어 있는데 잘 가꾸어진 정원에서 햇살을 맞으며 여유롭게 차 한잔을 즐길 수 있다.

티 뮤지엄은 티스톤, 차 문화실, 세계의 찻잔, 브랜드 스토리, 티 로스터리, 티 스토어로 꾸며져 있는데 이곳에서는 차의 역사를 배울 수 있다. 차 문화실에는 삼국 시대에서 조선 시대에 이르는 다구들이 전시되어 우리나라 차의 역사와 정신을 알 수가 있다. 세계 여러 나라의 다양한 찻잔을 살펴볼 수 있고 '설록차'로 잘 알려진 제주 녹차의 우수성에 대해 배운다. 또한 아모레퍼시픽이라는 기업의 역사와 이야기를 살펴

볼 수 있다.

　티 뮤지엄의 옥상에 올라가면 전망대에서 탁 트인 제주도 서쪽의 멋진 뷰를 감상할 수 있다. 주변에 푸릇한 녹차밭이 펼쳐져 있어 눈과 마음이 시원해지는 느낌이 든다. 오설록 티 뮤지엄은 곳곳에 있는 예쁜 포토존에서 멋진 사진을 남길 수가 있어 사람들에게 인기가 있다. 실내뿐만 아니라 실외의 정원에 마련된 포토존에서 사진을 찍다 보면 시간 가는 줄 모를 정도로 즐거운 기분이 든다.

　'설록차'는 1979년 제주도의 돌밭을 녹차밭으로 일구어 제주도가 세계적인 녹차 생산지가 되면서 탄생한 브랜드이다. 제주도에서 생산된 녹차가 세계적인 명차로 인정받고, 사람들의 사랑을 받으면서 제주도에 티 뮤지엄이 개관하였으니 의미가 남다르다. 설록차는 세계 곳곳으로 수출되어 우리나라 녹차의 우수성을 알리고 있다. 이곳에서 여유롭게 녹차를 즐기며 푸릇한 자연에서 힐링을 경험해 보는 것도 좋은 제주도 여행법이다. 가족과 함께 이곳에 와서 시간을 보내며 차의 역사에 대해서도 공부해 보자.

아이와 함께 현장 학습 팁!

초등 고학년이거나 청소년이라면 뮤지엄 투어와 그린티 클래스에 참여해 볼 만하다. 차에 대해 몰랐던 부분을 설명 들을 수 있고, 다도 교육을 하면서 유익한 시간을 보낼 수 있다. 일상에 지쳐있는 아이들에게 잠시 모든 걸 내려놓고 조용히 나를 들여다보는 시간을 가지면서 힐링할 수 있는 기회를 주자. 다례를 배우면서 나만의 차를 직접 블렌딩하여 내려 먹어보면서 흥미 있게 차를 접하는 시간을 가질 수 있다.

오설록 티 뮤지엄 주변 맛집

만남한식뷔페

싸고 든든하게 배를 채울 수 있는 가성비가 좋은 제주의 한식 뷔페다. 제주도의 현지 음식을 질릴 때까지 먹을 수 있어 좋다.

위치 제주시 한경면 녹차분재로 574
전화 064-772-2816
시간 11:30~13:00 / 2, 4번째 일요일 휴무
메뉴 자연한식(성인) 9,000원, 자연한식(소인) 6,000원

맛있는폴부엌

분위기는 물론 맛까지 훌륭한 레스토랑. 찾아가기 전에 온라인 사전 예약은 필수이다.

위치 제주시 한경면 녹차분재로 568
전화 0507-1408-1624
시간 11:00~16:00 / 토~월요일 휴무
메뉴 뿔소라오일 파스타 19,000원, 치킨버섯리소토 23,000원
　　　(포장 가능)

무민랜드

무민 이야기가
가득 채워진 감성 공간

<무민랜드 관람 정보>
- 제주 서귀포시 안덕면 병악로 420
- ☎ 064-794-0420
- 10:00~19:00(입장 마감 18:00)
- 2~3시간 소요
- 성인 15,000원 / 청소년 14,000원 / 소인 12,000원

무민랜드는 무민 캐릭터를 모티브로 2020년 10월에 개관한 박물관이다. 핀란드 작가 토베 얀손이 창작한 캐릭터 무민은 75년이 넘도록 전 세계 사람들의 사랑을 받고 있다. 이곳은 입구에 들어서는 순간부터 환상의 이야기 속으로 들어가는 느낌이 든다. 1층에서는 그림과 함께 작가 토베 얀손의 소개를 볼 수 있다. 무민 이야기에 나오는 다양한 캐릭터들과 무민 연작 소설에 대해 소개한다. 1층에서 가장 인상 깊은 것은 '무민 하우스'인데 중앙홀에 3층짜리 무민 하우스가 만들어져 있다. 실제 크기로, 직접 올라갈 수도 있게 꾸며져 있어 마치 무민이 사는 집에 초대받아 들어온 느낌이 든다.

2층은 라비에라 로드, 무민 클래식, 영상관으로 구성되어 있는데 '라비에라 로드로 떠난 무민 가족들에게 어떤 일이 있었을까?'라는 스토리를 따라 배경과 캐릭터들이 구성되어 있어 관람객이 이야기 속에 들어가는 느낌이 든다. 또한 무민 호텔, 무민 욕조에 들어가 사진을 찍을 수도 있다. 영상관에서는 무민 만화가 상영되고 있었는데 많은 아이들이 만화를 재미있게 보았다.

3층은 미디어아트와 체험존으로 되어 있다. 미디어아트는 빛으로 만든 무민의 세

❶ 1층에 있는 곳으로, 무민 그림과 함께 무민 연작 소설을 전시하여 소개하고 있다.
❷ 2층에 있는 보라색이 인상적인 무민 욕조이다. 이곳에 들어가서 아이와 함께 사진을 찍어 보자.
❸ 3층에 있는 미디어아트 공간이다. 무민의 세계에 빠져드는 듯한 느낌을 받을 수 있다.

계에 관람객이 직접 들어가 있는 느낌이 들도록 구성해 놓았다. 환상적인 자연의 모습에 나도 모르게 빠져들어 감상하게 된다. 미디어아트실을 나오면 무민 3D 게임존과 아트 체험관이 있다. 3D 게임존에서는 무료로 재미있는 게임을 즐길 수 있다. 아트 체험관에서는 무민 관련 작품을 만들거나 꾸미는 등 다양한 체험을 할 수 있어 유익하다.

마지막으로 4층으로 가면 무민 정원과 계단이 꾸며져 있다. 무민 캐릭터와 예쁜 정원이 있어 사진 찍기에 좋다. 이곳에서 하늘로 올라가는 듯한 모습을 지닌 계단에서 사진을 남겨 보는 것도 좋은 추억이 될 것이다. 4층까지 관람을 한 후, 엘리베이터를 타고 지하 1층으로 내려가면 기프트 숍과 카페를 만날 수 있다. 커다란 통창을 보며 커피와 간식을 먹다 보면 이곳에서 오랜 시간 쉬다가 가고 싶은 마음이 든다. 기프트 숍에 오래 머물면 너무도 예쁜 무민 캐릭터 기념품과 물건에 마음을 빼앗겨 지갑이 쉽게 열릴 수 있다.

어린아이부터 어른까지 환상의 세계에 빠져 박물관에서 시간을 보내니 마음이 평화로워졌다. 이곳이 더 많이 알려져 복잡해지기 전에 빨리 방문해 보기를 추천한다. 분명 만족스러운 여행이 될 것이다.

아이와 함께 현장 학습 팁!

무민랜드 체험존은 다양한 체험 거리가 마련되어 있어 어른도 아이도 편하게 즐기면서 많은 추억을 만들 수 있다. 먼저 3D MR 게임존에서는 아이들이 무대에 서서 손을 움직이는 동작 게임을 할 수 있다. 무민 만화 속 배경을 바탕으로 만든 게임에 아이들이 땀을 흘리며 온몸을 움직이며 게임을 할 수 있다. 엄마 아빠도 함께 참여하며 온몸을 움직이니 가족이 다 같이 한껏 웃을 수 있는 장소이다.

작품을 만드는 체험존에서는 유료 체험과 무료 체험으로 나누어지는데, 무료 체험에서는 예쁜 무민 캐릭터를 색칠해서 가져갈 수 있으니 아이들이 충분히 집중하고 만족해한다. 유료 아트 체험에서는 무민의 집 만들기, 무민 코스터 만들기, 무민 튤립 펜꽂이 만들기 등 다양하게 선택할 수 있는데, 친절한 직원분께서 아이에게 맞는 눈높이로 체험을 진행해 주셔서 아이들이 즐겁게 참여할 수 있고 예쁜 무민 캐릭터가 그려진 소품을 가져갈 수도 있다.

무민랜드 주변 맛집

모록밭

배우 김희애도 왔다 간 한식 맛집이다. 소고기비빔밥과 감자전이 일품이다.

위치 서귀포시 안덕면 병악로 428
전화 064-792-6080
시간 11:00~20:00 / 첫 번째, 세 번째 주 일요일 휴무
메뉴 소고기비빔밥 10,000원, 떡만둣국 10,000원, 감자전 20,000원

스누피 가든

따듯함이 가득한
야외 정원과 전시관

<스누피 가든 관람 정보>

📍 제주 제주시 구좌읍 금백조로 930
☎ 064-903-1111
📅 10~2월 09:00~18:00, 3~9월 09:00~19:00
🕐 2~3시간 소요
🅦 성인 18,000원, 청소년 15,000원, 소인 12,000원

최근 제주도에서 핫한 관광지는 단연 스누피 가든이다. 어마어마한 부지에 세워진 이곳은 '스누피 가든 하우스(전시관)'와 '스누피 가든(실외 정원)'으로 구성이 되어 있다. 실내 전시관은 5개의 주제로 다양한 전시를 하고 있다. '관계, 일상, 사색과 휴식, 행복, 상상'이라는 5개의 테마인데 스누피와 찰리 브라운의 창시자 '찰스 M.슐츠'에 대한 소개부터 시작해 스누피 캐릭터 등장까지의 과정을 매우 자세하게 전시하고 있다. 벽면에 전시된 캐릭터의 이야기를 따라가다 보면 찰리 브라운, 셀리 브라운, 스누피, 우드스탁, 슈로더, 루시 등의 캐릭터를 이해할 수 있다. 다섯 개의 테마관에는 주제에 맞게 세련되고 감각적인 전시물이 설치되어 있고, 예쁜 포토존이 많아 관광객들이 사진을 찍기에 여념이 없다. 찰리 브라운의 교실 모습이 꾸며진 곳에 앉아 학교에도 들어가 보고 캐릭터들과 함께 사진을 찍다 보면 만화 속에 들어와 있는 착각이 들 정도이다.

실외로 나오면 왜 이곳의 이름을 '스누피 가든'이라고 부르는지 단번에 이해할 수가 있다. 엄청난 부지에 스누피 정원을 꾸며 놓았는데 '소설왕 스누피 광장'부터 '비글 스카우트 캠프, 찰리 브라운의 야구장, 피너츠 컬러 가든, 스누피 페르소나 암석원, 호박대왕의 호박밭, 우드스탁의 빅 넥스트, 루시의 가드닝 스쿨'의 순서로 정원이

꾸며져 있다. 특히 이곳이 재미있는 것은 가든을 투어하며 8개의 스폿에 스탬프가 설치되어 있어 브로슈어에 스탬프를 찍어 완성하면 기념품 가게에서 기념 배지를 선물해 준다는 것이었다. 특히 가든에 설치된 스누피와 친구들의 캐릭터와 사진을 찍다 보면 시간이 금세 지나가 버린다. 예쁜 배경에서 추억을 남기고픈 관광객들이 줄을 서서 사진 찍기를 기다리는 모습을 보며 이곳이 사람들에게 많은 사랑을 받는 곳임을 다시 느낄 수 있었다. 가족과 함께 여행을 왔는데 너무 어린아이가 있거나 나이가 많은 어르신이 계신 경우에도 걱정할 필요는 없다. 가든 내에는 귀여운 버스가 운행되고 있어 버스를 타고 가든을 투어할 수도 있다. 이 밖에도 야외에 마련된 아담한 카페에서 커피와 음료, 간식을 즐길 수 있고, 실내에 있는 기념품 가게에서는 다양한 스누피 캐릭터 상품도 팔고 있다.

처음 스누피 가든이 생겼을 때는 만화 캐릭터 전시관에는 볼 것이 없을 거라고 생각했다. 하지만 막상 방문해 보니 너무도 보고 즐길 것이 많아 시간이 부족했다. 이곳을 관람하려면 최소 2시간에서 4시간까지 여유롭게 시간을 잡고 와야 한다. 요즘 제주도에서 가장 핫한 '스누피 가든'이 궁금하다면 한번 방문해 가족, 연인, 친구끼리 즐거운 추억을 남기기를 추천한다.

아이와 함께 현장 학습 팁!

발자국 스탬프 찍기 미션에 도전하여 아이들과 함께 파이팅 넘치는 야외 체험존을 즐겨 보자. 가든에서 스탬프를 찾기는 쉽지 않다. 가든마다 다음 테마 코스로 넘어가기 전에 발견하지 못한 스탬프가 있는지 확인해 보자. 미션을 클리어하다 보면 스탬프를 모아가는 재미는 물론, 가든을 구석구석 재미있게 관람하면서 스누피와 친구들, 그리고 스누피 이야기의 매력에 푹 빠지게 될 것이다. 가든에 꾸며진 실제 와있는 듯한 학교, 야구장, 베이스캠프 등을 보면 아이들도 캐릭터 세상에 빠진 듯한 기분이 들어 즐거워한다. 3D나 VR 안경을 쓰지 않아도 만화 속 공간에 와 있는 듯한 느낌이 드니 디지털 세계보다 더 실재감이 든다. 온라인을 많이 접하는 아이들에게, 애니메이션 공간이 실재화된 오프라인 공간을 온몸으로 느끼게 해 주고 싶다면 이곳 야외 체험존을 거닐어 보자.

스누피 가든 주변 맛집

치저스

먹보와 털보에 나온 유명 맛집. 예약은 어렵지만 후회하지 않을 행복한 식사. 바깥 정원도 넓어 아이들 놀며 사진 찍기도 좋다.

위치 제주시 구좌읍 비자림로 1785
전화 0507-1378-1504
시간 11:00~16:00 / 화~목 휴무
메뉴 한치리조또아란치니 15,000원, 라클렛 스테이크 17,000원

제주민속촌

조선 시대 속 제주 마을로의 여행

<제주민속촌 관람 정보>

📍 제주 서귀포시 표선면 민속해안로 631-34
☎ 064-787-4501
📅 08:30~18:00
🕐 3~4시간 소요
💰 성인(대학생 포함) 15,000원, 경로(65세 이상) 13,000원, 청소년(중·고등학생) 및 군경 12,000원, 어린이(만4세 이상~초등학생), 11,000원

제주민속촌은 1890년대를 기준으로 제주의 마을을 꾸며 놓은 민속 마을이다. 만약 이곳에 갈 때 별 기대 없이 갔다면 방대한 부지에 한 번 놀라고 조선 시대의 모습을 그대로 옮겨 놓은 모습에 두 번 놀라게 될 것이다. 민속촌 이곳저곳을 구경하다 보면 3~4시간은 금방 지나가 버린다.

마을은 산촌, 중간 산촌, 어촌, 토속신앙촌, 민속장터, 드라마 세트장, 대장금테마파크 등으로 꾸며져 있는데 각각의 주제에 맞게 마을을 구성하고 내부도 꾸며 놓았다. 이곳에 오면 옛날의 제주도 돌집에 대하여 자세히 알 수 있다. 또한 제주도 돌집의 실내에 들어가 볼 수 있도록 한 '옛집 체험'도 경험할 수 있다. 옛날 집 안에 들어가 앉아 보고 누워 볼 수도 있는 점이 특징이었는데, 내부에 들어가 보니 더 실감이 났다.

산촌 마을, 중간 산촌 마을, 어촌 마을마다 집의 특색이 조금씩 다르고 갖추고 사는 도구와 물건도 다르다. 이를 통해 제주도민들의 생활 모습을 배울 수 있다. 이곳은 드라마 '대장금'의 촬영지로도 유명하다. 민속촌 내부에는 '대장금테마파크'를 따로 조성하여 실외뿐 아니라 실내에도 다양한 물건들을 전시하고 있었다. 드라마 '대장금'의 대본, 출연 배우들의 사인이 그려진 도자기, 대장금이 사용했던 침통, 도구 등이 전시되어 있어 볼거리가 많다.

이곳에는 다양한 체험 거리가 있어 교육 효과도 있다. 민속촌 곳곳에서 투호, 굴렁

쇠, 윷놀이, 사방치기, 제기차기 등 민속놀이를 체험해 볼 수 있다. 또한 옛날 제주 목사가 지내던 관아에 가면 죄인이 곤장을 맞던 곤장틀, 주리를 틀 때 사용했던 형틀에서 이색 체험도 경험할 수 있어 아이들이 즐거워했다.

아이들을 위해 작은 조류 사육장과 작은 동물원도 갖추고 있었는데 조류 사육장에서는 공작새 여러 마리가 돌아다니며 자태를 뽐내고 있었다. 아이들은 특히 동물원을 좋아했는데 이곳에서는 사슴, 염소, 토끼에게 먹이 주기 체험을 하고 있어 아이들이 당근과 무를 동물에게 직접 주며 가까운 거리에서 동물을 볼 수 있어 신기해했다. 민속촌 내에는 미로 공원도 있는데 가족과 미로 안에 들어가 직접 체험을 하며 재밌게 시간을 보낼 수 있다.

이 밖에도 농기구 전시관, 관모 공예전시관, 돌문화 전시관, 옹기 전시관, 추사 전시관, 수석 전시관, 어구 전시관이 있어 옛날의 문화를 배울 수 있다. 또한 다양한 공연도 열려 관람객들에게 볼거리를 제공한다. 전국에 많은 민속촌이 있지만 제주민속촌은 제주도민의 삶을 엿볼 수 있어 의미가 있는 곳이다. 옛날 제주도 사람들의 생활 모습과 그들이 쓰던 물건을 한눈에 볼 수 있어 마치 타임머신을 타고 조선 시대 제주도에 와 있는 기분이 들기도 한다.

아이와 함께 현장 학습 팁!

　부지 자체가 크고 넓어서 아이들이 힘들어할까 봐 걱정되었지만 중간중간 놀거리, 사진 찍을 스폿이 많아서 넓은 부지를 돌아다니면서도 지루하지 않게 시간을 보낼 수 있다. 옛날 전통 집이 그대로 보존되어 있고 직접 들어가 볼 수 있는 곳도 꽤 있어서 체험하고 느끼기에 아주 적합한 장소이다. 가족이 함께 민속놀이와 전통문화 체험도 해 보고 미로에도 같이 들어가 보자. 옛날 만화방을 재현해 놓은 곳에서 만화도 보고 장기도 두어 보자. 부모님과 아이들이 함께 동심으로 돌아가서 이것저것 체험해 보며 추억을 쌓는 시간을 만들고 싶다면 이곳, 제주민속촌을 추천한다.

=== 제주민속촌 주변 맛집 ===

바타타식탁

표선 딱새우 요리 전문점. 포장해서 숙소에서 가족들과 먹기도 좋다.

위치 서귀포시 표선면 표선동서로264번지 22
전화 0507-1311-3041
시간 12:00~22:00 / 첫 번째 주 화요일 휴무
메뉴 바타타 세트 62,000원, 딱새우회 39,000원, 딱새우찜 39,000원

한라산아래첫마을 제주민속촌점

특별한 한끼를 맛보고 싶다면 추천하는 맛집. 깔끔하고 정갈한 메밀 음식 전문점이다.

위치 서귀포시 표선면 민속해안로 631-46, 제주민속촌 정문 안쪽
전화 0507-1357-8899
시간 10:30~19:00(15:00~16:00 브레이크타임) / 화 휴무
메뉴 제주메밀 비비작작면 12,000원, 제주메밀 물냉면 12,000원, 제주메밀 비빔냉면 12,000원

화조원

예쁜 새들과
친구가 되어요

<화조원 정보>

- 📍 제주 제주시 애월읍 애원로 804
- ☎ 064-799-9988
- 📅 09:00~18:00
- ⏰ 2~3시간 소요
- ⓦ 어린이(36개월~만12세) 14,000원, 노인(65세이상) 14,000원, 대인(만19세~64세) 18,000원, 청소년(만13~18세) 16,000원, 국가유공자 10,000원

 제주도에 동물들과 마음껏 교감하고 놀 수 있는 동물원이 생겼다. 바로 화조원이다. 화조원은 어린아이를 둔 부모들 사이에서 점점 입소문을 타기 시작하더니, 지금은 제주도에서 가장 핫한 공원으로 자리 잡았다.

'화조원'이라는 이름을 처음 들었을 때는 작은 카페 같은 곳에서 차를 마시며 새들을 볼 수 있는 곳 정도로만 생각했다. 그런데 막상 방문해 보니 야외, 실내 시설의 규모가 굉장히 컸다. 이곳은 동물원이라고 불러도 손색이 없는 곳이다. 비록 사자나 호랑이, 코끼리 같은 아프리카 동물들은 없지만 귀여운 알파카와 펭귄, 각종 새들로 공원을 꽉 채우고 있었다. 특히 화조원이라는 이름에 맞게 잘 가꾸어진 야외 정원과 새들이 가득한 온실이 인상적이었다.

화조원에 들어서면 가장 먼저 보이는 것은 넓은 잔디 광장이다. 이곳에서는 오전 11시, 오후 1시, 3시, 4시 30분에 호로조(뿔닭)&백비둘기 비행과 맹금류&독수리 자유비행 공연이 열린다. 사육사의 신호에 맞추어 관람객들의 머리 위를 날아 다시 사육사의 손 위로 돌아와 앉는 독수리와 매를 보는 것이 신기했다. 사육사가 호각을 불면 호로조(뿔닭)와 비둘기 떼가 무리 지어 날아오는데 특히 호로조는 잔디 광장으로

'호로조 & 백비둘기 비행'과 '맹금류 & 독수리 자유 비행'은 화조원에서 가장 인기가 있는 볼거리이기에 공연 시간을 꼭 확인하도록 하자.

올 때는 날아오고 돌아갈 때는 모두 빠르게 걸어서 가는 것이 재미있었다.

　야외 동물원길을 따라 가면 다양한 종류의 동물들을 볼 수 있다. 매표소에서 티켓을 구입하면 알파카 먹이를 주는데 순하게 생긴 알파카가 먹이를 먹기 위해 관람객들에게 다가온다. 인간에게 친숙하게 다가오기 때문에 관람객들은 알파카를 가까이에서 보고 만질 수 있다. 또한 멋지게 날개를 펴고 자랑하는 청공작과 백공작은 관람객들의 탄성을 자아낸다. 토끼 먹이 주기 체험을 할 때는 긴 국자처럼 생긴 먹이통에 사육사가 건초를 주면 토끼 우리에 들어가 먹이를 줄 수 있다. 귀여운 토끼가 뛰어다니며 다가오니 아이들이 좋아한다. 부드러운 토끼털을 직접 만져 보며 즐거운 시간을 보낼 수 있다.

　이곳의 하이라이트는 역시 많은 새들을 볼 수 있는 온실이다. 이곳을 열대조류관이라고 부르는데 새들이 얼마나 다양하고 예쁜지 시간 가는 줄 모르고 구경하게 된다. 이곳의 새들은 사람들이 친숙한지 손만 들어도 날아와 사람 손에 앉는다. 티켓을 살 때 작은 봉투 안에 든 새 먹이를 주는데 손바닥에 먹이를 올려놓으면 날아와 앉아 먹

이를 먹는다. 먹이가 없어도 손을 뻗기만 하면 날아와 앉기도 한다. 형형색색의 새들이 손에 앉는 이색적인 경험을 한 아이들은 이곳을 나가지 않고 계속 손바닥을 펼쳐 들고 있다. 온실에는 새뿐만 아니라 펭귄, 거북이도 있어 눈길을 사로잡는다.

 화조원은 다른 동물원과는 다르게 동물들을 가까이에서 만나고 만져 보고 교감할 수 있다. 공작새가 관람객 사이를 왔다 갔다 하고 새들이 손에 날아와 앉고, 토끼 먹이를 주며 털을 만질 수 있으니 아이들이 즐거워한다. 이곳에 있으면 아이들의 웃음과 환호성을 마음껏 들을 수 있다. 화조원은 아이들을 위한 작은 동물원이다. 아이가 있는 가족이라면 제주도 여행 코스를 짤 때 꼭 이곳을 넣어 보자.

아이와 함께 현장 학습 팁!

　일반 동물원과 달리 체험비를 따로 내지 않고, 동물을 가까이서 관찰할 수 있는 곳이다. 모든 활동 장소에서 직접 동물이 있는 곳으로 들어갈 수 있고 순한 동물들이 사람들에게 친근하게 다가오기 때문에 아이들이 동물을 직접 만나고 교감하기 좋다.

　특히 아이들은 새 모이 주기 체험을 좋아하는데 손바닥을 펼치면 손 위로 날아와 앉아 모이를 쪼아먹는 새를 만날 수 있다. 처음에는 새가 다가오는 것이 무서워서 겁이 나고 새 발톱의 다소 뾰족한 느낌이 낯설어서 두려워할 수도 있다. 하지만 용기를 내서 손바닥을 펼치고 있으면 아이들 손에 날아와 앉는 새들을 볼 수 있다. 낯선 활동에 대한 두려움을 극복하고 용기를 내는 아이들의 모습, 작은 성취감으로 뿌듯해하는 아이들의 밝은 표정을 엿볼 수 있다.

화조원 근처 맛집

브로콜리지

제주 채소요리의 건강한 맛과 귀여운 플레이팅, 앙증맞은 소품 숍까지 함께 있어 건강하고 즐거운 식사.

위치 제주시 애월읍 천덕로 880-24 981파크 플래닛동
전화 0507-1421-0249
시간 09:00~18:20
메뉴 제주채소튀김 3,500원, 제주채소볶음밥 11,000원, 한라산오므라이스(새우/함박) 13,000원

앙데팡당

미술 유튜버가 운영하는 카페이다. 뷰도 좋고 눈도 즐겁다. 넓은 테이블 공간이 편하며, 반 고흐 별밤에이드는 꼭 먹어보자.

위치 제주시 애월읍 신엄안3길 136-5 2층
전화 010-5910-2933
시간 11:00~21:00 / 수요일 휴무
메뉴 파블로바 13,000원, 마멜 우유 5,500원, 반 고흐 별밤에이드 7,000원

피제리아덤보

제주에서 뉴욕식 정통 피자를 맛보고 싶다면 이곳을 방문하자. 아이는 물론 부모까지 만족스럽게 식사를 할 수 있는 곳이다.

위치 제주시 애월읍 소길남길 202-6
전화 0507-1435-2958
시간 11:30~21:00(15:00~17:00 브레이크타임) / 수 휴무
메뉴 피자 31,000~35,000원

애월더힐

애월 앞 바다에 위치한 브런치 카페로, 에그인헬을 추천한다. 무엇보다 넓은 공간이 인상적이라 아이들과 함께 가도 편하다.

위치 제주시 애월읍 유수암로 12
전화 010-2005-5943
시간 09:30~18:20 / 목요일 휴무
메뉴 샐러드 20,000원, 에그인헬 20,000원

더마파크

제주도에서는 말도 연기를 한다

<더마파크 관람 정보>

📍 제주 제주시 한림읍 월림7길 155
☎ 064-795-8080
📅 하절기 10:30, 14:30, 17:00 / 동절기 10:30, 14:00, 16:40
⏰ 1시간 소요
💰 성인 22,000원, 중고생 20,000원, 어린이 18,000원

제주도 서쪽 한림읍에 위치한 더마파크는 세계 최초의 말 전문 테마 공원이다. 승마와 기마 공연 등 말에 관계된 모든 것을 즐길 수 있다. 대형 공연장에서는 몽골 현지에서 전문적으로 훈련된 공연단원들과 말들이 함께 하는 '더마파크 공연'이 열린다. 또한 승마 체험장에서 승마를 할 수 있고, 도내 최대 규모로 알려진 '더마카트 체험장'에서는 신나는 카트 체험을 할 수 있다.

또한 이곳은 실내동물원도 갖추고 있는데 알파카, 포니, 라쿤, 코카투 등 다양한 동물들을 직접 보고 만질 수 있어 아이들이 좋아한다. 이처럼 '더마파크'는 즐길 거리가 다양한 종합 테마파크라고 할 수 있다.

대형 공연장에서는 말과 기마 공연 단원들이 다양한 묘기를 보여 주는데 아찔하면서도 멋진 공연에 관객들의 박수가 쏟아진다. 60명 정도의 남녀 공연단원들의 묘기는 직접 보면서도 믿기지 않을 정도로 신기하다. 간단한 공연이 끝나면 메인 공연이 열리는데 '위대한 정복자 광개토태왕'이라는 주제로 광개토태왕이 왕이 되기까지의 과정과 전쟁의 모습을 실감 나게 공연한다. 공연을 보고 있으면 실제로 옛날 사람들이 어떻게 말을 달리며 전쟁을 했을지를 알게 된다. 산성 모형을 공연 세트로 차려 놓

고 넓은 중앙 운동장에서 벌어지는 전쟁의 모습은 그야말로 장관이다. 이 공연을 보며 가장 좋았던 것은 우리나라 역사를 배울 수 있는 교육적인 요소가 가미되어 있다는 것이었다. 배울 거리와 볼거리가 동시에 있어 단순한 흥미 위주의 공연이 아니다.

 멋진 공연을 보면 공연 단원들이 얼마나 많은 연습과 시행착오를 겪었을지 상상이 된다. 또한 사람뿐 아니라 말도 연기를 하는 점이 재미있었다. 전쟁 장면에서 말들이 죽는 연기를 하는가 하면 관객에게 무릎을 꿇고 인사를 하는 등 배우처럼 연기를 한다. 1시간 동안 한순간도 아이들이 눈을 떼지 못할 정도로 긴장감 넘치고 흥미로운 공연이 펼쳐졌다.

 공연을 마치고 그냥 가는 것이 아쉬우면 제주도에서 가장 큰 카트장에 방문해 보기를 바란다. 바람을 가르며 씽씽 달리다 보면 스트레스가 한 방에 날아갈 것이다. 또한 승마 체험을 할 수도 있고 작은 동물원에서 동물들에게 먹이를 주며 시간을 보낼 수 있는 효율적인 장소이다. 제주도를 상징하는 동물인 말을 가까이에서 보고, 멋진 공연도 관람할 수 있는 '더마파크'를 한번 찾아보는 것은 어떨까? 분명히 보람 있는 여행이 될 것이다.

아이와 함께 현장 학습 팁!

광개토태왕이라는 위인의 스토리 중 일부를 구성하기 때문에 아이들이 역사적 배경지식이 있으면 공연을 한층 더 재미있게 관람할 수 있다. 숙소로 돌아가서 관련 역사적 배경을 인터넷으로 찾아보는 것도 좋은 공부가 될 것이다.

말과 배우가 하나가 되어 합을 맞추고 서로 정해둔 사인에 따라 연기를 하면서 동물과 사람이 함께 교감을 나누는 모습을 지켜보는 것도 아이들에게 따뜻한 감동을 준다. 아이들에게 이 공연은 단순한 볼거리뿐만 아니라 공부 거리, 생각할 거리를 모두 주는 종합선물 세트 같은 공연이 될 것이다.

더마파크 주변 맛집

그린페블

유기농 카카오맷돌에서 직접 간 초콜릿과 제주 석창포밭이 있는 넓은 카페. 아이들 초콜릿 만들기 체험도 가능하다.

위치 제주시 한림읍 수동7길 54-3
전화 064-772-5011
시간 09:00~18:00
메뉴 드립 메모리 커피 6,500원, 석창포티(2인) 12,000원

명랑스낵

아늑하고 빈티지한 제주도 분식 맛집이다. 무엇보다 한치튀김이 맛있는데, 떡볶이 국물에 찍어 먹으면 절로 미소가 지어지는 곳이다.

위치 제주시 한림읍 한림로 585
전화 010-9258-2335
시간 11:30~18:00 / 비정기 휴무
메뉴 한치튀김 15,000원, 떡볶이 4,500원

신비의 도로

어라, 저절로 공이 위로 올라가네?

<신비의 도로 관람 정보>
- 제주 제주시 노형동 291-17
- 24시간
- 30분 소요
- 무료

제주시 도심에서 1100도로를 타고 산간 쪽으로 가다 보면 유명한 '신비의 도로'가 있다. 이곳은 '도깨비 도로'라고도 불리는데 차도에 캔 커피나 생수통을 놓으면 내리막으로 굴러가지 않고 오르막길로 올라가서 붙여진 이름이다. 이 길이 알려지게 된 것은 예전에 제주도에 렌터카가 많지 않던 시절, 신혼부부를 사진 촬영해 주던 택시 기사가 깜박하고 사이드 브레이크를 채우지 않고 내렸는데 차가 내려가는 것이 아니라 올라가는 현상을 발견하면서부터이다. 이곳은 사실 관광지가 아닌 차가 통행하는 일반도로이다. 이 길이 알려지고 관광객들이 늘어나면서 우회도로가 생겨나 차량 통행이 줄기는 했지만 여전히 차가 통행하는 곳이다.

이곳은 오르막길로 보이는 쪽이 경사 3도가량의 내리막길인데 주변의 지형지물로 인하여 단순 착시현상에 의해 올라가는 것처럼 보이는 것이다. 예전부터 이곳이 명소로 알려지다 보니 신비의 도로 주변에는 커다란 주차장과 카페, 음식점이 있다. 신비의 도로를 체험하는 방법은 여러 가지가 있다. 먼저 주차장에 차를 주차하고 음료수 캔, 생수병처럼 굴릴 수 있는 물건을 이용하는 방법이다. 도로에 음료수 캔을 옆으로 눕혀 가만히 놓으면 캔이 위로 올라가는 것을 확실하게 눈으로 볼 수 있다. 누구라도 이 모습을 보면 신기해한다. 또 몰고 온 자동차로 실험을 하는 방법도 있다. 자동차의 사이드 브레이크를 풀고 기어를 중립으로 놓고 브레이크를 발에서 떼면 차가 오르막

길로 가는 특이한 경험을 할 수 있다. 이때 비상등을 켜고 실험하는 것을 잊으면 안 된다.

 이곳이 워낙 유명해지다 보니 '신비의 도로 체험 중'이라는 표지판이 세워지고, 실험하는 차량끼리 암묵적인 약속이 생겨 서로 간격을 두고 차가 출발을 한다. 실험하는 차는 비상등을 켜기 때문에 통행을 위해 이동하는 차는 경적을 울리거나 무리하게 앞질러 가지 않는다. 천천히 따라오다가 실험이 끝나고 차가 출발하면 속도를 낸다. 또한 차가 아닌 음료수 캔으로 실험을 하는 사람들은 차가 없을 때 실험을 하며, 지나가는 차량도 끝날 때까지 기다려 주어서 생각보다 위험하지 않다.

 신비의 도로는 어린 자녀와 함께 왔을 때 만족도가 높은 곳이다. 사실 이곳에서의 실험은 몇 분 걸리지 않지만 아이들이 느끼는 재미와 흥미는 몇 배이다. 자동차에 탄 채 자동차가 오르막길로 굴러가는 신기한 모습을 직접 체험한 아이들은 모두 손뼉을 치며 신기해한다. 제주 공항과 도심에서 그리 멀지 않은 곳에 있기 때문에 근처 다른 관광지로 이동할 때 부담 없이 들를 수 있는 곳이다. 짧은 시간에 아이들에게 높은 만족을 안겨줄 수 있는 신비의 도로를 방문하는 것은 가족과의 제주도 여행에서 좋은 선택이 될 것이다.

아이와 함께 현장 학습 팁!

근처 마트나 편의점에서 캔 음료나 물병을 사서 아이들과 함께 실험해 보면 재미있다. 처음에는 잘 안되는 듯하지만 몇 번 하다 보면 오르막으로 물병이 올라가는 기이한 모습을 볼 수 있다. 도깨비에게 홀린 건가 싶은 느낌이 든다고 해서 도깨비 도로라고도 하는데, 근처에 도깨비 벽화가 그려져 있어 그 신기함과 즐거움이 배가 된다. 아이와 함께 실험도 하고 도깨비를 떠올리며 재미있는 이야기를 나누면서 아이의 상상력도 키울 수 있는 유익한 시간이 될 것이다.

===== 신비의 도로 주변 맛집 =====

미스틱3도

한라산 가든 뷰 카페이다. 가든이 아름다워서 인생 사진을 찍으려는 사람들이 많이 찾기도 한다. 포니와 미니돼지들도 있고 당근 주기 체험도 할 수 있다.

위치 제주시 1100로 2894-49
전화 0507-1312-2905
시간 09:00~19:00
메뉴 한라봉에이드 7,000원, 수제 그래놀라 요거트 6,800원

황금손가락

가성비 좋기로 소문난 제주의 대표 스시 체인점. 활어를 못 먹는 아이들에게는 계란초밥, 소고기초밥, 유부초밥 추천. 대게 튀김도 인기 좋다.

위치 제주시 1100로 2961
전화 064-746-8281
시간 11:00~21:00(15:30~16:30 브레이크타임) 월 휴무
메뉴 모듬초밥 14,000원, 황금초밥 20,000원 / 포장 가능

아이와 떠나는 제주 여행 버킷리스트

체험편

감귤 따기 체험 | 제주도 보말 채집 | 우당 도서관 | 동문재래시장·매일올레시장 | 계절별 제주 추천 호텔 | 도치돌 알파카 목장 | 북타임 | 노루생태관찰원 | 아침미소목장 | 제주해바라기공방 | 캔디원 | 아토도예공방 | 노지 캠핑 | 오토 캠핑 | 비밀의 숲 | 하효살롱협동조합 | 산방산 탄산온천 | 차귀도 요트 투어 | 제주 승마공원 | 서핑 체험 | 당근 체험 | 제주대학교 벚꽃길 | 서귀포 잠수함 | 차귀도 낚시 체험 | 모슬포항과 대방어 축제

감귤 따기 체험

새콤달콤한 굴을 수확해 보자!

<달달 미깡 감귤밭>
- 📍 제주 서귀포시 남원읍 하례리 64-2
- ☎ 0507-1348-3678
- 📅 겨울철 09:30~17:00
- ₩ 달달감귤 체험2.5kg 12,000원

<제주농원>
- 📍 제주 서귀포시 성산읍 서성일로 901
- ☎ 010-3690-4811
- 📅 겨울철 09:00~19:00
- ₩ 체험비 인당 5,000원

<부가네농장>
- 📍 제주 제주시 애월읍 상가로4길 52
- ☎ 064-747-4886
- 📅 겨울철 09:00~18:00
- ₩ 감귤 구매 후 체험 가능

<도련감귤나무숲>
- 📍 제주 제주시 도련남3길 81
- ☎ 064-752-7733
- 📅 겨울철 10:00~17:00
- ₩ 인당 1kg 12,000원

* 수확철의 사정에 따라 금액이 변동될 수 있으니 참고하시기 바랍니다.

제주도를 떠올리면 가장 먼저 생각나는 것이 무엇일까? 사람마다 다르겠지만, 많은 사람들이 주황빛의 감귤을 떠올릴 것이다. 우리나라에서 먹는 감귤은 모두 제주도에서 생산되며, 매년 겨울 우리는 제주도산 감귤을 즐길 수 있다. 실제로 제주도에서는 '귤을 사 먹으면 아직 제주도민이 아니다.'라는 말이 있을 정도로 감귤이 매우 흔하다. 귤이 많이 생산되는 것은 좋은 일이지만 귤 생산 농가에는 또 다른 고민이 있다. 바로 일손의 부족이다. 제주도에서는 일손을 구하지 못하거나, 인건비를 감당하지 못해 귤을 수확하지 않는 농가도 적지 않다. 이러한 고충을 극복하기 위한 방안으로 제시된 것이 바로 '감귤 따기 체험'이다.

감귤 따기 체험을 하러 가면 체험비를 내고, 직접 귤을 수확할 수 있다. 감귤밭에서

TIP

제주도민의 귤 까는 방법은 그 수준이 다르다. 보통을 귤을 깔 때 꼭지에서부터 한 꺼풀씩 벗겨서 껍질을 완전히 다 벗기고 먹을 것이다. 하지만 제주도민들은 아래쪽 중심에 힘을 준 뒤 귤을 반으로 가른다. 그리고 바로 안에 있는 귤을 먹는다. 여기서 귤의 상태를 확인하고 출하해야 하는 제주도민들의 지혜를 알 수 있다. 아이들과 함께 제주도민들의 귤 까기 스킬을 연습해 보자.

먹는 귤은 무한 공짜이지만, 가지고 갈 수 있는 양은 정해져 있어 현장에서 많이 먹을수록 이익이다. 농가에서는 애써 일손을 구할 필요가 없어 좋고, 관광객들은 싱싱한 귤을 직접 따서 먹고, 가지고 올 수 있으니 서로가 좋은 셈이다. 처음에는 자구책으로 시작되었던 일들이 지금은 겨울철 제주도의 새로운 관광 상품이 되어 많은 농가들이 감귤 체험장을 꾸며 놓고 관광객들을 맞이하고 있다.

아이와 함께 현장 학습 팁!

우선 열매가 그리 크지 않아도 적당량의 귤이 잘 열린 나무를 골라 하나를 따 먹어 보자. 맛본 귤이 맛있다면 그 귤나무에 있는 귤을 집중적으로 따면 된다. 이런 방식으로 귤을 따면 맛 좋은 귤을 많이 수확할 수 있다. 귤을 딸 때에는 나무에서 가지 부분을 자른 뒤, 꼭지 부분을 바짝 잘라 주면 예쁘게 딸 수 있다. 귤을 따는 전용 가위는 끝부분이 둥글게 휘어져 있는데, 아래쪽으로 둥근 모양이 되도록 잡고 바짝 자르면 예쁘게 잘린다. 가위를 사용하지 않고 나무에서 바로 뜯어내면 꼭지 주변의 껍질이 다 뜯겨 버린다. 그러면 수분이 날아가 과육이 촉촉하지 않은 건조한 귤이 되니 조심하자. 이미 뜯긴 귤은 그 자리에서 먹는 것이 더 좋다. 귤 농장에는 맛 좋은 귤도 많지만 맛없는 귤도 있을 수 있다. 한꺼번에 많은 양의 귤을 가져가겠다고 욕심내는 것보다는 맛 좋고 질 좋은 귤을 선별해서 가져가겠다는 마음, 즐겁게 체험하겠다는 마음으로 가는 것이 더 좋다.

=== 달달 미깡 감귤밭 주변 맛집 ===

카페 미깡

달달미깡 감귤밭에서 함께 운영하는 카페. 분위기 있는 인테리어에 귤밭 뷰는 덤이다.

위치 서귀포시 남원읍 하례리 964-2
전화 0507-1418-3678
시간 10:00~18:00 / 화~수요일 휴무
메뉴 귤인줄라떼 7,000원, 미깡귤차 6,000원

=== 부가네농장 주변 맛집 ===

인디언키친

제주에서 정통 인도 음식 경험해 보자!

위치 제주시 애월읍 애원로 191
전화 0507-1390-5859
시간 11:30~21:00
메뉴 양갈비 45,000원, 탄두리치킨 22,000원

=== 제주농원 주변 맛집 ===

서귀피안 베이커리

유기농 밀과 최상급 버터를 사용한 베이커리가 맛있는 곳으로, 성산 오션뷰가 파노라마처럼 펼쳐져 있는 것이 특징이다.

위치 서귀포시 성산읍 신양로122번길 17
전화 0507-1338-8378
시간 08:00~20:00
메뉴 서귀피안에이드 8,500원, 크로아상 6,800원, 소금빵 4,000원

=== 도련감귤나무숲 주변 맛집 ===

코시롱보리빵

부드럽고 고소한 쑥이 들어간 제주의 빵.

위치 제주시 번영로 550
전화 010-2598-2558
시간 07:30~19:00 / 일요일 휴무
메뉴 쑥찐빵 800원, 보리찐빵 800원, 쑥카스테라 2,500원

제주도 보말 채집

제주도의 보물,
보말을 잡아요

<평대 해변 정보>
📍 제주 제주시 구좌읍 평대리 1994-20
₩ 없음   ⏰ 30분~1시간 소요

<협재 해변 정보>
📍 제주 제주시 한림읍 협재리 2497-1
₩ 없음   ⏰ 30분~1시간 소요

<오조리 갯벌 정보>
📍 제주 서귀포시 성산읍 오조리
₩ 없음   ⏰ 30분~1시간 소요

<하례리 망장포구 정보>
📍 제주 서귀포시 남원읍 하례망장포로 65-13
₩ 없음   ⏰ 30분~1시간 소요

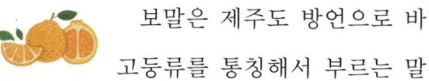 보말은 제주도 방언으로 바다 고둥류를 통칭해서 부르는 말이다. 주로 작은 해조류를 먹고 살며, 파도의 영향을 적게 받는 곳에 서식한다. 썰물 때 나가면 갯바위나 돌 틈에서 다닥다닥 붙어 있는 보말을 볼 수 있으며, 이때 쉽게 채집할 수 있다.

> **TIP**
> 제주도에서 흔히 볼 수 있는 식재료인 보말은 주로 국이나 죽에 넣어 먹는데, 맛이 깔끔하고 담백한 것이 특징이다. 특히 단백질 성분이 풍부한 고단백질 식재료로 잘 알려져 있다.

보말은 제주 바다 어디를 가도 지천에 널려 있다. 제주도 바다의 검은 돌에 따닥따닥 붙어 있어서 그냥 손으로 긁어모으듯이 따면 된다. 제주도를 여행하다 보면 '보말죽', '보말칼국수'를 파는 음식점을 심심치 않게 볼 수 있는데 제주도의 흔한 먹거리이다 보니 음식점도 많은 것이다. 가족과 함께 제주 여행을 오거나 한달살이를 한다면 보말채집을 해 보자. 해안가 돌 틈이나 바위 위에 붙어 있어서 물속에 들어가지 않고 썰물 시간만 잘 맞추면 돌 위에 있는 헤아릴 수 없이 많은 보말을 볼 수 있다. 운이 좋으면 낙지나 소라도 잡을 수 있다. 잡는 것이 어렵지 않으니 보말을 담을 검은 봉투만 준비하면 된다. 단, 돌에 손이 긁힐 수도 있으니 작업용 장갑을 가지고 가면 더 좋다. 이리저리 돌 위를 다니며 보말을 캐다 보면 30분도 안 되어 봉투의 절반은 금방 찰 것이다. 이 보말들을 모아 숙소로 가지고 와서 바늘로 알맹이만 빼낸 후에 라

면에 넣어 먹으면 맛이 기가 막힌데, 미역국이나 된장찌개 등에 넣어 먹어도 좋다.

보말은 제주도 바다 어디든 흔하게 널려 있다. 특히 아이들이 채집하기 쉽고 안전한 곳은 구좌읍에 있는 평대 바다이다. 이곳은 물이 깊지 않고 서서히 낮아져서 안전하다. 또한 제법 큰 보말을 채집하기에 좋다. 그래서인지 평대 바다 바로 앞에는 유명한 보말 음식점들이 꽤 있다. 두 번째로 추천할 곳은 제주도 동쪽 성산읍의 오조리 갯벌이다. 이곳은 제주도에서 갯벌을 체험할 수 있는 유일한 곳으로 유명하다. 이곳에서는 보말뿐 아니라 조개도 캘 수 있으며 낙지를 잡을 수 있다. 많은 사람들이 물이 빠지는 때를 기다려 호미와 바구니를 들고 갯벌로 내려간다. 세 번째로 제주도 서쪽 협재 바다를 추천한다. 이곳은 제법 큰 보말을 잡을 수 있어 좋다. 협재는 평대에 비하여 보말을 캐는 사람이 많지 않기에 아는 사람만 아는 곳이다. 30분만 긁어모아도 크고 튼실한 보말을 제법 잡을 수 있다. 네 번째로 제주도 남원읍 하례리 망장포구에서 보말을 잡을 수 있다. 이곳은 유난히 넓게 펼쳐진 현무암 바위가 있어 보말이 많이 서식한다. 또한 이 마을에서는 보말을 소재로 로컬푸드를 만들어 보는 쿠킹클래스가 있어 '네이버 예약'으로 체험해 볼 수 있다.

아이와 함께 현장 학습 팁!

아이들이 손을 다칠 수도 있으니 보호 장구를 미리 준비해 갈 것을 추천한다. 장갑, 작은 호미, 바구니는 물론이고 장화까지 신고 간다면 더 좋다. 또 물이 빠지는 때를 알고 가는 게 중요하다. 물이 들어왔다 나가는 때에 맞춰 가야 바위에 붙어 있는 보말을 쉽게 뗄 수 있기 때문이다. 검색창에 '제주 물때'를 검색해서 내가 있는 지역의 바다 조석이 '고'에서 '저'로 바뀌는 시간대를 찾으면 된다.

보말은 라면을 끓일 때 넣어 먹으면 더욱 맛있어지고, 찜기에 쪄 보말 숙회를 만들면 간단한 간식이 된다. 밀가루 반죽에 넣어 보말전을 만들어 먹는 것도 좋은 추억이 될 것이다.

===== 평대 바다 주변 맛집 =====

평대우유차

건강한 수제 우유 전문 카페

위치 제주시 구좌읍 해맞이해안로 1108
전화 0507-1332-7355
시간 11:00~19:00 / 월요일 휴무
메뉴 홍차우유차 7,000원, 코코넛우유차 7,500원, 밤호박우
유차 7,000원

===== 오조리 갯벌 주변 맛집 =====

오조해녀의 집

오조리 어촌 해녀들이 직접 운영하는 곳.

위치 서귀포시 성산읍 한도로 141-13
전화 064-784-7789
시간 07:00~19:00
메뉴 전복죽 12,000원, 소라 한 접시 12,000원, 문어 한 접
시 12,000원, 해산물 모둠 한 접시 35,000원

===== 협재 바다 주변 맛집 =====

영진보말칼국수 제주협재점

큼직한 보말전에 밑반찬도 맛있어서 가성비가 좋다.

위치 제주시 한림읍 한림로5길 23
전화 0507-1407-2080
시간 09:00~21:00
메뉴 보말전 15,000원, 보말칼국수 10,000원, 보말죽
12,000원

===== 하례리 망장포구 주변 맛집 =====

공새미59

아늑하고 귀여운 분위기에서 맛있는 밥 한 끼 해결!

위치 서귀포시 남원읍 공천포로 59-1
전화 064-732-4757
시간 09:30~17:00 / 화요일 휴무
메뉴 돼지고기간장덮밥 9,000원, 새우덮밥 12,000원

우당 도서관

아름다운 뷰가 있는 제주도의 도서관

<우당 도서관 정보>

📍 제주특별자치도 제주시 사라봉동길 30

☎ 064-728-1503

📅 열람실(동절기 07:00~24:00, 하절기 06:00~24:00) / 문헌정보자료실(평일 09:00~20:00, 주말 및 공휴일 09:00~18:00) / 어린이자료실 09:00~18:00

₩ 없음

제주도는 '도서관의 천국'이다. 모든 읍면마다 도서관이 있고 제주 도심이나 서귀포 도심처럼 사람들이 많이 사는 곳에는 여러 개의 도서관이 있다. 제주도 한달살이를 하는 많은 사람들이 자녀를 데리고 제주도 도서관을 투어하기도 한다. 그만큼 제주도에서 도서관은 하나의 문화처럼 여겨진다.

우당 도서관은 김우중 전 대우그룹 회장이 그의 부친이자 제주도지사를 역임한 우당 김용하 선생을 기리기 위해 설립하여 제주특별자치도에 기증한 도서관이다. 도서관 규모는 대지 면적 24,389㎡, 건물 면적 6,796㎡로, 지하 2층 지상 3층 건물이며, 열람석은 총 1,406석이다. 소장 자료로는 일반 도서 약 22,377권과 비도서 자료 27,477점 등 총 49,854권을 보유하고 있다.

제주시 구도심에 속하는 곳으로 도서관 바로 옆에 제주국립박물관이 있어 아이와 함께 하루를 보내기에 더할 나위 없이 좋다. 이곳에 가면 커다란 어린이 도서관에서 아이들이 마음껏 책을 보며 시간을 보낼 수 있다. 책이 워낙 많고 다양해서 아이들도 즐거워한다. 도서관 실내가 답답하다면 우당 도서관의 정원을 거닐어 보기를 추천한다. 육지에서는 볼 수 없는 넓은 부지에 가꾸어진 나무와 꽃, 연못을 보며 벤치에 앉아 힐링을 할 수 있다. 제주도 내 도서관들은 각각 특색이 있어 방문하는 재미가 있다. 도서관 어디를 가도 창문 밖으로 제주도의 바다와 산을 볼 수 있으니, 이런 뷰를 가진 도서관은 전국 어디를 찾아도 제주도뿐이다.

제주도에서 가볼 만한 도서관

한라도서관
제주도에 있는 가장 큰 도서관 중의 하나로 제주 시내권에 있어 제주도민들이 많이 찾는 곳이다. 쾌적하고 최첨단 시설을 갖춘 도서관이다.
📍 제주특별자치도 제주시 오남로 221

표선도서관
표선해수욕장 근방에 있는 도서관으로 여름 휴가철 도서관에 들러 휴가를 즐기기 좋은 곳이다. 도서관 근처에는 제주민속촌 등이 있어 갈 곳이 많다.
📍 제주특별자치도 서귀포시 표선면 표선백사로110번길 17-10

성산일출도서관
성산읍에 있는 도서관이다. 도서관에서 성산일출봉이 한눈에 보이며 인근에 섭지코지, 광치기 해변이 있어 한달살이를 하는 사람들에게 인기가 있다.
📍 제주특별자치도 서귀포시 성산읍 고성오조로 133

제남도서관
남원읍에 있는 도서관으로 주변에 귤밭이 많이 있어 제주다움을 느끼기에 좋다. 또한 남원큰엉해변이 있어 공부를 하고 머리를 식히기에 좋다.
📍 제주특별자치도 서귀포시 남원읍 남원체육관로 183 제남도서관

아이와 함께 현장 학습 팁!

도서관이야말로 아이들에게 최고의 현장 학습터일 것이다. 좋아하는 책을 골라보는 재미를 느낄 수 있다. 창밖의 한라산 뷰를 감상하며 가족 모두 독서와 사색에 빠져 보자. 잠시 스마트폰을 쉬게 하고 내가 좋아하는 분야의 책을 실컷 읽어 보자. 평소에 바빠서 책 읽을 시간 없었던 아이들에게 큰 선물이 될 것이다.

책을 읽다가 바깥의 풍경이 너무 아름다워 걷고 싶다면 근처의 사라봉이나 별도봉, 알오름 주변 산책을 추천한다. 조금만 올라가면 탁 트이고 아름다운 제주항을 감상할 수 있다.

아이가 독서에 흥미를 못 느낀다면 도서관 체험 프로그램을 신청하여 참가해 보는 건 어떨까? 제주의 여러 도서관에서는 다양한 도서관 체험 프로그램을 연다. 환경 그림책 읽기 체험 프로그램, 흙으로 공감하기 프로그램 등이 있다. 제주 한달살기 기간 동안 숙소 근처 도서관에서 4회 프로그램으로 진행하는 도서관 행사를 신청하면 좋다. 또 어린이책 놀이 꾸러미를 신청하고 책을 받아서 숙소에서 체험해 보는 프로그램도 있다. 홈페이지에서 사전 예약을 받고 진행하므로 제주도의 도서관 공식 홈페이지를 확인해 보자.

=== 우당 도서관 주변 맛집 ===

뽕이네 각재기 본점

일단 밑반찬에 갈치와 고등어가 나온다! 푸짐한 밑반찬에 시원한 각재기국이 맛있는 곳.

위치 제주시 동광로 150
전화 064-722-5193
시간 08:00~15:00 / 토요일 휴무
메뉴 각재기국 10,000원, 갈치구이 18,000원

동문재래시장 · 매일올레시장

아이와 제주 전통 시장을 찾아가요

<제주 동문재래시장 정보>
- 제주 제주시 관덕로14길 20
- 064-752-3001
- 08:00~21:00
  동문 야시장 18:00~24:00
- 1~2시간 소요

<서귀포 매일올레시장 정보>
- 제주 서귀포시 서귀동 340
- 064-762-1949
- 하절기 07:00~21:00
  동절기 07:00~20:00
- 1~2시간 소요

해마다 제주도를 방문하는 관광객이 점차 늘고 있다. 또한 제주도는 이곳만의 특산물도 많다. 이러한 이유로 제주도에는 제주시와 서귀포시에 각각 한 곳씩 대형 시장이 있다. 바로 제주시의 동문시장, 서귀포시의 매일올레시장이다.

제주 동문재래시장은 제주시 건입동에 자리하고 있다. 건입동은 제주시의 구도심으로 노형동을 중심으로 한 신제주가 개발되기 전에는 이곳이 제주도의 중심이었다. 지금도 제주도에서 가장 크고 역사가 깊은 상설 재래시장인 것은 변함이 없다. 엄청난 규모를 자랑하는 만큼 1년 내내 현지인과 여행객들의 발걸음이 끊이지 않는다. 규모가 크기 때문에 출입구도 12개가 있다. 동문재래시장에 방문할 때 게이트의 번호를 확인하고 찾아가면 더욱 편리하다.

올레길 17코스의 마지막 지점이자 18코스의 시작점으로 제주 여행에서 빠질 수 없는 필수 코스이다. 낮에는 제주도 상인들의 삶을 담은 시장의 모습을, 밤에는 먹거리가 가득한 야시장의 묘미를 즐길 수 있다. 제주공항과도 가까워 떠나기 전 잠시 들러 쇼핑하기에도 좋다. 이곳에서 관광객들이 가장 많이 사 가는 것은 제주 은갈치, 옥돔, 오메기떡, 흑돼지와 같은 제주도 특산물이다.

동문시장은 수산 코너가 발달하여 각종 회를 저렴하게 살 수 있다. 시장 주변에 음식점이 즐비하여 먹거리가 풍부해서 이곳에 오면 시간 가는 줄 모르고 쇼핑을 하게 된다. 제주도에서 가장 역사가 오래되고 큰 시장이긴 하지만 구도심의 복잡한 곳에 위치하고 있어 주차가 어렵다는 단점이 있다. 가급적 대중교통을 이용하는 것이 좋다.

서귀포매일올레시장은 서귀포시 중심에 자리한 전통시장이자, 제주 여행에서 빼놓을 수 없는 필수 코스로 자리매김한 시장이다. 또한 이중섭 거리와 맞닿아 있어 많은 관광객들이 이곳을 찾는다. 시장 곳곳에 쉼터가 조성되어 있어 편하게 쇼핑을 즐길 수 있다. 시장 주변에는 호텔이 많아서 관광을 마치고 저녁에 시장을 구경하기에 안성맞춤이다. 이곳에서 맛있는 간식거리와 회를 떠서 숙소로 들어가는 관광객들을 흔하게 볼 수 있다. 꽁치김밥, 흑돼지 김밥, 땅콩 아이스크림, 한라봉 주스 등 간식거리가 풍부하고 제주의 특산물인 오메기떡, 감귤, 한라봉, 옥돔, 은갈치, 흑돼지 등을 만나볼 수 있다. 서귀포 도심 한 가운데에 위치하고 있지만 주차장이 넓고 크게 조성되어 있어 주차가 편리해 많은 관광객들이 찾는 곳이다.

가족과 제주도로 여행을 온다면 제주도의 전통시장을 찾아볼 것을 추천한다. 제주도의 다양한 먹거리, 볼거리가 있고 제주도만의 특색을 느끼기에 이만한 곳도 없으니 알찬 여행이 될 것이다..

아이와 함께 현장 학습 팁!

초등 저학년 아이라면 손을 꼭 붙잡고 다니길 추천한다. 생각보다 넓고 복잡하여 길을 잃기 쉽다. 또 귀엽고 아기자기한 제주 소품, 하르방 한라봉 주스 등 다양한 먹거리와 볼거리가 가득하다. 아이들이 시장 체험을 할 수 있도록 천 원 단위의 현
금을 준비해 직접 현금을 내고 음식을 사 먹을 기회를 주는 것은 어떨까? 요즘 초등학생들은 부모님들의 카드 사용이 보편화되어 어떤 가격이 얼마에 거래되는지를 잘 알기 어려운 경우가 많다. 그냥 카드만 내면 물건을 거저 얻을 수 있다고 생각하기 때문에 물가를 체감하지 못하는 것이다. 재래시장에 간 김에 현금 거래를 해 보며 아이들이 직접 지폐를 만져 보게 하고, 직접 돈을 주고 물건을 사는 경험을 해 볼 것을 추천한다. 또 시장 체험을 통해 다양한 제주의 특색 상품을 살펴보며 제주 특유의 문화를 느끼고 이것이 시장 가격과 거래에 어떻게 녹아들어 있는지 생각하며 살아있는 경제 교육을 해 보는 것도 좋다.

　제주도 관광지의 물가는 전반적으로 다른 지역보다 비싼 경우가 많은데 그 이유를 함께 토론해 보자. 제주도는 섬이기 때문에 대부분의 물건이나 재료를 육지에서 받아오며, 물류비가 많이 들어 높은 물가로 반영된다. 특히 렌터카를 받고 주유소에 가면 바로 알 수 있는데 리터당 기름값이 육지보다 기본 100원씩 비싸다고 보면 된다. 이런 섬 생활의 특징들을 함께 이야기 나누면 아이들은 생각보다 재미있어하며 돈과 경제, 교환 가치 등에 대해 좀 더 친숙하게 체감할 수 있다.

===== 제주동문시장 주변 맛집 =====

곤밥2

가성비 좋은 곳으로 따뜻한 느낌이 물씬 나는 제주식 집밥을 맛볼 수 있는 곳이다.

위치 제주시 서부두남길 8
전화 064-759-2918
시간 10:30~21:00(15:00~17:30 브레이크타임)
메뉴 정식 12,000원

아살람 레스토랑

친절한 예멘 셰프가 운영하는 아랍 레스토랑이다. 색다른 음식을 맛보고 싶다면 추천한다.

위치 제주시 중앙로2길 7 1층
전화 0504-3139-6652
시간 11:30~22:00 / 수요일 휴무
메뉴 케밥 샌드위치 9,000원, 케밥 16,000원, 해물깔라야 13,000원, 홈무스 10,000원

===== 매일올레시장 주변 맛집 =====

제주고기포차 서귀포올레시장점

고기가 신선하고 맛있어서 아이들이 또 가자고 하는 맛집이다.

위치 서귀포시 명동로 1-1 가동 1층
전화 0507-1335-8881
시간 17:00~22:00
메뉴 근고기 세트(600g) 51,000원, 제주산 목살(180g) 15,000원

센트로

서귀포에 숨은 파스타 맛집. 다소 조용한 분위기를 원한다면 찾아가 보자.

위치 서귀포시 태평로 449
전화 010-2811-7223
시간 09:30~21:00 / 화요일 휴무
메뉴 감자뇨끼 16,000원, 크렘브륄레 6,000원, 비스크크림 17,000원

계절별 제주 추천 호텔

아이와 함께
호캉스를 만끽하자

- 그랜드 하얏트 제주
- 골든 툴립 호텔
- 제주 신화월드
- 골드원 호텔
- 더 그랜드 섬오름 호텔
- 그랜드메르호텔
- 제주신라호텔

제주도는 우리나라 최고의 관광지로 주민의 대부분이 관광업에 종사할 정도로 여행이 차지하는 비율이 매우 높다. 제주도에 정식으로 등록된 호텔 수만 127개(2020년 기준)이며, 펜션, 게스트하우스까지 합하면 얼마나 많은 숙박업체가 있을지 가늠이 되지 않는다. 그중 제주도 호텔은 여름 성수기와 주말에는 예약이 힘들 정도로 사람들이 많이 찾지만, 비수기나 평일에는 남는 객실이 많아 저렴한 가격에 호텔을 즐길 수가 있다.

봄에 제주도를 방문한다면 유채꽃이 화려한 성산의 광치기해변을 방문해 보기를 추천한다. 광치기해변은 바다도 멋지지만 성산일출봉이 정면으로 보여 바다와 산이 조화를 이룬 아름다운 곳이다. '골든 튤립 호텔'에 가면 이런 멋진 풍경을 호텔에서 바로 볼 수 있다. 이곳을 봄에 예약해서 가면 방안에서 성산일출봉을 감상할 수 있다. 도로 건너 유채꽃밭이 펼쳐져 봄을 물씬 느낄 수가 있다. 더불어 호텔의 가격도 그리 비싸지 않고 합리적이다. 럭셔리한 호텔은 아니지만 시설이 깔끔하게 관리되어 있고 제주도 최고의 풍경을 볼 수 있으니 봄철에 이만한 호텔도 드물다. 여름이면 호텔 옥상에서 루프탑 수영장이 개장을 해서 성산일출봉을 바라보며 수영을 할 수 있고, 가을이면 파란 하늘과 탁 트인 성산의 풍경을 감상할 수 있다. 겨울 크리스마스 시즌에 오면 크리스마스 파티가 열리는데 미리 예약을 하면 다이닝룸에서 제주도 대방어회를 무한정 맛볼 수가 있다.

봄 - 골든 튤립 호텔

광치기 해변과 성산일출봉이 한눈에 보이는 멋진 뷰, 봄철 유채꽃밭 바로 앞에 위치한 호텔이다.

📍 제주 서귀포시 성산읍 일출로 31
☎ 064-744-7559
Ⓦ 패밀리룸 기준
   130,000~180,000원(체크인/체크아웃: 15:00/11:00)

여름은 뭐니 뭐니 해도 물놀이다. 특히 호텔 수영장은 바닷물과 달리 쾌적하고 깔끔한 곳에서 수영을 할 수 있어 좋다. 제주도에는 수영장을 운영하는 호텔이 많지만 서귀포에 위치한 더 그랜드 섬오름 호텔만큼 만족도가 높은 호텔은 없다. 이곳은 이미 전국적으로 소문이 나서 여름 휴가철이면 예약이 어렵다. 특히 본관의 1층 파티오 룸은 테라스 창문을 열면 바로 수영장으로 뛰어 들어갈 수 있는데, 아이들은 물놀이를 하고 어른들은 테라스에 앉아 여유롭게 휴가를 보낼 수 있으니 최고의 장소이다. 2019년에 완공되어 개장한 신관의 수영장은 본관 수영장의 두 배가 넘는 크기에 멋진 서귀포 바다의 풍경을 한눈에 볼 수 있어 좋다. 본관, 신관 가릴 것 없이 이곳의 투숙객들은 기호에 따라 수영장을 옮겨 다니며 즐길 수 있다. 더불어 신관에 마련된 사우나, 실내 수영장은 덤으로 주는 선물과 같다. 겨울철 비수기에는 숙박비가 반값으로 떨어진다는 것은 아는 사람만 아는 비밀!

여름 - 더 그랜드 섬오름 호텔

본관과 신관으로 나누어져 있음. 본관 1층 테라스를 열면 바로 수영장으로 뛰어 들어갈 수 있는 구조. 신관 공사를 완료하여 실내 수영장과 사우나, 다이닝 룸을 완벽하게 갖추고 있다.

📍 제주 서귀포시 막숙포로 118
☎ 064-800-7200
₩ 패밀리룸 기준 280,000~430,000원(체크인/체크아웃: 15:00/11:00) / 성수기와 비성수기에 따라 다름

가을에는 서귀포시 중문 쪽에 있는 '그랜드메르 호텔'을 추천한다. 가을에는 시끌벅적한 관광지보다는 조용한 산간에 위치한 호텔에서 사색과 힐링을 즐기는 것은 어떨까. 이곳은 논짓물 수영장이 가까운 곳에 있는데, 여름에는 관광객으로 붐비지만 가을에는 한산하다. 따라서 호텔의 가격도 매우 저렴해진다. 단풍이 물드는 산속의 호텔에서 가을의 풍경을 바라보며 조용히 시간을 보내고 온다면 여행의 만족도는 매우 높을 것이다.

가을 - 그랜드메르 호텔

제주도에서 대표적인 가성비 호텔, 깔끔한 시설 대비 저렴한 가격으로 인기가 있음. 바닷물을 막아 만든 논짓물 수영장이 가깝고, 주변이 한적하여 가을철 조용히 호캉스를 누리다 올 수 있다.

📍 제주 서귀포시 논짓물로 45
☎ 064-801-7000
₩ 패밀리룸 기준 80,000~120,000원(체크인/체크아웃: 16:00/11:00)

겨울철 제주도 호텔은 재미있는 사실이 한 가지 있다. 바로 온수 풀의 유무에 따라 가격이 하늘과 땅 차이라는 것이다. 겨울은 제주도가 비수기이기에 호텔 가격이 매우 저렴하다. 온수 풀이 있는 호텔은 여름 성수기보다 오히려 겨울철 가격이 올라간다. 겨울의 제주도는 다른 계절에 비하여 즐길 요소가 부족하여 관광객들, 특히 아이가 있는 가족은 온수 풀 수영장이 있는 호텔을 찾는 경우가 많다. 뜨거운 온수 풀에서 하루를 마음껏 즐길 수 있으니 아이도 부모도 만족도가 높다. '골드원 호텔&스위트'는 이러한 가족의 요구를 모두 충족할 수 있는 곳이다. 온수 풀 호텔 중 가격이 그나마 경쟁력이 있고, 물의 온도도 적당해 겨울에도 전혀 춥지 않게 물놀이를 즐길 수 있다. 더불어 물놀이를 하며 서귀포의 멋진 바다도 감상할 수 있다. 실제로 이곳은 젊은 사람들도 많이 오는데 인스타나 SNS에 올릴 사진들을 찍기 바쁘다.

겨울 - 골드원 호텔

겨울철 온수 풀 수영장으로 유명한 호텔, 수영장에서 멋진 서귀포 바다가 한눈에 보인다. 이름처럼 내부가 황금색으로 꾸며져 있고 겨울철이면 온수 풀 때문에 가격이 올라가는 호텔이다.

📍 제주 서귀포시 이어도로 1032
☎ 0507-1383-5029
₩ 패밀리룸 기준 280,000~350,000원(체크인/체크아웃: 15:00/11:00)

여행을 더욱 고급스럽게!
제주도 최고의 럭셔리 호텔 베스트 3

그랜드 하얏트 제주

제주도에 가장 최근에 지어진 대형 호텔, 신제주 노형 오거리 한복판에 있으며 제주도 내에서 가장 높은 복합 리조트이다. 다른 호텔과 비교할 수 없을 정도로 룸이 넓고 쾌적하다. 또한 제주도 야경을 가장 높은 위치에서 볼 수 있으니 색다른 경험이다. 야외 온수 풀은 아이를 둔 가족들을 위한 선물이다. 고급화를 추구하기에 모든 시설과 비품이 최고급이다.

📍 제주 제주시 노연로 12 그랜드 하얏트 제주 | 제주 드림타워 복합리조트
☎ 1533-1234
💲 4인 가족 기준 평균 500,000~700,000원대 (체크인/체크아웃: 15:00/11:00)

제주 신화월드

제주도에서 가장 큰 리조트로, 랜딩관, 신화관, 메리어트관, 서머셋 네 곳으로 이루어져 있다. 신화월드 내에는 대형 워터파크와 놀이공원이 있고 다양한 편의시설이 있어 이곳에만 있어도 만족스러운 휴가를 누릴 수 있다. 아이를 둔 부모라면 워터파크가 가까운 신화관을 추천한다. 온수 풀, 자쿠지, 워터파크, 놀이기구까지 아이들이라면 누구나 좋아할 만한 시설을 자랑하는 곳이다.

📍 제주 서귀포시 안덕면 신화역사로 304번길 38
☎ 1670-8800
💲 4인 가족 기준 평균 450,000~500,000원대 (체크인/체크아웃: 15:00/11:00)

제주 신라호텔

전통이 있는 제주도 최고급 호텔이다. 중문관광단지에 있어서 주변에 관광지가 많고 호텔의 정원이 잘 가꾸어져 있어 해외에 있는 듯한 느낌이 든다. 신라호텔의 침구류는 고급스럽고 편안하기로 유명하다. 정원의 커다란 야자수와 나무들은 여행의 느낌을 더한다. 야외의 수영장은 아이를 둔 가족들이 놀러 와 즐기기에 적합하다. 다소 노후화되었지만, 제주도를 대표하는 고급 호텔이다.

📍 제주 서귀포시 중문관광로72번길 75
☎ 064-735-5114
💲 4인 가족 기준 평균 600,000~700,000원대 (체크인/체크아웃: 14:00/11:00)

아이와 함께 현장 학습 팁!

여행 중 어디서 묵느냐에 따라 아이의 컨디션이 달라지고, 그에 따라 여행 전체의 분위기가 결정되니 모든 부모들이 호텔 결정에 고민이 많을 것이다. 펜션이 아닌 호텔에 묵기로 결정했다면 일단 대부분 취사가 안 되기 때문에 식사를 어떻게 해결할지 잘 고민해 봐야 한다. 될 수 있으면 밖에서 든든하게 식사를 하고 들어오거나, 테이블 서비스 혹은 룸서비스를 이용하거나, 아니면 근처 맛집에서 포장하여 호텔에 들어와 먹으면서 부모와 아이들 모두 즐겁게 식사할 수 있도록 하자.

호텔에서 물놀이를 할 때 방심하면 아이들이 수심이 깊은 곳에 들어가서 자칫 위험한 상황이 발생할 수 있다. 아이들이 수심이 너무 깊은 곳에 들어가진 않는지 꼭 살펴봐야 한다. 또 호텔의 각 편의시설을 잘 이용하면 빨래와 짐 정리가 편해서 엄마 아빠도 한결 편한 여행을 할 수 있다. 호텔의 편의시설을 잘 확인하고 편안한 여행을 즐겨 보자.

=== 골든 튤립 호텔 주변 맛집 ===

어머니닭집

성산 사람들은 다 아는 로컬 치킨집. 닭이 엄청 크고 튀김옷은 카레 맛이 살짝 감돈다.
위치 서귀포시 성산읍 고성오조로 13
전화 064-782-4832
시간 10:00~22:00 / 월요일 휴무
메뉴 프라이드치킨 16,000원, 양념치킨 18,000원 / 포장만 가능

빨간집 성산점

전국에 다 있지만, 유독 여기 성산점이 맛있다는 것은 비밀!
위치 서귀포시 성산읍 고성오조로 54
전화 064-782-4832
시간 16:00~00:00 / 일요일 휴무
메뉴 오돌뼈랑 김주먹밥 17,000원

더 그랜드 섬 오름 호텔 주변 맛집

바솔트 레스토랑

어디 나가기 힘들다면 호텔에서 한 큐에 해결. 바다 뷰는 덤.

위치 서귀포시 막숙포로 116(섬오름 호텔 내)
전화 064-800-7400
시간 11:30~22:00
메뉴 제철한치&흑돼지 23,000원, 한치바질크림리조또 22,000원, 감귤흑돼지탕수육 28,000원

올레길밥상

반찬이 깔끔하고 정갈한 제주 밥집.

위치 서귀포시 월드컵로 171
전화 064-738-5253
시간 08:00~20:00(15:00~17:00 브레이크타임) / 첫 번째, 세 번째 주 목요일 휴무
메뉴 흑돼지 주물럭밥상(2인) 30,000원, 청국장 1인 10,000원, 고등어밥상 13,000원 / 포장 배달 가능

그랜드메르 호텔 주변 맛집

휴일로

바다 뷰가 너무 아름다운 카페에서 아이와 인생 사진 남기기 좋은 곳이다.

위치 서귀포시 안덕면 난드르로 49-65
전화 010-7577-4965
시간 09:00~20:30
메뉴 휴라떼 8,500원, 아메리카노 7,000원

골드원 호텔 주변 맛집

큰어멍식당

골드원 호텔 옆에 있다. 성게 팍팍 넣어주시는 인심이 좋은 곳이다. 야식 배달도 돼서 밤에 출출할 때 주문하기 좋다.

위치 서귀포시 이어도로 1036
전화 064-739-5565
시간 08:30~01:30 / 일요일 야식 휴무
메뉴 갈치조림 변동, 성게국 13,000원, 전복뚝배기 17,000원, 큰어멍정식(점심) 9,000원

도치돌 알파카 목장

귀여운 알파카를 찾아서!

<도치돌 알파카 목장 정보>
- 제주 제주시 애월읍 도치돌길 293
- 010-3382-6909
- 10:00~17:30
- 1~2시간 소요
- 성인·청소년·어린이 15,000원, 경로(65세 이상)·장애인 7,500원

'도치돌 알파카 목장'은 애월읍에 있는 작은 동물원이다. 이곳은 말, 토끼, 염소, 양 등의 동물과 함께 수십 마리의 알파카를 기르고 있는데, 동물들에게 먹이 주기를 체험할 수 있는 곳으로 알려져 있다. 목장에서 가장 인기가 있는 동물은 역시 알파카이다. 알파카는 귀엽고 커다란 둥근 눈이 사랑스러운 동물인데, 몸에 난 털은 양털처럼 풍성하고 부드럽다. 성격이 매우 순하고 차분하여 사람들이 옆에 가도 경계하지 않는다. 오히려 사람들을 따라다니며 애교를 부리고 장난을 치기도 한다.

목장 매표소에 들어서면 입장료를 사고 옆에 있는 기념품 숍을 구경할 수 있다. 이곳에는 알파카의 털로 만든 방석, 목도리, 장갑, 슬리퍼, 인형, 옷들을 판매하고 있는데 알파카의 털이 따뜻한 방한 의류로 쓰인다는 것을 알 수 있었다. 표를 구입하면 매표소 앞에 알파카 먹이인 건초가 든 바구니를 하나씩 가져갈 수 있다. 이 바구니를 들고 목장에 들어서면 가장 먼저 수십 마리의 알파카가 관람객들을 맞이한다. 이 동물들은 관람객들이 익숙한지 바구니를 든 사람들에게 먼저 다가와 고개를 들이민다. 바구니를 얼굴 앞에 두면 바구니 안에 고개를 파묻고 건초를 먹는다. 알파카를 눈앞에서 볼 수 있어 신기하다. 조금만 더 내려오면 또 한 무리의 알파카를 만날 수 있는데, 울타리 안으로 사람이 들어갈 수 있다. 울타리 안에 들어가면 알파카가 먹이 바구니

ⓒ 도치돌 알파카 목장

를 든 사람들을 졸졸 따라다니며 장난을 친다. 여기서 신기한 사실이 하나 있는데 알파카들은 자신의 방어 수단으로 침을 뱉는다. 먹이를 두고 경쟁하거나, 놀람, 위협, 놀림 등 다양한 이유로 침을 뱉어 자칫하면 관람객들이 알파카의 침을 맞고 당황할 수가 있다. 알파카는 사람에게 먼저 다가오는 성격이어서 함께 사진을 찍는 것이 어렵지 않다.

   목장 안에는 알파카 외에도 귀여운 토끼와 말, 염소와 양을 만날 수 있다. 아이들은 다양한 동물들을 볼 수 있어 좋아한다. 특히 새끼 염소와 양의 귀여운 모습에 마음을 빼앗기기 쉽다. 매표소에서 가져온 먹이 바구니를 알파카에게 다 주면 토끼와 말, 염소와 양에게 줄 먹이가 없으니 적당히 분배해야 한다.

   알파카 목장에는 순한 동물들만 있어 관람객이 동물 가까이 갈 수 있다. 물론 심한 장난과 위협을 하면 위험하겠지만 대부분의 동물들이 순하고 착하다. 목장의 규모는 크지 않지만 동물과 즐거운 시간을 보내기에 좋다. 잠시 쉬고 싶을 때는 목장 안에 마련된 카페에서 따뜻한 음료를 마시며 쉬어도 된다. 카페에서 바라보는 목장의 풍경이 평화롭다.

아이와 함께 현장 학습 팁!

아이들이 동물과 함께하는 체험을 할 때는 동물의 특성을 잘 알려 주는 것이 중요하다. 동물의 특징적인 행동과 그 이유를 잘 알고 체험하면 아이들이 더 집중할 수 있기 때문에 몰입도가 높고 안전에도 대비할 수 있다. 알파카의 경우 먹이통을 들고 있으면 서로 먼저 먹이통을 잡고 먹으려고 경쟁하는 과정에서 침을 뱉는 경우가 있다. 이때 아이들이 당황하여 먹이통을 놓치거나 무섭다고 소리를 지르며 도망가기도 한다. 먹이통을 놓치면 여러 알파카에게 먹이를 골고루 주지 못하게 되므로 아이들이 당황하지 않도록 미리 사전 안내를 잘해 주자.

도치돌 알파카 목장 주변 맛집

푸르곤

넓은 잔디에 예쁜 정원에서 아이들이 뛰어놀기 좋은 카페이다. 애견 놀이터도 마련되어 애견 동반 가족도 이용 가능하다.

위치 제주시 애월읍 납읍로 84 푸르곤
전화 0507-1381-8358
시간 10:00~20:00 / 화요일 휴무
메뉴 베이컨부리또 13,900원, 아메리카노 5,000원,
　　 감귤농장주스 6,000원

녹색식당

정갈하기로 입소문 난 제주 한식당이다. 옥돔구이가 특히 맛있다.

위치 제주시 애월읍 애원로 917
전화 064-799-9995
시간 11:00~13:30
메뉴 녹색 정식(2인 이상) 12,000원

북타임

아이와 함께
제주도 책방 투어

<북타임 정보>

📍 제주 서귀포시 남원읍 위미중앙로 160
☎ 064-763-5511
📅 10:00~19:00 / 월요일 정기 휴무
🕐 1~2시간 소요
₩ 무료

제주도에는 지역마다 많은 독립 서점들이 있다. 저마다의 특색과 멋이 있어 많은 여행객들이 찾는다. 이러한 책방들은 콘셉트에 따라 책을 선정하여 진열하고 감성적인 소품과 조명으로 매력을 더한다. 더불어 향기로운 커피와 음료를 함께 팔아 관광객들의 호응을 얻고 책방의 수입원이 된다.

> **TIP**
>
> 제주도에 내려와 많은 책방을 다녀 보았는데 대부분의 책방은 성인을 겨냥한 책방이다. 어떤 책방은 노키즈존으로 운영되어 아이들이 들어갈 수 없는 곳도 있고, 입장이 가능하다고 해도 아이들이 볼 책이나 공간이 부족하여 아쉬운 경우가 많다. 아이들이 만족할 만한 책방은 제주도 서귀포시에 있는 '북타임'이다.

북타임은 서귀포시에서도 가장 따뜻한 남원읍에 자리 잡고 있다. 사실 이곳은 책방 주인이 태어난 옛날 집을 개조하여 책방으로 만든 곳이다. 서귀포시 도심에서 오랫동안 책방을 운영하던 사장님은 2021년 지금의 자리에 책방을 다시 오픈하였다. 제주도 전통 집에 책방을 꾸며놓아서 더욱 제주스럽고 멋진 책방이 되었다.

북타임은 가족 모두가 함께 방문하기에 좋은 책방이다. 이곳은 세 개의 건물로 나누어져 있는데 가장 왼쪽 건물에서는 성인들을 위한 다양한 주제의 서적들과 어린이

책을 함께 판매하고 있다. 가운데의 아담한 공간에서는 미취학 아이들과 초등학교 저학년을 위한 그림책들을 전시하고 있는데, 이곳에서는 자유롭게 책을 볼 수 있는 코너와 판매를 위한 코너가 분리되어 있어 아이들이 편하게 책을 볼 수가 있다. 마지막 공간은 제주도 관련 책들과 여행책이 주를 이룬다. 제주도의 작은 책방 중에서는 규모가 큰 편이며 취급하는 서적들도 다양해 많은 사람들이 책을 살펴보고 구입하기에 좋다.

　이곳은 건물의 외관도 독특하다. 책방을 찾아가면 우선 돌담에 꾸며진 말 모양의 간판이 손님들을 맞이한다. 사장님의 별명이 '말'이었다고 하는데 사장님의 캐릭터를 본떠서 재미있게 간판을 꾸며 놓았다. 마당에는 귤나무가 몇 그루 정겹게 서 있고 벤치에 앉아 책을 볼 수 있는 공간도 마련되어 있다. 남원이 워낙 따뜻한 곳이다 보니 마당에는 햇볕이 잘 들어와 한겨울에 와도 그리 춥지 않다. 책방 내부에는 커다란 피노키오가 전시되어 있어 아이들이 이곳에서 사진 찍기를 좋아한다. 그 외에도 각양각색의 아기자기한 소품들이 있다. 다른 많은 책방들이 음료와 간식을 같이 판매하는데 이곳은 오직 책만을 취급한다.

아이와 함께 현장 학습 팁!

아이들과 다양한 책을 구경하고 관심 있는 책은 펼쳐서 읽어 주고 갖고 싶은 책을 사 주자. 특히 여행 중에 책을 구입하면 숙소에 돌아가서 여행에서의 체험과 책을 연결시키기 때문에 더 기쁜 마음으로 책을 접하여 읽게 된다. 그리고 아이에게는 재미있고 기뻤던 기억으로 남을 것이다. 또 나중에 집으로 돌아가서도 여행을 생각하며 두고두고 추억을 떠올릴 수 있다. 그래서 여행 중 서점에서의 책 구매는 꼭 추천하는 편이다.

북타임 주변 맛집

벨라위미

커피가 맛있다고 소문난 곳으로, 아이와 함께 먹을 케이크와 식빵도 맛있다. 창밖은 귤밭 뷰라 싱그러운 느낌을 주는 곳이다.

위치 서귀포시 남원읍 태위로151번길 14-14
전화 010-4567-9291
시간 08:30~18:00 / 일요일 휴무
메뉴 크림라떼 6,500원, 밀크쉐이크 6,000원

EPL

베이커리카페와 레스토랑을 같이 운영하는 곳이다. 그중 테왁도시락이 인기 메뉴이다, 제주산 식재료를 콜라보한 다양한 베이커리도 있으니 꼭 방문하도록 하자.

위치 서귀포시 남원읍 위미항구로 8
전화 0507-1317-6191
시간 베이커리카페 09:00~21:00, 레스토랑 10:00~15:00
　　 (포장 가능)
메뉴 가든 EPL 테왁도시락 30,000원

노루생태관찰원

가볍게 트레킹을 하며 노루를 만날 수 있는 곳

<노루생태관찰원 정보>
- 제주 제주시 명림로 520
- 064-728-3611
- 3~10월 09:00~18:00, 11~2월 09:00~17:00
- 1~2시간 소요
- 입장료 성인 1,000원, 청소년 600원, 어린이 무료 / 노루 먹이 1,000원

노루생태관찰원은 제주시 봉개동에 있는 노루 공원이다. 이곳은 '거친오름'을 중심에 두고 둘레를 산책할 수 있도록 조성된 것이 특징이다. 거친오름은 산세가 험하고 숲이 우거져 거칠게 보인다는 것에서 붙여진 이름이다. 숲길 관찰로를 따라 편안하게 트레킹을 하며 야생화 및 노루를 관찰할 수 있도록 정비되어 있다.

노루생태관찰원은 2007년에 개장하였는데 관찰로를 따라 자유롭게 뛰노는 노루들을 마음껏 볼 수 있도록 울타리를 만들고 노루를 풀어 놓았다. 어린이는 입장료가 무료이며 어른들은 1,000원밖에 하지 않아 부담 없이 찾을 수 있다. 매표를 하고 1,000원을 더 지불하면 노루가 좋아하는 '사철나무' 먹이를 받는다. 잎이 잔뜩 달린 나뭇가지를 가지고 노루가 있는 울타리 근처로 가면 노루들이 눈앞까지 다가온다. 나뭇가지에 달린 잎을 꺾어 노루에게 주면 노루가 조심스럽게 받아먹는다. 노루가 온순해서 사람들이 나뭇잎을 주면 사람의 손을 물지 않게 조심하며 받아먹는 것이 인상적이었다. 울타리 안의 들판은 노루들이 실컷 뛰어놀 수 있도록 넓게 마련되어 있고, 노루들이 쉴 수 있는 집도 잘 지어져 있다.

숲길 관찰로를 따라 거친오름을 가볍게 트레킹하면 자연에서 뛰어노는 노루를 볼

수가 있다. 이곳에서는 자연물을 이용한 나무 노루 만들기 등 다양한 생태체험 프로그램을 운영하는데, 전문 해설사분의 설명을 들으며 숲길을 탐방할 수도 있다. 노루생태관찰원의 전시관은 입구에 들어서자마자 갈 수도 있고, 숲길 탐방로를 한 바퀴 돈 후에 마지막으로 볼 수도 있다. 이곳에서는 제주의 다양한 동식물과 동굴 이야기, 한라산의 식생 분포 등 제주의 자연을 배울 수 있다. 또한 제주노루의 특징과 계절과 역사 속에 나오는 노루의 특징 및 기록도 살펴볼 수 있다. 노루 이야기를 다룬 영상관에서는 거친오름에 대한 소개, 노루의 생태와 생활상 등 노루 영상을 보며 많은 것을 배우고 친숙하게 느낄 수 있다.

　아이들을 이곳에 데려가면 귀여운 노루의 모습에 마음을 빼앗기기 쉽다. 온순한 노루를 가까이 관찰하는 아이들의 모습을 보면 흐뭇해진다. 곳곳에 세워진 안내 표지판을 읽어 보며 노루에 대해 이해할 수 있어 진정한 자연 체험학습이라는 생각이 들었다. 어린이들은 입장료조차 없는 착한 곳에서 쉽게 보지 못하는 노루를 마음껏 보며 동물과 가까이 지낼 수 있는 하루를 아이들에게 선사하는 것도 좋은 체험학습이 될 것이다. 부담 없이 한번 방문해 보기를 바란다.

아이와 함께 현장 학습 팁!

노루생태공원은 아이와 함께 부담 없이 방문하기 딱 좋은 곳이다. 노루에게 사철나무 잎을 조금씩 따서 먹여 주는 체험은 아이들에게 단연 인기 최고! 아이들이 조심조심하면서 열심히 먹이를 주는 모습을 볼 수 있다. 또 노루가 있는 공원의 부지 자체가 크지 않아서 유모차 타는 어린아이여도 부담 없이 돌아다니게 할 수 있고, 놀이터에서 즐겁게 노는 시간을 가질 수도 있다.

초등 고학년이라면 거친오름과 연결된 오름 코스에 도전해 보는 것도 추천한다. 그리 길지 않은 코스이고 잘 정비되어 있는 오름길이라 많이 힘들이지 않으면서도 멋진 풍경을 감상할 수 있는 좋은 기회이다.

노루생태관찰원 주변 맛집

아크로디니온

그리스 신전에 온 듯한 느낌의 제주 대형 오션뷰 카페다. 아이들이 뛰어놀고 불멍도 할 수 있는 야외 정원도 있다.
위치 제주시 명림로 100
전화 0507-1444-7597
시간 10:00~18:00
메뉴 흑임자크림라떼 7,500원, 허니레몬케이크 7,500원, 천혜향주스 7,500원

명도암 생이소리

제주도의 전통적인 집밥 스타일의 음식을 맛볼 수 있는 식당이다.
위치 제주시 명림로 241
전화 064-753-4567
시간 08:00~15:00
메뉴 옥돔구이정식(2인) 42,000원, 고등어구이정식(2인) 30,000원

아침미소목장

탁 트인 풍경을 자랑하는
제주도의 스위스

<아침미소목장 정보>
📍 제주 제주시 첨단동길 160-20
☎ 064-727-2545
📅 10:00~17:00 / 화요일 휴무
🕐 1~2시간 소요
₩ 입장료 무료 / 송아지 우유 주기 체험 우유 3,000원

아침미소목장은 많은 관광객들이 사진을 찍으러 오는 곳으로 유명하다. 젖소와 양 떼가 뛰어노는 유럽의 드넓은 목장이 떠오르는 이곳은 보기만 해도 가슴이 트일 정도로 넓고 푸르다.

아이를 둔 가족이라면 다양한 체험을 할 수 있어 좋다. 특히 가장 인기가 좋은 것은 새끼 젖소에게 우유를 먹여 주는 체험이다. 목장 안 카페 앞에 마련된 우유 젖병 자동판매기에 3,000원을 넣으면 새끼 젖소 우유병이 나온다. 이것을 가지고 '우유 주기 체험장'으로 가면 귀여운 새끼 젖소들이 기다리고 있다. 젖병을 새끼 젖소 입에 가져다 대면 젖병 안의 우유를 마시기 시작한다. 아이들에게는 이것이 어찌나 신기하고 재미있는지 까르르 웃으며 체험하기에 바빴다.

넓디넓은 들판에는 다양한 사진 스폿이 마련되어 있다. 엔틱한 의자 두 개를 나란히 두어 푸른 들판을 배경으로 앉아 사진을 찍을 수 있고 커다란 나무에 묶어놓은 그네를 타며 사진을 찍을 수도 있다. 커다랗고 귀여운 젖소 모형 옆에 앉아 사진을 찍으면 만화 속 주인공이 된 것만 같다. 목장 이곳저곳을 돌아다니는 다양한 닭들은 관광객들을 전혀 두려워하지 않는다. 이렇게 동물들과 놀다 보면 금세 시간이 간다.

이곳에서 유명한 곳이 한 곳 더 있는데 바로 목장에서 생산된 유제품을 파는 카페

이다. 수제 요구르트, 아이스크림, 치즈, 우유잼, 요커트부터 커피와 에이드까지 다양한 마실 거리와 간식을 판매하고 있다. 커다란 유리 통창으로 보이는 넓고 푸른 들판은 마치 유럽의 스위스 목장에 와 있는 듯한 착각을 일으킨다. 목장을 둘러싼 높고 낮은 오름들은 더욱 멋진 경치를 더해 준다.

아침미소목장은 지난 1978년에 설립되었다. 그 후 친환경 목장으로 선정되어 지금까지 많은 관광객들을 불러들이고 있다. 목장에서는 젖소와 송아지에게 먹이도 주고, 아이스크림과 치즈를 직접 만들어 보는 체험도 진행하고 있다. 드넓은 벌판을 마음껏 뛰어다니는 아이들의 모습을 보고 있자니 어른들도 흐뭇한 웃음이 난다. 도시에서는 보기 힘든 목장 안의 풍경과 다양한 동물들과 체험 프로그램은 이곳에 온 아이들에게 신기할 뿐 아니라 값진 시간이 될 것이다.

아침미소목장은 천혜의 자연을 가진 제주도에 있으며, 아이들이 소중한 생명을 느끼며 마음껏 뛰어놀 수 있는 보물과 같은 곳이다.

❶, ❷ 우유병 자판기에서 우유를 구매하여 송아지에게 먹이를 주는 체험을 할 수 있다. ❸ 아이와 체험을 마친 뒤 카페에서 신선한 우유로 만든 디저트를 먹어 보자.

아이와 함께 현장 학습 팁!

드넓은 잔디가 펼쳐진 친환경 목장이기에 자연을 흠뻑 느낄 수 있는 최적의 장소이다. 아이들은 깨끗한 자연을 직접 보고 느끼고 만지며 자연 속에서 놀 수 있어 좋고, 어른들은 시원한 공기를 들이마시며 쉴 수 있어서 행복하다. 또 곳곳이 사진 스폿이어서 인생 사진도 건질 수 있다. 어린아이를 키우는 부모들이 유모차를 끌고 다니며 구경하기도 편안하니 아이와 어른이 모두 편하고 즐거운 여행지로 손색이 없다. 초등학생들은 송아지 우유 주기 체험을 아주 재미있어하는데, 송아지가 우유를 빠는 힘이 엄청나서 아이들도 열심히 힘주며 우유를 준다. 나중에 아이들에게 물어보면 이 경험이 잊지 못할 추억이라고 한다. 체력이 지칠 때쯤 목장 카페에 들러 유기농 우유아이스크림, 요거트, 유기농 빵, 쿠키 등으로 입가심하고 통창 너머 목장 뷰를 감상하면 힐링 타임을 가질 수 있을 것이다.

아침미소목장 주변 맛집

정희네 두루치기

육즙 가득한 제주산 흑돼지 두루치기 맛집!
위치 제주시 아봉로 248-56
전화 0507-1448-0000
시간 11:00~16:00(토요일 휴무)
메뉴 흑돼지두루치기 9,000원(2인분 이상 주문 가능)

커피템플

한국 바리스타 챔피언이 운영하는 제주 카페.
위치 제주시 영평길 269 중선농원 커피템플
전화 070-8806-8051
시간 10:00~19:00
메뉴 텐저린 카푸치노 7,000원, 슈퍼클린에스프레소 6,500원, 카페루이지 6,500원

제주해바라기공방

제주의 바다를
나만의 작품 속에 담아요

<제주해바라기공방 정보>

📍 제주 제주시 구좌읍 김녕로17길 23

☎ 010-3417-0526

📅 10:00~22:00

💰 탄생석_ 팔찌 15,000원, 발찌 18,000원 / 고무신 그리기_ 아동화 20,000원, 성인화 25,000원 / 드림캐쳐 25,000~40,000원 / 그립톡 7,000원 / 거울 15,000원 / 마그넷 7,000원 / 천연 캔들 체험 10,000~35,000원 / 디퓨져 15,000 / 아크릴화 20,000~ 40,000원 / 사진 액자 25,000원, 30,000원 / 머리핀 만들기 5,000~10,000원 / 필통 꾸미기 20,000원

제주해바라기공방은 제주도 동쪽 구좌읍 김녕리에 있다. 김녕바다는 제주도에서도 아름답기로 유명한데 바로 앞에 공방이 있어 파도 풍경이 멋지다. 이곳은 제주 옛 돌집을 개조하여 공방을 만들어서 제주 전통 가옥의 모습을 그대로 간직하고 있다. 앞마당과 돌담, 예쁘게 가꾸어진 정원은 주인 부부의 예술적인 감각과 더해져 집 전체가 하나의 작품처럼 보인다.

이곳에서 체험을 하려면 인터넷 예약이나 전화가 필수이다. 공간이 넓지 않아 한 시간에 4~5명씩 체험객을 받고 있어 사전 예약을 하고 가야 한다. 그렇지 않으면 계속 기다릴 수도 있다. 공방 안에 들어서면 사장님의 멋진 예술 작품을 감상하는 재미가 있다. 사전에 만들어 놓은 사장님의 작품만 보아도 이곳이 하나의 갤러리로 느껴진다. 이곳에서는 다양한 체험을 할 수 있는데 고무신 그리기와 휴대폰 케이스 꾸미기를 할 수 있고, 드림캐처, 그립톡, 거울, 마그넷, 팔찌, 캔들을 만들 수 있다. 다양하고 예쁜 소품을 이용해 각자의 취향대로 꾸미면 된다. 우리 제주 남매는 캔들 만들기를 했는데, 다양한 꾸미기 재료를 활용하여 제주도의 바다를 표현해 완성을 했다. 특히 눈에 띄는 것은 고무신 꾸미기 체험이었다. 까만 고무신에 유성 물감을 이용하여 자신의 취향대로 고무신을 꾸미는 것은 색다른 경험이다. 미술을 전공

ⓒ 제주해바라기공방

하신 사장님이 옆에서 도와주시기 때문에 멋진 작품을 완성하기에도 좋다. '고무신 꾸미기'체험을 하지 않아도 괜찮다. 전시되어 있는 예쁜 고무신을 신어보며 재미있는 시간을 보내는 것도 좋은 추억이 될 것이다.

  이 공방의 사장님은 미술을 전공하시고 서울에서 미술학원을 경영하다 내려오신 분이다. 공방 한편에 마련된 작업실에는 사장님이 직접 그리신 회화도 볼 수 있다. 제주도를 사랑해서 이곳에 공방을 차리고 재미있는 체험 프로그램을 만드신 덕분에, 모든 작품에는 제주도가 스며들어 있다. 아이들이 작품을 만드는 동안 부모들은 드립커피를 주문해서 마실 수 있으며 공방 옥상에 올라가면 멀리 보이는 김녕바다를 감상할 수 있다.

  제주도에는 많은 공방과 체험 거리가 있다. 그중 특히 이곳을 추천하는 이유는 '가장 제주다운 공방'이기 때문이다. 이곳에서 한 시간 정도 머물면 돌아갈 때 손에 제주도를 담은 멋진 작품 하나가 들려 있을 것이다. 제주도에서 특별한 체험을 하고 싶다면 한번 이곳을 방문해 보기 바란다.

아이와 함께 현장 학습 팁!

가족이 함께 여행을 하다 보면 어른들은 자연에 감탄하는 경우가 많은데 아이들은 그렇지 않다. 아직 나이가 어려서일까? 그래서 때로는 아이들이 지루해하며 다른 재미있는 것을 보러 가고 싶다고 하는 상황도 생긴다. 그럴 때를 대비하여 자연의 감성을 느낄 수 있으면서 아이들이 재미가 느껴지는 작품 제작 활동을 곁들이면 아이들에게 자연에 대한 감성을 키울 수 있어 도움이 된다. 자연을 소재로 하는 다양한 예술 활동들은 아이들에게 자연에 흥미를 갖게 하고, 자연이야말로 재미가 가득한 우리의 친구라는 것을 알게 해 준다.

아이들이 체험활동에 몰두하고 있으면 엄마, 아빠들은 잠시 자리를 비워도 좋다. 밖으로 나가 김녕 올레길을 걷다 보면 '제주김녕금속벽화마을'을 만날 수 있는데, 올레길 벽마다 금속으로 만든 조형 작품을 발견할 수 있어 아름다움을 더한다. 김녕의 푸른 바다와 고즈넉한 시골길의 정취가 함께 어우러진 금속 예술 작품이 우리의 미적 감성을 더욱 충만하게 한다.

제주해바라기공방 주변 맛집

벵디

해산물을 사랑하는 가족에게 추천하는 음식점이다. 평대 바다 뷰를 감상하며 맛있게 식사하고 인스타 감성이 물씬 나게 사진을 찍기에도 좋다.

위치 제주시 구좌읍 해맞이해안로 1108
전화 064-783-7827
시간 10:00~20:00 / 목요일 휴무
메뉴 돌문어덮밥 18,000원, 뿔소라톳덮밥 16,000원, 돌문어
　　 물회 15,000원

캔디원

사탕 향기가 솔솔, 하루가 달콤해지는 체험

<캔디원 정보>

- 제주 제주시 조천읍 선교로 384
- 064-784-5260
- 09:00~18:00
- 1~2시간 소요
- 제주 수제 캔디 만들기 체험 25,000원 / 제주 수제 캔디 컷팅 체험 15,000원

캔디원은 '캔디 만들기 체험관'으로, 아이들이 직접 캔디를 만들고 먹어 볼 수 있다. 이곳에서는 캔디 만들기 체험만 하는 것이 아니라 박물관에 전시된 캔디를 볼 수도 있다. 다양한 캔디와 수제 캔디를 만드는 전통 기계가 전시되어 있다. 다양한 나라의 캔디에 대한 소개까지 캔디의 역사와 종류에 대하여 배울 수 있다.

알록달록하게 꾸며진 건물에 들어서면 가장 먼저 향긋한 캔디 냄새를 맡을 수 있다. 이곳에서는 직접 캔디를 만들고 판매까지 하기 때문에 주방에서 여러 명의 캔디 전문가들이 캔디를 제조하고 있다. 여기에서 만들어진 캔디는 예쁘게 포장되어 전시 또는 판매된다. 또한 전국의 각지로 택배 발송이 된다. 수제 캔디이기 때문에 위생적이고 건강에도 좋아 이미 많이 알려진 상태이다.

수제 캔디 만들기 체험은 코로나 이전에 한 번에 20명 정도 함께 체험을 진행했는데 지금은 6~8명씩 한 조로 운영되고 있었다. 캔디 전문가분이 직접 아이들을 세세하게 지도하는 점이 인상적이었다. 특히 위생에 신경 써서 비닐장갑과 비닐캡을 반드시 쓰고 수업을 듣고 실습을 했다. 아이들만 체험장에 들어갈 수 있는데 부모는 유리 벽 밖에서 아이들의 체험 모습을 사진 찍으며 앉아서 편하게 기다릴 수 있다. 아이들과

함께 여행을 다니면 부모들이 체력적으로 힘들 때가 있는데, 아이들이 재미있는 체험을 하는 동안 캔디원의 전시물을 관람하고 앉아서 잠시 쉴 수 있어서 부모와 아이 모두에게 만족스러운 시스템이었다. 캔디 만들기 체험은 8~16세까지 가능하도록 연령이 제한되어 있다. 미취학 아이들의 체험을 제한하는 이유를 물어보니 캔디 반죽이 뜨겁기 때문에 안전을 위한 조치라고 한다. 이 부분도 미리 알고 가야 한다.

한 시간 정도의 체험이 끝나면 아이들은 직접 만든 캔디를 예쁘게 포장하여 부모들이 대기하는 곳으로 나온다. 자신이 만든 캔디를 손에 들고 있는 아이들의 얼굴에는 하나같이 웃음꽃이 만발하다. 체험 후 가족들은 알록달록 꾸며진 포토존에서 아이들과 재미있게 사진을 찍을 수 있다. 캔디원에서 판매하는 다양한 캔디와 기념품을 구경하고 구입하는 가족들을 쉽게 찾아볼 수도 있었다.

캔디원에서 나온 후, 차 안에서 아이들이 만든 달콤한 캔디를 맛보며 돌아오는 길이 더욱 즐겁게 느껴졌다. 재미있는 체험도 하고 아이들이 좋아하는 캔디도 마음껏 맛볼 수 있으니 아이들에게 이보다 좋은 체험이 있을까? 캔디원에서의 시간은 분명 아이들에게 큰 선물이 될 것이다.

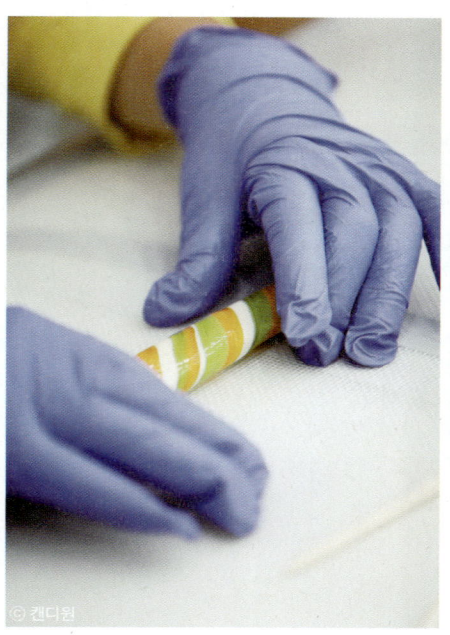
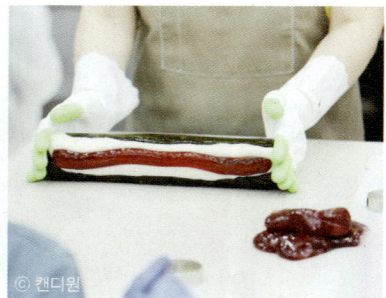

아이와 함께 현장 학습 팁!

캔디 만들기 체험이 워낙 인기가 좋아서 네이버로 미리 예약을 하고 가야 한다. 코로나로 인해 한 타임당 6명 이내로 예약을 받고 있으므로 예약 경쟁이 치열하다. 3~4일 전에 예약하고 갈 것을 권한다. 아이들이 너무너무 재미있게 체험하고 다양한 캔디를 구경하면서 캔디에 대한 지식을 쌓을 수 있다. 선생님의 설명을 잘 듣고 자신만의 캔디를 만드는 아이들의 표정에 행복함이 묻어나온다.

===== 캔디원 주변 맛집 =====

선흘네모김밥국수

싸고 맛있는 분식을 먹고 싶다면 방문하기 좋다. 떡볶이는 귤을 갈아 단맛을 내서 아이들 입맛에도 잘 맞는 곳이다.

위치 제주 제주시 조천읍 선교로 573 1층
전화 0507-1498-0594
시간 08:00~18:00 / 월요일 휴무
메뉴 선흘고기김밥 4,000원, 떡볶이 6,000원, 한우사골국수 9,000원

카페2085

숲속에 자리 잡은 듯한 외관이 아름다운 곳이다. 매장 넓고 아이가 좋아하는 피자가 맛있다. 가족이 함께 가기 좋은 브런치 카페이다.

위치 제주시 조천읍 선교로 185
전화 0507-1381-1729
시간 11:00~18:00 / 목~금요일 휴무
메뉴 반반피자 34,000원, 아이스크림 라떼 8,000원

아토도예공방

나만의 접시를 만들 수 있는 곳

<아토도예공방 정보>
- 📍 제주 서귀포시 남성로 134-1
- ☎ 010-7102-9951
- 📅 10:00~19:00
- 🕐 1시간 30분~2시간 소요
- ₩ 도예 체험 35,000원

아이들은 직접 무엇인가를 만들고 체험해 보는 활동을 좋아한다. 그냥 눈으로 보기만 하면 금세 싫증을 느끼고 지루해한다. 오감을 활용한 체험 활동을 해 보면 아이들은 흥미를 느끼며 집중할 것이다. '아토도예공방'은 아이들의 이러한 특성을 충족시켜주는 곳이다.

이곳은 도자기를 만드는 곳으로 접시, 그릇, 컵부터 장식품까지 흙을 빚어 유약을 바르고 색을 입혀서 구워내는 예술품을 만드는 장소이다. 전국에 이러한 도예공방이 많겠지만 이곳이 특별한 이유는 제주도다운 공방이기 때문이다. 이곳에서 만들어 내는 작품 중에서 가장 인기가 좋고 특별한 것은 제주도의 땅 모양으로 만드는 '제주도 접시'이다. 흙을 반죽하여 밀대로 밀어 평평하게 만든 후 제주도 지도 모양을 틀대로 그려 흙을 잘라낸다. 제주도 지도 모양의 접시가 나오면 그 위에 그림을 그리고 색칠을 해서 자기만의 스타일로 접시를 꾸민다. 또한 공방에 마련된 다양한 무늬와 글씨를 접시에 찍어 새길 수도 있다. 접시가 완성이 되면 유약을 바르고 가마에 구워낸다. 접시가 완성되기까지 20일 정도가 걸리는데 택배로 발송을 해 주거나 직접 찾아갈 수 있다.

아이들에게 가장 인기 있는 것은 스누피 캐릭터 모양의 접시이다. 스누피, 찰리 브

라운 등 만화 '스누피'의 캐릭터대로 접시를 만들어 얼굴을 그리고 새긴 후 색칠을 해서 도자기를 만든다. 작품이 엉망이 될 것 같다고 걱정할 필요는 없다. 공방의 선생님들이 옆에서 차근차근 지도해 주시기 때문에 모두 멋진 작품을 만들 수 있다. 애니메이션 캐릭터 접시 모양이 완성되면 자신의 이름 이니셜을 새기거나 꾸미면 된다. 완성된 작품도 역시 공방에 제출하는데 마찬가지로 20여 일 후에 완벽한 도자기 모양으로 구워져 나온다.

조금 더 수준 있는 작품을 만들고 싶다면 물레를 이용해 컵이나 그릇, 화병, 물병 등을 만들면 된다. 물레를 이용해 작품을 만드는 방법을 1:1로 지도받으며 직접 체험할 수 있어 아이들뿐 아니라 어른들도 좋아한다. 우리 가족의 경우, 딸은 제주도 모양의 접시, 아들은 찰리 브라운 모양의 접시, 엄마는 물레를 이용한 머그잔으로 각자의 작품 하나씩을 만들며 재미있는 시간을 보냈다. 흙을 만지는 것은 정서적으로 매우 좋다고 한다. 마음을 안정되게 만들어 주고 집중할 수 있으며 완성된 후에는 성취감까지 느낄 수 있어 교육적으로 좋다. 20일 후에 완성된 자신의 작품을 본다면 얼마나 보람이 느껴질지 설명하지 않아도 알 수 있다. 자신의 손에서 탄생한 접시, 그릇, 컵을 사용할 때마다 감회가 새로울 것이다.

아이와 함께 현장 학습 팁!

도예 체험의 교육적인 효과는 여러 가지가 있다. 아이들은 흙을 만지며 나만의 작품을 상상하고 이를 직접 만들면서 뇌를 활성화시키고 상상력과 창의력을 키울 수 있다. 또 도예는 아이들의 소근육 발달과 집중력 향상에도 매우 좋고, 흙의 촉감이 정서적 안정감을 주기 때문에 심리적으로도 좋다. 선생님과 함께하는 손작업을 통해 상호작용을 자극하고 사회성을 발달시켜 주기도 한다. 흙의 질감과 성질을 직접 느끼고 이해할 수 있고, 도예의 특성상 기다려야 한다는 점에서 인내심도 길러 주며, 다 완성되었을 때의 성취감과 자신감도 키워 준다. 제주에서 제주를 닮은 도예 작품을 만들며 교육적인 효과도 함께 얻어 가면 어떨까?

아토도예공방 주변 맛집

제주스럽닭 서귀포올레점

귤맛 나는 댕귤치킨은 달달하고 까망치킨은 부드러워서 아이들도 먹기 좋은 제주 치킨
위치 서귀포시 태평로 396
전화 0507-1350-8110
시간 14:00~00:30
메뉴 댕귤미니+까망치킨 28,500원, 제주 까망치킨 13,900원

블라썸 꽃이피다

인기 유튜버 히밥도 극찬하고 간 메뉴 시금치파스타가 있는 곳이다.
위치 서귀포시 남성로 136
전화 0507-1376-4045
시간 08:00~18:00 / 화요일 휴무
메뉴 제주바구니(톳주먹밥+고로케) 15,000원, 스피나치크림파스타 15,000원

노지 캠핑

캠핑의 천국
제주도 1

제주도는 천혜의 자연을 품은 곳으로 노지 캠핑을 할 수 있는 곳이 지천에 널려 있다. 제주도 어디든 차를 세우고 야영 준비를 하면 그곳이 노지 캠핑장이 된다. 단, 여름 극성수기만 피한다면 누구에게도 간섭받지 않고 캠핑을 즐길 수 있다. 너무나도 많은 제주도의 노지 캠핑 스폿! 그중에서 몇 군데를 소개하고자 한다.

새별오름

새별오름은 멋진 오름의 풍경과 더불어 넓은 주차장이 인상적인 곳이다. 처음 이곳을 방문했을 때, 넓은 평지에 조성된 주차장을 보고 '밤마다 캠핑족들이 찾아오겠구나.'라고 생각했다. 결국 이곳은 제주도 노지 캠핑의 성지가 되었다. 새별오름은 워낙 부지가 넓어서 어느 곳에 차를 세우고 캠핑을 해도 별로 방해 받지 않는다. 주차장에서 캠핑을 하기 때문에 불멍과 바비큐는 할 수 없고, 간단한 취사(컵라면 정도)만 할 수 있다. 이곳에서는 모든 캠핑이 미니멀하다. 이러한 이유로 텐트보다는 차박, 캠핑카, 카라반, 루프탑 텐트를 많이 볼 수 있다. 화장실이 주차장에서 그리 멀지 않은 곳에 있고 깨끗하게 관리되고 있어 편리하다. 이곳을 찾는 대부분의 캠핑족들은 등산객들이 돌아간 저녁에 설영을 하고, 관광객이 들어오기 시작하는 다음 날 오전에 철영을 한다. 그야말로 제주도의 밤을 느끼기 위해 캠핑을 한다. 이곳에서는 풀벌레 소리를 자장가 삼아 잠이 들 수 있고 밤하늘에 펼쳐진 별을 영화처럼 감상할 수 있다.

📍 제주 제주시 애월읍 봉성리 산59-8
☎ 064-728-2752
🗓 정해진 시간 없음
ⓦ 무료

곽지해수욕장

곽지해수욕장은 여름 휴가철에 물놀이를 즐기기 위해 많이 찾는다. 수심이 깊지 않아 아이들이 놀기에 좋고, 해수욕장 주변에 숙박시설과 편의시설이 많아 아이를 둔 부모님들이 특히 선호한다. 특히 해수욕장 내에는 캠핑장도 마련이 되어 있다.

이곳은 여름 휴가철에만 유료로 운영이 되고 비수기에는 무료다. 또한 바다가 있는 방향으로 트렁크 문을 열어 바다를 감상하며 미니멀 차박을 즐길 수 있다. 소나무 숲 사이로 조성된 캠핑장에서는 백패킹, 패밀리 캠핑 등 다양한 캠핑을 찾아볼 수 있다. 이곳의 가장 큰 장점은 편의성이다. 깔끔하게 관리된 화장실이 멀지 않은 곳에 위치해 있고, 간단한 취사를 할 수 있는 수도시설도 잘 되어 있다. 무엇보다 바다 앞에서 철썩이는 파도 소리를 들으며 캠핑을 할 수 있는 것이 매력이다.

> ⓟ 제주 제주시 애월읍 곽지리
> ⓦ 해수욕장 내 캠핑장은 여름에는 유료(10,000원), 여름을 제외하면 무료로 사용 가능

함덕해수욕장

함덕해수욕장은 에메랄드빛 바다도 멋있지만, 바닷가 오른편에 위치한 서우봉 해변 또한 아름답다. 그야말로 바다와 산의 풍경이 균형을 이룬 곳이다. 서우봉 해변에는 등대까지 이어진 아름다운 산책로가 있어 사람들이 선호한다. 또한 이곳은 드넓은 잔디가 펼쳐진 야영장이 있는데 사람들이 한나절, 또는 하룻밤 캠핑을

즐기기에 좋다. 주차장 뒤쪽으로는 캠핑과 카라반 그리고 차박을 위한 장소가 따로 마련되어 있다. 캠핑장 주변에는 아이들이 뛰어놀 수 있는 운동장과 트랙이 조성되어

있고, 간단한 운동시설도 있어 어른과 아이들이 함께 시간을 보내기에 좋다. 잘 관리되어 있는 화장실과 취사 시설까지 있어 노지 캠핑이지만, 편리하게 캠핑을 즐길 수 있다.

📍 제주 제주시 조천읍 조함해안로 525
☎ 064-728-3989
ⓦ 무료

표선해수욕장

표선해수욕장은 사계절 내내 무료로 캠핑장이 운영된다. 캠핑장은 해변 뒤쪽으로 조성이 되어 있는데, 처음부터 노지 캠핑장으로 조성한 곳이라 화장실과 수도시설이 잘 갖추어져 있다. 소나무 숲에서는 다양한 종류의 텐트를 볼 수 있고, 건너편 주차장에는 카라반과 캠핑카가 주차되어 캠핑을 즐기고 있다. 서로 간의 예의만 지킨다면 누구에게도 방해받지 않고 시간을 보낼 수 있다. 또한 표선해수욕장 바로 앞에 '표선 도서관'이 있는데 이곳에서 책을

빌려 독서를 즐길 수 있어 좋다. 한번 상상해 보자. 밤에는 별을 보고 파도소리를 들으며 캠핑을 즐기고, 낮에는 책과 함께 시간을 보내는 휴가. 이보다 더 좋은 캠핑이 있을까?

📍 제주 서귀포시 표선면 표선리
ⓦ 무료

아이와 함께 현장 학습 팁!

새별오름에서 해 질 녘 하늘의 별자리를 관측하는 활동을 추천한다. 새별오름은 저녁부터 사방이 깜깜하고 고요해지기 때문에 하늘을 관측하기 딱 좋은 장소이다. 휴대용 천체망원경까지 있다면 더욱 좋다. 겨울철 맑은 날, 초저녁부터 해가 지고 깜깜해지는 시각에 달, 금성, 목성, 토성 그리고 겨울철 별자리를 눈으로 확인할 수 있다. 어떤 게 무슨 별인지 모르겠다면 스마트폰으로 별자리 관측 앱을 활용, Stellalium을 추천한다. 앱을 깔고 실행시켜 하늘에 대어 비춰 보면 어느 별이 무엇인지 알 수 있다. 아이들도 어른들도 신기한 별자리의 세계에 흠뻑 빠져 보자.

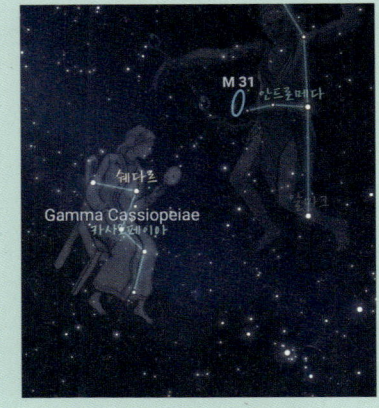

곽지해수욕장과 함덕해수욕장은 조명 덕분에 밤에도 그리 깜깜하지 않아서 무섭지 않다. 또한 완만한 경사로의 산책로가 잘 조성되어 있다. 바다를 옆에 끼고 걸으며 아이들과 도란도란 얘기를 나누어 보자. 철썩철썩 파도 소리를 감상하며 자연의 소리에 귀 기울이는 아이들을 볼 수 있다. 특히 함덕해수욕장은 아이들 놀이터와 야외 운동기구도 있어서 빅 배드민턴이나 캐치볼을 즐기는 가족들을 볼 수 있다.

표선해수욕장에는 야외 행사 장소가 있는데 이곳에서 공연이 꽤 자주 열린다. 버스킹을 하는 가수들의 잔잔한 노래도 감상할 수 있어 낭만적인 시간을 보낼 수 있다.

새별오름 주변 맛집

새별오름 푸드트럭-하루봉

신선한 과일을 직접 갈아 깨끗하고 시원한 음료로 갈증이 싹 사라진다.

위치 제주시 애월읍 평화로 1491-3
전화 0507-1466-3460
시간 정해진 시간 없음
메뉴 봉쥬스 5,500원, 제주감귤주스 4,500원

함덕해수욕장 주변 맛집

함덕마당

함덕 바다 앞 갈치 전문 맛집.

위치 제주 제주시 조천읍 조함해안로 586 1층
전화 064-783-2111
시간 매일 08:30~21:00
메뉴 통갈치조림+고등어구이+전복뚝배기 95,000원

표선해수욕장 주변 맛집

표선칼국수

직접 반죽, 숙성한 면발이 살아있는 보말칼국수 전문점.

위치 서귀포시 표선면 민속해안로 578-3
전화 064-900-5945
시간 09:00~20:00(화요일 휴무)
메뉴 전복보말칼국수 12,000원, 매생이보말전 9,000원, 흑돼지돈가스 12,000원

곽지해수욕장 주변 맛집

카페태희

곽지 바다 뷰와 함께 즐기는 버거와 피쉬앤칩스.

위치 제주시 애월읍 곽지3길 27
전화 064-799-5533
시간 10:00~22:00
메뉴 피쉬앤칩스 16,000원, 피쉬버거 10,000원

오토캠핑(오토캠핑장, 카라반)

캠핑의 천국 제주도 2

플래티늄 카라반
굴빛캠핑장
돌하르방 캠핑장
모구리야영장
어라운드 폴리
어라운드 폴리 카라반
리썸 카라반
파인비치 카라반

제주도에도 육지의 오토캠핑장 부럽지 않은 시설의 캠핑장이 많다. 그리고 가장 중요한 것, 육지처럼 예약이 어렵지 않다. 적어도 일주일 전에만 예약한다면 대부분의 캠핑장을 이용할 수 있다. 제주도 오토캠핑장은 크게 제주도에서 운영하는 도립 캠핑장과 개인이 운영하는 사설 캠핑장으로 나눌 수 있다. 제주도에서 어린 자녀들과 함께 캠핑할 경우, 가장 현실적인 방법은 오토캠핑장을 찾는 것이다.

돌하르방 캠핑장

돌하르방 캠핑장은 제주도 사설 캠핑장 중에서 가장 큰 규모를 자랑한다. 한경면 청수리에 위치한 이곳은 드넓은 잔디 야영장이 보는 이들 모두를 감탄하게 한다. 축구장보다도 더 깔끔하게 잔디가 관리되고 있다. 이곳은 잔디 사이트뿐 아니라 데크 사이트도 풍족하여 아이들이 놀기에 좋다. 여름에는 수영장을 운영하고, 아이들이 뛰어놀 수 있는 잔디 축구장이 있다. 또한 대형 트램펄린이 있어 처음 보는 아이들끼리도 잘 어울려 놀 수 있다. 전기와 온수를 마음껏 쓸 수 있는 장점은 있지만, 워낙 많은 사람들이 캠핑을 즐기는 탓에 전기 사용량이 많은 전열 기구를 사용하면 전원이 내려갈 위험이 있다. 캠핑 장비가 준비되어 있지 않아도 걱정할 것이 없다. 캠핑장에서 운영하는 모든 것이 갖추어진 글램핑을 이용하면 된다.

📍 제주 제주시 한경면 낙수로 271-40
☎ 064-773-0102
📅 사계절 운영, 14:00~11:00(1박)
Ⓦ 사이트 40,000원

모구리 야영장

　모구리 야영장은 제주도에서 가장 가성비 좋은 오토캠핑장이다. 이곳은 제주특별자치도에서 운영하는 도립 야영장으로 전기와 물, 온수 샤워 시설을 모두 사용할 수 있다. 이렇게 편리한 오토캠핑을 즐길 수 있는데, 인당 2,000원의 요금과 2,000원의 전기 사용료를 받는다. 만일 4인 가족이 이 캠핑장을 찾는다면 단돈 10,000원이면 모든 것이 해결된다. 이곳의 또 다른 장점은 단연 자연환경이다. 숲이 잘 조성되어 있어 공기가 맑고 놀이터가 있어 아이들도 즐겁게 시간을 보낼 수 있다. 이곳에 오면 우선 커다란 공용 주차장에 차를 주차하고 관리사무소에서 사이트를 배정 받아야 한다. 차에서 캠핑 짐을 내려 리어카로 사이트까지 운반해야 하는데, 약간의 오르막길이어서 힘들 수 있다.

- 제주 서귀포시 성산읍 서성일로 260
- 064-760-3408
- 사계절 운영, 14:00~11:00(1박)
- 인당 3,000원 / 전기사용료 2,000원

귤빛캠핑장

　귤빛 캠핑장은 이름에서도 알 수 있듯이 캠핑장 주변이 귤밭으로 둘러싸인 아담하고 아기자기한 캠핑장이다. 시설이 화려하거나 현대적인 것은 아니지만 화장실과 취사실 등 모든 시설이 청결하게 유지되고 있다. 전기 용량도 풍부해 웬만한 전열 기구를 사용해도 전원이 내려가는 일이 없다. 이곳은 캠핑장 바닥이 모두 파쇄석으로 깔려 있다. 파쇄석은 먼지가 나지 않고 불명을 하기에 안전하다. 반면에 바닥 매트를 잘 갖추어야 편안하게 잠들 수 있다. 커다란 수영장이 설치되어 있어 여름에는 아이들이 캠핑장에서 물놀이를 즐길 수 있고, 겨울에는 주변에 주렁주렁 달린 감귤을 맛볼 수도 있다. 이곳에 오면 아담한 캠핑장에서 편안하게 캠핑을 즐기다 갈 수 있을 것이다.

- 제주 제주시 조천읍 함와로 428
- 064-782-0110
- 사계절 운영, 14:00~11:00(1박)
- 사이트 40,000원(비수기), 50,000원(성수기) / 캠핑카·카라반 정박 50,000원(비수기), 60,000원(성수기)

어라운드 폴리

어라운드 폴리는 제주도에서 가장 예약이 어려운 캠핑장이다. 이미 2~3달 전에 예약이 끝나 있을 정도로 인기가 좋다. 화장실과 샤워실은 호텔식으로 꾸며져 있어 최고급 호텔이나 백화점에 와있는 것 같다.

이곳의 또 다른 장점은 웬만한 대형 리빙셸 텐트가 모두 들어가는 커다란 데크 사이트와 사이트 간의 먼 간격이다. 많은 캠핑장들이 한 동이라도 더 받기 위해 다닥다닥 사이트를 붙여 놓은 경우가 있는데, 이곳은 아주 여유롭다. 그리고 밤 9시가 넘으면 철저하게 에티켓 타임을 지켜야 해서 다른 사람들로 인한 피해가 거의 없다. 캠핑을 좋아하는 가족 단위의 캠퍼들이 가장 쾌적하게 캠핑을 할 수 있어 지금도 변함없이 인기 있는 곳이다.

- 제주 서귀포시 성산읍 서성일로 433
- 064-783-6226
- 사계절 운영, 15:00~12:00(1박)
- 잔디 50,000원(성수기 60,000원) 데크 60,000원(성수기 70,000원)

텐트를 치는 것을 부담스러워하는 사람들은 다른 종류의 캠핑을 즐기면 된다. 먹을 것만 가지고 가면 되는 글램핑, 카라반, 캠핑카는 쉽고 편하게 캠핑을 즐길 수 있는 방법이다. 그중에서 멋진 풍경의 장소에 정박되어 있는 카라반 캠핑장은 캠핑의 낭만과 편안함을 동시에 즐길 수 있는 곳이다. 제주도에 있는 많은 카라반 캠핑장 중 관리가 잘 되고, 가족끼리 가기에 좋은 카라반 캠핑장 네 곳을 소개하고자 한다.

파인비치 카라반

파인비치 카라반은 서귀포시 남원읍에 있는 캠핑장이다. 주인분이 펜션과 카라반 4동을 함께 운영하고 있는데, 깔끔하기로 유명하다. 시설에 비해 저렴한 숙박비는 이곳만이 가진 최고의 장점이다. 저렴하다고 위치나 시설이 별로일 것이라고 생각하면 오산이다. 멀리 멋진 남원의 바다가 보이고, 펜션도 깔끔하게 운영된다. 겨울에는 따로 마련된 비닐하우스 바비큐장에서 바비큐를 할 수 있어 좋다. 마음씨 좋은 주인분이 손님들의 편의를 위해 부지런히 움직이신다. 덕분에 부족한 것 없이 만족스럽게 카라반 캠핑을 즐길 수 있다.

- 📍 제주 서귀포시 남원읍 태흥리 610
- ☎ 064-764-2918
- 📅 사계절 운영, 15:00~11:00(1박)
- ₩ 2인 카라반(최대 4인) 75,000~80,000원

플래티늄 카라반

플래티늄 카라반은 애월읍 하귀리에 위치해 있다. 이곳은 카라반 캠핑장 앞에 하귀리 바다가 멋지게 펼쳐져 최고의 뷰를 자랑한다. 카라반 앞에 마련된 데크에서 바비큐를 하면 제주도 바다를 보며 식사를 할

수 있어 낭만적이다. 개장한 지 얼마 되지 않아 시설이 깔끔하며, 타 카라반에 비해 넓게 디자인된 실내 공간 덕에 쾌적하게 숙박을 할 수 있다. 캠핑장 내에 조성된 야자수는 동남아에 온 듯한 느낌을 주기에 충분하다. 카라반 외에도 돔하우스와 펜션이 함께 운영되고 있으며 넓은 공간의 본부동에서는 직원들이 손님들의 편의를 위해 상주하고 있다. 제주도 내에서 만족도가 높은 카라반 캠핑장이다.

📍 제주 제주시 애월읍 하귀미수포길 5-8
☎ 064-805-9999
📅 사계절 운영, 15:00~11:00(1박)
₩ 4인 카라반(최대 6인) 139,000~229,000원 / 2인 카라반(최대 4인) 119,000~179,000원

리썸 카라반

리썸 카라반은 제주도 서쪽 영어 도시에 가까운 곳에 위치하고 있다. 제주도 내 카라반 캠핑장에서 가장 최근에 개장한 곳으로 단 네 개의 카라반만이 운영되고 있어 소수 정예, 고급화를 추구하고 있다. 넓은

데크와 아이보리 선셰이드, 각종 캠핑 장비를 갖춘 이 카라반은 사진을 찍으면 예쁘게 나오는 곳으로도 유명하다. 이곳을 방문한 도민과 관광객들의 리뷰만 보더라도 얼마나 만족스러운 곳인지 알 수가 있다. 아이들을 위한 놀이도구들이 많이 준비되어 있고, 잘 가꾸어진 잔디 마당도 있다. 단점이 하나 있다면 예약이 힘들다는 점이다. 그만큼 인기가 있는 곳이다.

📍 제주 서귀포시 대정읍 일과대수로27번길 12
☎ 0507-1465-6769
📅 사계절 운영, 16:00~11:00(1박)
₩ 2인 카라반(최대 4인) 100,000원~120,000원

어라운드 폴리 카라반

어라운드 폴리 캠핑장은 제주도에서 가장 럭셔리한 캠핑장으로 어마어마한 부지에 펜션과 데크 캠핑장, 잔디 캠핑장, 수영장, 카라반을 갖추고 있다. 문을 열면 스피커에서 감성적인 음악이 흘러나오고, 내부의 소품들은 관광객들이 만족할 수밖에 없도록 만든다. 데크에 앉아 카라반을 배경으로 사진을 찍으면 그야말로 예술이다.

- 📍 제주 서귀포시 성산읍 서성일로 433
- ☎ 0507-1433-6226
- 🗓 사계절 운영, 16:00~11:00(1박)
- ⓦ 2인 17FT 120,000~180,000원 / 2인 27FT 180,000~250,000원 / 4인 31FT 240,000~350,000원

제주도 캠핑장에서 요리하기 좋은 음식 맛집

정육장인-제주웨스트우드축산

캠핑 그릴을 이용하여 신선한 제주 흑돼지 바비큐 요리를 맛보자. 제주도 전역의 캠핑장, 펜션, 숙소로 배달만 가능하다(포장 픽업 불가).

- ☎ 064-745-1249
- 🗓 09:00~18:00
- ⓦ 제주흑돼지 돈마호크 통원육 3.3kg 90,000원대, 제주흑돼지 통오겹살 또는 통목살 kg당 50,000원대

조개모닥

제주의 신선한 해산물을 캠핑장에서 구워 먹을 수 있다. 2~3일 전 미리 예약하면 신선한 조개를 맛볼 수 있다. 포장 픽업이 가능하고, 배달은 성산~애월까지만 가능하다.

- 📍 제주 제주시 구좌읍 해맞이해안로 2232-30 조개모닥 종달본점
- ☎ 0507-1462-9306
- 🗓 12:00~21:00
- ⓦ 조개모닥박스(제철조개모음) 2kg 28,900원, 3kg 38,900원 / 네이버 예약 후 방문 수령 가능

아이와 함께 현장 학습 팁!

　캠핑의 묘미는 자연과 가까이, 그리고 나에게 소중한 가족, 사람과 함께하는 시간이라는 의미에 있을 것이다. 낮에는 드넓은 잔디 광장이나 놀이터에서 뛰어놀며 에너지를 발산시키자. 아이들에게 자유롭게 놀 기회를 마련해 주자.

　저녁에는 함께 요리하면서 불과 조리 도구의 사용법도 자연스레 익히면 학교에서 실과 시간에 하는 요리 실습이 저절로 될 것이다. 불멍을 하면서 조용히 사색의 시간을 갖는 것, 아이들의 속마음을 들어보는 것, 읽고 싶었던 책을 읽는 것, 텐트 안에서 보드게임이나 닌텐도 게임을 다함께 즐기는 것 등 모든 것이 아이들에게 추억이자 앞으로 살아갈 날들의 자양분이 될 것이다.

비밀의 숲

동화 같은 숲을 산책할 수 있는 곳

ⓒ 사진제공(이범수)-한국관광공사

<비밀의 숲 체험 정보>

- 제주 제주시 구좌읍 송당리 2173
- ☎ 010-4864-4609
- 09:00~18:00(입장 17:00 마감)
- 2~3시간 소요
- 입장료 3,000원 / 7세 이하 1,000원 / 65세 이상 2,000원

도시의 답답하고 오염된 공기에 지쳐 제주도를 찾았다면 숲 체험을 해 보자. 숲 체험은 특별히 무엇인가를 하는 것이 아니라 가볍게 산책을 하며 맑은 공기를 가슴 깊숙이 들이마실 수 있다는 것만으로도 큰 의미가 있고 힐링이 된다.

제주도에는 많은 숲이 있지만 그중에서 편백나무의 향을 마음껏 맡을 수 있고 가슴이 탁 트이는 기분을 느낄 수 있는 곳이 있다. 아직 많은 사람들에게 알려지지 않아 제주도의 감추어진 숲이라고 불리는 '비밀의 숲'이다. 비밀의 숲은 오름의 고장 제주시 구좌읍에 있으며, 숲 옆에는 안돌오름이 있어 숲의 입구를 찾아가다 보면 등산 가방을 멘 등산객들을 종종 볼 수 있다. 비밀의 숲은 사유지인 숲을 예쁘게 꾸며 놓은 곳이다. 다양한 볼거리가 있고 예쁜 사진을 찍을 수 있는 스폿이 있어 숨은 명소로 알려져 있다.

숲의 입구는 특별한 간판이나 조형물이 없다. 민트색의 예쁜 카라반이 서 있는데 푸드트럭처럼 보이지만 이곳이 매표소이다. 간단한 간식과 음료를 함께 팔며 입장료를 받는데 성인 기준 3,000원 정도로 적당한 금액이다. 입장료를 내고 숲에 들어서는 순간 멋진 편백나무들이 하늘을 찌를 듯이 솟아 있어 놀랍다. 더불어 편백나무 향이 가슴 속까지 상쾌하게 만들어 준다. 나무들이 내뿜는 피톤치드가 그대로 내 안으

로 들어오는 기분이다. 편백나무가 길을 따라 빼곡하고 멋지게 자라있다 보니 많은 사람들이 이 길을 배경으로 사진을 찍는다. 편백나무 숲을 나오면 넓은 들판이 펼쳐져 있다. 축구장 3~4개는 족히 들어갈 만한 넓은 들판에 보라색 무꽃이 은은하게 피어 아름답다. 반대편에는 노란 유채꽃까지 피어 있어 어디를 배경으로 사진을 찍어도 작품이 된다. 다시 숲속으로 들어오면 여기저기 꾸며놓은 사진 스폿이 보인다. 소원을 빌며 쌓았을 소원탑, 나무 의자, 움막, 은은한 초와 조명으로 꾸며놓은 허름한 외양간은 사람들이 줄을 서서 사진을 찍는 곳이다. 워낙 숲이 넓어 이것저것 구경하고 아무런 생각 없이 산책을 해도 한 시간은 넘게 걸린다.

이곳은 날씨가 맑은 날에 방문하면 사진이 환상적으로 나온다고 소문이 나서 인생사진을 찍으려는 사람들부터 웨딩촬영을 하러 오는 예비부부까지 다양하다. 더불어 길이 완만해서 어린이들도 부담 없이 산책을 할 수 있다. 그래서인지 혼자 여행을 온 사람부터 연인, 가족까지 여러 여행객들을 볼 수 있다. 주차 공간이 넉넉하고 볼거리에 비하여 많이 알려지지 않아 번잡함도 피할 수 있어 좋다. 또한 되도록이면 들판이 파릇파릇한 봄여름에 올 것을 추천한다.

아이와 함께 현장 학습 팁!

경사가 완만해서 아이들은 물론 부모님과 함께 걷기에도 매우 좋은 장소이다. 햇볕이 쨍쨍 내리쬐는 날에도 숲이 만들어 주는 나무 그늘 덕분에 등 따갑지 않고 시원한 산책을 즐길 수 있다. 숲에 들어가는 순간 피톤치드 향이 코를 상쾌하게 자극해서 가슴이 뻥 뚫리는 느낌이 들어 자연에서 힐링하기에도 최고다. 아토피가 있는 아이라면 더욱 좋아할 것이다. 마스크에 갇혀 답답했던 우리 아이들에게 이곳에서 마스크를 벗고 깨끗한 공기를 들이마시게 해 주자. 너무 시원하고 좋다며 엄지척 하는 아이들을 볼 수 있을 것이다.

비밀의 숲 주변 맛집

구좌우드스푼

잘 손질되어 가시 걱정 없는 제주 은갈치의 고소함을 아이들과 나눠 보자. 일품 제주 덮밥 전문점
위치 서귀포시 세평항로 38
전화 010-7927-2398
시간 11:00~20:00
메뉴 갈치덮밥 17,000원, 흑돼지덮밥 14,000원

지붕 위 제주바다

지붕 위에서 제주 바다를 바라보며 먹는 떡볶이, 전복밥, 수제튀김. 그냥 입에서 녹는다.
위치 제주시 구좌읍 평대2길 17
전화 070-8875-7812
시간 11:00~18:30 / 일요일 휴무
메뉴 쫄탱떡볶이 12,000원, 통전복주먹밥 5,000원, 수제모
     듬튀김 8,000원

하효살롱협동조합

제주도의 맛,
감귤 타르트 만들기

<하효살롱협동조합 정보>

📍 제주 서귀포시 효돈순환로 217-8
☎ 0507-1485-8183
🕐 1시간~1시간 30분 소요
🏧 감귤 타르트 만들기 15,000원 / 감귤 오메기떡 만들기 15,000원 / 감귤 과즐 만들기 15,000원 / 한라봉 향초 만들기 15,000원 / 풋귤청 만들기 15,000원 / 테우 만들기 15,000원

제주도 서귀포시 하효리는 감귤로 유명한 곳이다. 기후가 따뜻하고 원만하여 예로부터 감귤 농사가 잘 되었으며 감귤박물관도 근처에 있다. 효돈에 하효살롱협동조합이 생겨 지역의 경제에 도움이 되고 있다고 하니 긍정적인 소식이다. '하효맘'이라고 하는 하효살롱협동조합은 하효리에 사는 아주머니들이 조합을 결성하여 운영하는 곳이다.

이곳은 감귤 과즐로 유명하며, 직접 생산한 과즐을 전국으로 택배로 판매하고 있었다. 과즐뿐만 아니라 오메기떡, 감귤 타르트, 각종 제주도 관련 소품도 판매하고 있었는데 판매뿐 아니라 생산하는 물건들을 직접 체험해 볼 수 있도록 프로그램을 마련해 수익을 올리고 있었다.

감귤 타르트 만들기를 체험해 보았다. 타르트 모양의 빵에 크림치즈와 계란, 감귤 과즙을 넣어 섞는다. 섞은 반죽을 짤 주머니에 넣어 타르트 모양의 빵에 채워 넣는다. 타르트를 오븐에 구워낸 후 감귤로 모양을 내어 예쁘게 완성하면 된다. 그리 어렵지 않은 과정이어서 아이들도 재미있어 했다. 중간중간 어려움이 있으면 하효맘들이 도와주신다. 완성된 감귤 타르트는 예쁘게 포장해서 집에 가지고 갈 수도 있다.

이곳에서는 많은 관광객들이 제주도의 전통 음식인 오메기떡 만들기 체험을 한다. 아이부터 성인까지 흥미를 가지고 참여하니 제주도의 전통 음식을 이해하는 면에서도 도움이 된다. 하효맘들은 제주도 지역의 초중고 학교 방과 후 활동이나 특별 활동 시간에 초빙되어 제주도 전통 음식을 알리는 데 노력하고 있다. 제주도 내 학교에서는 이곳으로 현장 학습을 와서 오메기떡 체험, 과즐 만들기, 감귤 타르트 만들기 체험을 하고 간다니 교육적으로 많은 도움을 주고 있다.

제주도에는 아이들이 다양한 체험을 할 수 있는 공방이나 체험관들이 많다. 하효살롱협동조합은 제주도에 몇 개 있지 않은 제주도의 전통 음식을 만들어 볼 수 있는 체험관이라서 더욱 반갑다. 오메기떡, 감귤 과즐, 감귤 타르트 등을 구입하는 것을 넘어 직접 만들어 맛을 볼 수 있다면 이보다 특별한 체험은 없을 것이다.

제주 쿠킹 체험 가능한 곳

토토아뜰리에
텃밭에서 직접 가져온 재료로 요리하는 제주 로컬 쿠킹 클래스 카페.
- 제주시 애월읍 고성북길 112
- 064-745-7676
- 10:00~18:00(12:20~13:00 브레이크타임) / 월요일 휴무
- 제주 딱새우파에야 만들기 체험 34,000원, 제주귤머랭파이 만들기 체험 30,000원 등(네이버 예약 필수)

이나랜드-이나클래스
함께 동화책을 읽고 즐겁게 요리하며 과학까지 배우는 제주 쿠킹 클래스.
- 제주시 도평길 31
- 064-743-2618
- 별도 예약 진행
- 제주 키즈 쿠킹 클래스(가격 변동)

아이와 함께 현장 학습 팁!

여행을 가면 그곳의 유명한 음식을 먹어 보는 것이 큰 재미이다. 하지만 바쁜 일정 때문에 여행지 음식을 직접 만들어 보기에는 여유가 부족하다. 아이들과 함께하는 여행에서는 여유롭게 다니면서, 그 지역을 대표하는 음식을 먹기만 하지 말고 직접 만들어 보면 어떨까? 그 지역의 문화적 특색이 가장 잘 묻어나는 음식을 만들어 보자. 지역의 특징적인 식재료, 향신료, 조리법 등을 직접 체험하면서 음식 문화와 고유의 정서를 한꺼번에 체득할 수 있는 좋은 기회가 될 것이다.

하효살롱협동조합 주변 맛집

초이당

최현석 셰프가 운영하는 바다를 한눈에 볼 수 있는 카페다. 태흥리 바다 앞 넓은 정원과 널찍한 테이블 공간으로 편하게 즐기기 좋다.

위치 서귀포시 남원읍 남태해안로 259
전화 064-764-8142
시간 10:00~20:00
메뉴 아메리카노 5,000원, 제주 바다에 빠진 딸기 7,000원, 남원감귤라떼 7,500원

미스터크랩

살아있는 랍스터와 킹크랩을 매장에서 직접 눈으로 볼 수 있다. 덕분에 아이에게 안심하고 신선한 음식을 제공해 줄 수 있는 곳으로, 맛 또한 훌륭하다.

위치 서귀포시 남원읍 남태해안로 533
전화 0507-1471-5025
시간 11:30~21:00 / 월요일 휴무
메뉴 미스터크랩 시그니처 모듬(1인) 25,000원, 커플 세트(2인) 100,000원 패밀리 세트(4인) 200,000원

산방산 탄산온천

제주도의 신기한
탄산온천 체험

<산방산 탄산온천 정보>

📍 제주 서귀포시 안덕면 사계북로41번길 192
☎ 064-792-8300
🕐 1시간~1시간 30분 소요
🅦 대인 13,000원, 소인 6,000원 / 제주 도민 성인 9,000원. 도민 소인 6,000원 / 야외노천탕 5,000원, 찜질방 2,000원

산방산 탄산온천은 제주도 가장 남쪽인 서귀포시에 있으며 제주 최초의 대중 온천으로 알려져 있다. 이곳은 우리나라에서도 희귀한 탄산온천이다. 전국 온천의 95% 이상이 유황천인 반면에 이곳은 유리탄산 중탄산이온나트륨 성분이 많은 온천으로 유명하다. 피부로 흡수된 탄산가스가 모세혈관을 자극해 확장시키고 혈압을 내리고 심장의 부담을 덜어주는 효과가 있다. 산방산 탄산온천은 고혈압, 말초혈관 순환장애, 류머티즘 등 성인병 치료와 피로 회복, 피부 미용에도 좋다고 알려져 인기가 좋다.

산방산 탄산온천이 몸에 좋다는 것은 워낙 많이 알려진 사실이고 이곳이 더욱 유명한 이유는 주변의 경관 때문이다. 산방산이 바로 옆에 있고 서귀포의 아름다운 풍경이 한눈에 들어오는 곳에 있어 많은 관광객들이 찾고 있다. 특히 한라산이나 오름을 등산하고 온 관광객들이 피로를 풀기 위해 이곳에 많이 온다. 이곳은 2005년에 개장하여 시설이 낙후되어 있었는데 2020년에 실내 온천이, 2021년에 야외노천탕이 리뉴얼되어 지금은 깔끔한 시설을 갖추고 있다. 특히 온천을 즐기며 산방산과 오름의 풍경을 즐길 수 있도록 천장과 벽면이 유리로 설계되어 있어 자연 안에 들어가 있는 느낌이 든다.

ⓒ 산방산 탄산온천

여름에 이곳에 온다면 야외에 마련된 탄산온천 수영장에 가면 된다. 미지근한 온천수에서 물놀이를 하고 나오면 피부가 더 좋아진 느낌이 든다. 어른들은 노천탕에서 여유롭게 온천욕을 즐기고 아이들은 야외 수영장에서 놀 수 있으니 어른도 아이도 만족하는 선택이다. 또는 하루를 찜질방에서 즐길 수도 있다. 산방산 탄산온천에 마련된 찜질방은 가족 단위의 관광객들이 좋아하는 장소이다. 찜질방은 관광객들이 편하게 즐길 수 있도록 식당과 한증막, 수면실, 아로마 관리실 등을 갖추고 있다. 다른 찜질방과 크게 다를 것은 없지만, 한 가지 가장 큰 차이점은 찜질방 안에서 산방산과 제주의 멋진 바다를 볼 수 있다는 점이다. 따뜻한 곳에서 편히 쉬며 풍경을 감상할 수 있으니 제주도에서만 누릴 수 있는 호사가 아닐까 싶다.

산방산 탄산온천은 아이와 함께 하루 즐겁게 쉬다 올 수도 있고, 나이 드신 부모님을 모시고 가기에도 안성맞춤인 곳이다. 제주도의 멋진 풍경을 보며 건강도 챙길 수 있는 산방산 탄산온천에서 그동안 쌓인 피로를 풀며 힐링의 시간을 가져 보는 것은 어떨까?

아이와 함께 현장 학습 팁!

산방산 탄산온천은 아토피 피부염이 있는 아이들에게 좋다고 알려져 있다. 탄산 성분이 피부의 전해질 밸런스를 맞춰 주기 때문이다. 남녀 혼탕이므로 수영복 또는 면티, 면바지가 반드시 필요하고 흰옷은 물들 수 있으니 가급적 피하자. 수영복 대여도 가능하다. 영유아의 경우 방수 기저귀가 필수다.

탄산수는 31도가 넘으면 탄산이 사라지기 때문에 탄산 원천탕은 뜨거운 물이 아니라 약간 차가운 물에 가까우므로 탄산 원천탕과 온탕을 왔다 갔다 하면서 이용하면 된다. 개인별로 피부 상태와 컨디션에 따라 시간을 조절해 보자. 2분 동안 약한 피부부터 따끔따끔해지고 5분 정도 지나면 피부에 탄산 기포가 뒤덮인다. 10분 정도 지나면 온몸에 온기가 느껴진다. 이때 혈액이 잘 돌아 빈혈과 고혈압 예방 및 치료가 잘 되고 있는 것이고, 15분 정도 지나면 심장, 신장, 당뇨 등 몸의 장기에 좋은 영향을 준다고 한다. 다 하고 나면 피부가 보들보들해져서 아주 만족스러울 것이다.

===== 산방산 탄산온천 주변 맛집 =====

미도식당

산방산 탄산온천을 찾아가기 전에 든든하게 먹고 들어가기 좋은 식당이다.

위치 서귀포시 안덕면 사계남로216번길 11
전화 064-794-0642
시간 08:00~16:00
메뉴 옥돔한정식 17,000원, 고등어조림 45,000원

차귀도 요트 투어

럭셔리하게 제주 바다를 즐기는 방법

<차귀도 요트 정보>

📍 제주 제주시 한경면 한경해안로 156 (용수리) 2층
☎ 064-772-1321
⏰ 1시간~2시간 소요
₩ 로맨틱 선셋 투어(70분) 60,000원 / 돌고래섬 요트 투어(60분) 48,000원 / 럭셔리 요트 낚시(90분) 72,000원 / 힐링 단독 투어(60분) 800,000원 / 초보자도 즐길 수 있는 스노클링 투어 72,000원

차귀도는 면적 0.16km^{2}로 제주시 한경면 고산리에 딸린 무인도이다. 1973년도까지는 사람이 사는 유인도였으나 이후로 사람들이 살지 않으면서 무인도가 되었다. 고산리 해안 자구내 포구에서 약 2km 떨어진 곳으로 배를 타면 10분 정도 걸리며, 제주도 본섬과도 매우 가깝다. 제주 서부해역에 있는 차귀도는 수려한 자연경관과 깎아지른 듯한 해안절벽, 기암괴석이 절경을 이룬다. 차귀도를 중심으로 죽도, 지실이섬, 와도 등 작은 부속 섬들이 있다.

차귀도는 드라이브 코스로도 유명한 신창풍차해안도로 주변에 있다. 신창풍차해안도로를 따라 달리면 오른쪽으로 펼쳐지는 기이한 형태의 섬이 바로 차귀도다. 지금 사람은 살고 있지 않지만 차귀도의 관람은 허용되어 많은 관광객들이 차귀도를 찾고 있다. 특히 낚시꾼들에게는 더욱 유명하여 이곳에서 낚시를 하러 오는 사람들이 많다. 청정 해역인 만큼 크고 다양한 어종이 잡혀 낚시를 좋아하는 사람들에게는 꼭 와 보고 싶은 곳 중의 하나이다.

이렇게 빼어난 풍경을 바로 앞에서 볼 수 있는 요트 투어가 요즘 새로운 관광 상품으로 뜨고 있다. 차귀도 요트 투어는 한 시간에 1인당 60,000원을 지불하는 럭셔리한 체험 상품이다. 비록 비용은 비싸지만 제주도에서 특별한 추억을 남기고 싶은 사람들에게 인기가 좋다. 요트 체험을 예약하고 사무실에 도착하면 어른들은 하얀 실내

ⓒ 차귀도 요트 투어

화로 갈아 신어야 한다. 요트가 워낙 깔끔하게 관리되고 있다 보니 흙이 묻은 신발을 신고 들어갈 수가 없다.

　요트 내부에는 관광객을 위해 간단한 간식을 탁자 위에 준비해 두었고, 짧은 시간의 체험이지만 침대에 누워 볼 수 있는 등 요트의 시설을 자유롭게 사용할 수 있다. 요트에 설치된 그물에 앉아 밑으로 지나가는 푸른 바다의 모습을 보며 사진을 찍을 수 있다. 맑고 푸른 제주도의 바다와 함께 독수리 같기도 하고 커다란 고래 같기도 한 특이한 차귀도의 모습을 가까이에서 보고 있으면 제주도 여행이 더욱 특별해진다.

　요트 투어는 차귀도의 주변을 도는 차귀도 투어와 선상에서 낚시를 즐기는 선상낚시, 요트를 잠시 멈추고 스노클링을 즐기는 체험, 제주도의 일몰을 볼 수 있는 선셋 투어까지 다양한 프로그램이 준비되어 있다. 요트 투어는 10명 정도의 소수 인원만 체험하기 때문에 가족끼리 함께 간다면 특별한 여행이 될 수 있다. 최근에는 프라이빗 투어라고 해서 요트에서 프러포즈, 웨딩촬영을 하고 다양한 파티를 열 수 있어 많은 사람들이 요트를 체험하고 있다. 차귀도와 제주도의 서쪽 바다를 마음껏 관람할 수 있는 '차귀도 요트 체험'은 분명 사람들에게 멋진 추억을 선사할 것이다.

아이와 함께 현장 학습 팁!

요트 체험은 한 번쯤 해 볼 만하다. 먼바다를 향해 나아가는 그 자체가 아이들에게 설렘을 선사하기 때문이다. 깔끔한 내부에 마련된 침대는 집을 옮겨놓은 듯하여 캠핑이나 카라반에 온 듯한데 밖으로 나오면 푸른 바다와 절경이 펼쳐지니, 어른과 아이 할 것 없이 신나는 기분을 만끽할 수 있다. 특히나 차귀도는 큰 고래를 닮은 섬의 모습이 신기해서 아이들도 좋아한다. 낚시가 잘 되기로도 유명하여 낚시 체험을 함께해도 즐거운 추억을 담아가기 충분하다. 아이와 함께 요트를 탈 때는 아이의 컨디션을 충분히 체크하고 아이가 뱃멀미를 할 수도 있으니 사탕이나 멀미약 등을 준비하는 것이 좋다. 배를 타고 무인도에 갔다 오는 체험이니만큼 체험 전후 식사를 든든히 해서 에너지를 충전하자.

차귀도 주변 맛집

찰리아저씨맛집

성게국수와 소라회무침 맛집으로, 고기국수도 국물 맛이 일품인 곳이다.
위치 제주 제주시 한경면 용고로 118-2
전화 064-773-0145
시간 08:00~19:00
메뉴 성게국수 15,000원, 뿔소라회무침 25,000원, 고기국수 10,000원

아리아해물라면&김밥

파프리카와 오징어가 들어간 독특한 김밥과 육수가 진한 라면이 푸짐하게 나오는 곳이다.
위치 제주시 한경면 노을해안로 1174
전화 010-3325-3303
시간 08:00~21:00
메뉴 해물라면 16,000원, 아리아김밥 7,000원

제주 승마공원

제주도에서 즐기는 승마 체험

<제주 승마공원 정보>

📍 제주 제주시 애월읍 녹고메길 152-1
☎ 064-799-9540
📅 09:00~17:00
⏰ 1시간 소요
ⓦ 곶자왈(숲길)A 15분 44,000원 / 곶자왈(숲길)B 30분 66,000원

제주도로 여행을 올 때 사람들이 가장 먼저 떠올리는 체험 거리로 '승마 체험'을 들 수 있다. 제주도는 고려 시대부터 국가에서 말을 키우던 곳으로 지금도 제주도에는 드넓은 마방목지가 많다. 사실 제주도 승마 체험을 추천하는 것은 조심스럽다. 어느 업체에서는 노쇠한 말 몇 마리를 가지고 10~15분 돌고 나서 몇만 원씩 요구하는 경우도 많기 때문이다. 이러한 업체에서 승마 체험을 하면 모두들 실망한다. 하지만 '제주 승마공원'은 안심하고 추천할 만하다.

제주 승마공원은 제주도 중산간 지역에 있다. 승마공원이 있는 녹고메길은 제주도민들이 자주 찾는 노꼬메오름이 있는 곳으로도 유명하다. 궷물오름, 노꼬메오름 등 울창한 삼나무 숲이 인접해 초원 승마, 숲길 승마를 체험할 수 있다. 특히 이곳의 곶자왈 숲길 승마 체험은 다른 승마장에서 접할 수 없는 특별한 요소이다. 건강한 제주말을 타고 곶자왈 숲길을 산책하며 삼림욕을 즐기는 등 몸과 마음 모두 힐링을 할 수 있다.

승마공원에 도착하면 전문 강사의 안전 교육을 받는다. 말의 특징과 주의점, 체험을 할 때 중요한 점에 대하여 교육을 받고 안전 장비를 착용한다. 아이들의 경우 세심하게 강사가 지도해 주어 마음이 놓인다. 안전 장비 착용을 마치면 숲길 코스와 초원 코스를 선택해 체험할 수 있는데 각각 15분, 30분 코스로 나누어져 있다. 선택의

ⓒ 제주 승마공원

기준은 다르겠지만 이왕이면 30분 숲길 코스를 추천한다. 울창한 삼나무 숲길을 말을 타고 산책하는 특별한 경험을 할 수 있다. 승마 체험을 할 때 사진을 찍는 것이 쉽지 않아 아쉬울 때가 있는데 이 점도 크게 걱정하지 않아도 된다. 사진 촬영비를 내면 전문 사진사가 멋진 사진을 찍어 준다. 액자와 사진 10장에 5만 원이라 비싼 편이지만, 막상 사진을 받아 보면 돈이 아깝지 않다는 생각이 들 정도로 만족하게 된다.

승마에 관심이 많은 사람들을 위해 이곳에서는 오름 트래킹, 지구력 승마 훈련, 단체 연수, 유소년 승마 등 다양한 과정과 프로그램을 운영한다. 또한 제주도민과 장기간 제주살이를 하는 사람들을 위하여 승마 회원제도 운영하고 있다.

승마 체험은 비싼 체험비에 비하여 만족스럽지 못하다는 이야기가 많아 관광객들이 망설이는 경우가 있다. 그럴 때는 곶자왈 숲길을 말을 타고 체험하는 '제주 승마공원'에 방문해 보기를 바란다. 제주도의 멋진 풍경과 깨끗한 공기, 녹음을 만끽하며 힐링할 수 있는 특별한 시간이 될 것이다.

제주도를 떠올릴 때 가장 먼저 떠오르는 동물인 제주조랑말을 타고 제주도의 푸른 초원을 산책하는 이색적인 경험을 해보자.

아이와 함께 현장 학습 팁!

승마는 교육적으로 매우 유익한 운동이다. 승마는 우선 말의 성격과 특성 그리고 행동을 이해하는 데 도움을 준다. 또한 말을 타기 전과 후에 필요한 준비를 통해 기본적인 자세와 태도를 익힐 수 있다. 말을 타는 과정에서는 평형감각과 유연성을 키우는 데 도움을 받을 수 있으며, 바른 자세를 유지하는 데 필수적인 요소들을 배울 수 있다. 이것은 자세 교정에 매우 효과적이며, 온몸의 근육과 장기를 활발히 움직여 기초 체력 향상에 큰 도움을 준다.

승마를 통해 자신보다 큰 동물을 다루는 경험은 용기, 자신감, 그리고 성취감을 느끼게 하며, 집중력과 판단력을 향상시키는 데에도 기여한다. 제주의 아름다운 자연을 경험하고 말과의 교감을 통해 정서적인 안정감을 얻을 수 있으며, 이는 일상의 스트레스를 해소하는 데 큰 도움이 된다. 이러한 경험은 아이에게 제주의 자연과 말이 주는 교훈을 통해 힐링하고 배울 수 있는 소중한 시간을 선사해 주자.

제주 승마공원 주변 맛집

크라운 돼지

송훈 셰프가 운영하는 제주흑돼지전문점. 친절한 직원들이 재미난 제주흑돼지 스토리를 들려 주며 더 즐거운 식사시간을 즐길 수 있다.

위치 제주시 애월읍 상가목장길 84
전화 070-4036-5090
시간 12:00~21:00
메뉴 셰프의선택A(오겹살+목살+돈마호크) 62,000원

서핑 체험

시원한 바다에서
아이와 함께 서핑을

<서프로와>
📍 제주 제주시 테우해안로 132 바다사랑채 펜션 건물 지하1층
☎ 0507-1404-1833

<코코넛 서프>
📍 제주 서귀포시 중문관광로 205 1층 1호
☎ 0507-1313-1605

<월정퀵서프>
📍 제주 제주시 구좌읍 해맞이해안로 486 월정에비뉴 비101-2호 월정퀵서프
☎ 0507-1426-9025

제주도는 사면이 바다여서 서핑을 즐기기에 최적화된 곳이다. 서핑이 전국적으로 유행하면서 제주도에도 많은 서핑 숍들이 오픈을 해서 서핑을 배우는 사람들이 많다. 서핑을 위해 여름철 제주도에서 한달살이를 하며 서핑과 제주도 관광을 즐기기도 한다. 요즘은 초등학생들도 많이 배우는데 해변에서 서핑의 기본자세와 방법을 배우는 모습을 볼 수 있다. 서핑은 재미있는 스포츠이지만 체력 소모가 많아 중간 중간 휴식을 취하는 것이 중요하다.

이호테우해수욕장은 제주공항에서 매우 가까운 바다로 시내권에서 접근성이 좋다. 또한 파도가 높지 않고 일정해 초보자들이 서핑을 배우기에 좋다. 이곳에 가면 서핑을 처음 배우는 성인들과 어린이들이 많다. 또한 초보자들도 서핑을 연습하려고 이곳을 많이 찾는다. 이호테우 주변에는 유명한 음식점과 감각적인 카페, 펍이 많아 젊은 이들도 많이 찾는 곳이다.

서프로와

- 제주 제주시 테우해안로 132 바다사랑채 펜션 건물 지하 1층
- ☎ 0507-1404-1833
- 📅 09:00~19:00
- 🕐 3시간 소요
- ⓦ 서핑 강습(10:00, 14:00) 50,000원, 서핑 강습(1day) 110,000원 / 유소년 서핑 강습 80,000원 / 보드 렌탈(3시간) 30,000원 / 패들보드 렌탈(3시간) 40,000원 / 월회원 300,000원 / 연회원 900,000원

색달해수욕장은 우리나라에서 가장 큰 서핑대회가 열릴 정도로 서핑의 성지로 알려져 있다. 이국적인 느낌의 풍경과 넓은 해변이 멋지다. 서핑을 좋아하는 사람들이 이곳을 찾는 이유는 높은 파도 때문이다. 색달해수욕장은 파도가 높고 빨라 서핑을 좋아하는 사람들에게 사랑받는 곳이다. 그래서인지 이곳에 가면 서핑을 배우는 사람

뿐만 아니라, 상당한 수준의 고수들도 볼 수 있다. 또한 색달해수욕장은 멋진 카페와 음식점이 많고 외국인들도 많아 젊은이들에게 인기가 좋다.

코코넛 서프

📍 제주 서귀포시 중문관광로 205 1층 1호
☎ 0507-1313-1605
📅 09:00~18:00
🕐 3시간 소요
🅦 서핑 강습(보드 포함) 60,000원 / 보드 렌트(3시간) 30,000원 / 보드 렌트(종일) 50,000원 / 수트 대여 10,000원

월정리는 바다도 예쁘지만 파도도 일정하게 쳐서 서핑하기에 좋다. 파도는 색달해수욕장처럼 높지 않고 이호테우해수욕장처럼 낮지도 않아 딱 적당하다. 월정리 바다는 일찍이 젊은이들이 사진을 찍으러 오는 인스타의 성지로 알려져 있다. 주변에는 타코, 펍, 카페, 치킨 가게 등 맛있고 멋진 곳이 많아 서핑을 즐기며 맛집도 찾아다닐 수 있다. 월정리는 여름철이면 부표를 띄워 바다를 두 군데로 나누어 왼쪽에서는 튜브를 타고 물놀이를 즐길 수 있고, 오른쪽에서는 서핑, 패들보드 등의 수상스포츠를 즐길 수 있다. 물놀이를 위해 온 관광객과 서핑족들이 섞이지 않아 안전하다.

월정퀵서프

📍 제주 제주시 구좌읍 해맞이해안로 486 월정에비뉴 비101-2호 월정퀵서프
☎ 0507-1426-9025
📅 09:00~18:00
🕐 3시간 소요
🅦 서핑과 스노클링 50,000원 / 서핑보드 렌탈(3시간) 30,000원, 보드 렌탈(1day) 50,000원 / 패들 보드 렌탈 + 구명조끼(2시간) 30,000원 / 월정리 & 코난비치 스노클링 20,000원 / 슈트 렌탈 10,000원 / 서핑 캠프(1박 2일) + 영상 촬영 160,000원, 서핑 캠프(2박 3일) + 영상 촬영 240,000원

아이와 함께 현장 학습 팁!

보통 성인과 초등학생이 함께 강습을 받고 물에 들어가면 초등학생이 성인보다 더 잘하는 경우를 많이 볼 수 있다. 아이들은 몸무게가 많이 나가지 않아 보드 위에서 중심을 잃지 않고 서 있는 것이 더 유리하기 때문이다. 따라서 어릴 때 배울수록 더 즐겁고 더 쉽게 접근할 수 있는 스포츠이다. 액티비티 체험을 좋아하는 아이라면 초등 저학년 때부터 서핑에 도전해 볼 것을 추천한다.

서핑은 날씨 특히 바람의 영향을 많이 받는다. 자연과 바다가 허락해야 즐길 수 있는 스포츠다. 좋지 않은 파도는 넘기고 때를 기다렸다가 좋은 파도가 왔을 때 준비된 몸을 움직여 파도에 올라타야 한다. 서핑 체험을 통해 우리는 자연 앞에 겸손해지는 것, 기다리는 자세, 나에게 허락된 좋은 파도를 잡는 방법, 타이밍에 맞게 올라타는 경험 등을 배울 수 있다. 어쩌면 우리 아이들이 인생을 살면서 배워야 할 태도가 서핑에도 그대로 담겨있는 건 아닐까?

이호테우해수욕장 주변 맛집

올래흑돼지정육식당

서핑 후 배고픈 아이들 흑돼지 흡입하는 곳. 가격도 인심도 착한 식당.

위치 제주시 테우해안로 166
전화 0507-1316-1259
시간 10:00~22:00
메뉴 흑돼지 1인 상차림 5,000원

중문색달해변 주변 맛집

해심가든

부드러운 돼지고기로 인기 최고인 맛집.

위치 서귀포시 천제연로 203-4
전화 064-738-2820
시간 12:30~21:30
메뉴 돼지생갈비(300g) 23,000원, 돼지양념갈비 (300g)
    23,000원

월정리 주변 맛집

멘도롱돈까스

두툼하고 육즙이 살아있는 돈까스를 맛볼 수 있는 곳. 눈꽃 치즈돈가스에 소스를 뿌려 먹으면 눈도 즐겁다.

위치 제주시 구좌읍 월정7길 58
전화 064-783-5592
시간 11:00~16:30 / 목요일 휴무
메뉴 맨도롱 돈까스 12,000원, 매콤 돈까스 13,000원, 눈꽃
    치즈 돈까스 14,000원

타코마씸

서핑이나 물놀이하다가 배고플 때 찾아가면 좋은 식장이다. 테이크아웃하여 월정리 바다를 감상하며 먹기에도 그만이다.

위치 제주시 구좌읍 해맞이해안로 474
전화 064-782-0726
시간 11:00~19:30 / 월요일 휴무
메뉴 흑돼지 타코 10,000원, 채식타코 11,000원

당근 체험

아이부터 어른까지
수확의 기쁨을 느껴 봐요

< 당근 체험 정보>

📍 제주 제주시 구좌읍 김녕리 일대
☎ 010-8631-3913
🕐 1시간
₩ 1인당 10,000원

제주도 구좌읍은 당근이 유명한 곳이다. 제주 당근이 맛있는 이유는 바로 제주도의 검은 흙과 땅 때문이다. 제주 밭의 흙은 화산회토인데 다양한 화산 분출물이 섞여 있어 영양분이 많고 물 빠짐이 좋아 맛있는 당근을 생산하기에 적합하다. 구좌읍 지역이 가장 늦게 화산 활동이 일어난 곳이라 화산회토의 특성이 그대로 있다고 한다. 우리나라 당근의 65%가 제주에서 생산되고 제주 당근의 90%가 구좌읍에서 생산된다고 하니 놀라운 사실이다. 제주도의 까만 흙은 뿌리작물이 자라기에 좋은 조건을 가지고 있어 당근, 무, 감자 농사가 잘 되어 이것을 제주도의 3대 농작물이라 부른다.

당근 체험을 하기 위해서는 당근 수확 정보를 얻는 것이 중요하다. 대부분 카페 '제주맘'에 정보가 올라오는데 체험 3일 전까지 문자로 예약을 하고 체험비를 입금하면 된다. 체험 당일에 문자로 밭 주소를 알려 준다. 갈 때 꼭 필요한 것은 장갑이다. 어른 장갑은 준비가 되어 있지만 아이들 장갑은 따로 가져가야 한다. 당근은 줄기를 잡고 돌려서 당기면 쏙 뽑히며 땅에 묻힌 당근이 제법 커서 수확의 기쁨을 느낄 수 있다.

당근 체험에서는 1인당 5kg을 가져갈 수 있다. 두 명이 예약하면 10kg용 박스를 주며 3명이 가면 10kg 박스와 5kg 박스를 준다. 그 안에 당근을 담으면 된다. 박스의 날개까지 올려 가득 담을 필요는 없다. 수확을 마치고 가져갈 때는 저울에 무게를 달아

박스 테이프로 포장을 해 주기 때문에 무게를 초과한 것은 반납해야 한다. 당근을 수확하려면 인건비가 상당한 부담이었을 텐데 체험으로 진행하면서 인건비를 줄이고 체험객들에게 수확한 당근을 팔 수도 있으니 참 좋은 방법이다.

당근밭 너머 보이는 푸른 김녕 바다는 덤이다. 당근은 가을철에 파종하여 겨울에 수확하는데 제주도 당근은 3월까지도 수확을 한다고 하니 수확시기를 잘 맞추어 체험 예약을 해야 한다. 함께 땀을 흘리고 보람을 느끼는 소중한 시간이 될 것이다.

아이와 함께 현장 학습 팁!

농산물 수확 체험의 교육적 효과는 헤아릴 수 없이 많다. 흙을 만지고 느끼며 정서적 안정감을 얻고, 땀 흘리는 노동의 가치를 체감하며, 자연이 주는 건강하고 싱싱한 농산물을 얻는 수확의 기쁨. 거기에 또 하나, 가족과의 대화가 많아지고 밝아진다는 점을 강조하고 싶다. "라떼는 말이야~ 이런 거 몇 날 며칠씩 죽어라고 하고 다녔어. 아빠가 얼마나 잘하는지 볼래?", "오~ 아빠 짱! 엄마! 나 더 뽑을래! 재밌어!", "오늘 당근 요리나 실컷 해 먹어야겠다. 뭐 해 먹을까?", "난 카레 먹고 싶어!", "난 계란말이!", "오~ 좋다 좋아!" 이런 대화가 오고가는 신나는 가족의 모습을 발견하게 될 것이다.

=== 구좌읍 주변 맛집 ===

구좌상회
인생 당근케이크를 맛볼 수 있는 곳!
위치 제주시 조천읍 선교로 198-5 구좌상회
전화 010-6600-6648
시간 10:30~18:00 / 수요일 휴무
메뉴 당근케이크 7,500원(포장 가능)

제주대학교 벚꽃길

전국에서 가장 먼저 벚꽃이 피는 곳

<제주대학교 벚꽃길 정보>
📍 제주 제주시 제주대학로 102
⏰ 1시간 소요
🏧 무료

우리나라에서 벚꽃을 가장 먼저 볼 수 있는 곳은 제주도이다. 육지의 벚꽃이 4월 초중순에 만개한다면 제주도의 벚꽃은 3월 말이면 이미 꽃망울을 터뜨린다. 만약 벚꽃을 남들보다 먼저 즐기고 싶다면 제주도로 오면 된다. 제주도에서 벚꽃으로 유명한 곳이 몇 군데 있다. 제주시 쪽으로는 전농로, 삼성혈, 제주대 벚꽃길이 유명하다. 서귀포 쪽으로는 녹산로, 신풍리 벚꽃길, 예래생태공원, 서호동 벚꽃길이 유명하다.

그중에서 제주대 벚꽃길은 제주도민이 1순위로 꼽는 벚꽃 명소이다. 제주대학교 벚꽃길의 나무는 모두 고령이기에 나무가 크고 벚꽃이 탐스럽기 때문이다. 나무가 크니 가지가 쭉 뻗어있어 길을 벚꽃 터널로 만든다. 거기에 1km에 달하는 제주대 가는 길을 벚꽃으로 덮고 있으니 걷는 곳 모두 최고의 사진 스폿이다.

벚꽃길을 걷다 보면 제주대학교 학생들이 좋아하는 음식점과 카페가 있어 배가 고프거나 커피 한잔이 하고 싶을 때 방문하기 좋다. 제주대의 숨은 맛집과 예쁜 가게들을 볼 수 있는 것은 또 다른 재미 요소이다. 벚꽃은 낮에 보아도 멋지지만 해가 진 저녁에 보아도 멋지다. 하얀 벚꽃은 꽃 조명을 밝혀놓은 것처럼 주변을 밝게 만든다. 어두운 하늘과 하얀 벚꽃이 어우러진 풍경을 보려고 저녁 식사를 마치고 산책을 오는 주민들이 많다. 길이 평탄하고 인도가 잘 조성되어 있어 안전하게 걸을 수 있으니 가족들과 함께 오기에 좋다.

아이와 함께 현장 학습 팁!

초등 1~2학년 아이들은 학교에서 '봄'이라는 교과서로 봄 계절에 대해 공부한다. 봄의 특징, 봄에 볼 수 있는 식물 등을 배운다. 그래서 계절의 변화가 찾아오면 이를 아이들이 온몸으로 느끼게 해 주었을 때 학교에서 배운 내용이 자신의 체험과 합쳐져 더 잘 이해될 것이다. 봄이 왔음을 알리는 계절의 변화를 직접 느끼기에는 벚꽃 구경이 제격이다.

아이들과 함께 벚꽃 구경을 할 때에는 너무 코스가 길지 않고 번잡하지 않은 곳이 좋다. 또 오르막이 심하지 않은 평평한 길을 걸어야 아이들도 힘들어하지 않고, 유모차를 타는 동생도 함께할 수 있어 좋다. 이런 모든 조건을 두루 갖춘 곳이 제주대 벚꽃길이다. 대로변에 벚꽃이 활짝 피어 있고 그 길을 따라 쭉 걸어가기만 하면 된다. 좀 지칠 때쯤 벚꽃길의 끝이 보이고 맛있는 음식점에 앉아 있다 가기도 좋다.

제주대학교 주변 맛집

카페 메콩스카이

베트남 현지 스타일로 조리하는 베트남 음식 전문 레스토랑. 반미 샌드위치는 아이들에게도 인기!
위치 제주시 제주대학로 77
전화 064-757-4566
시간 11:00~21:30
메뉴 쌀국수 10,500원, 불고기 반미 8,500원, 월남쌈 11,500원

텐동아우라

신선한 재료로 갓 튀겨 너무 맛있는 제주 텐동 전문점
위치 제주시 제주대학로7길 9 1층 아우라키친
전화 064-757-3774
시간 10:30~18:30 / 일요일 휴무
메뉴 제주돌문어텐동 18,000원, 전복텐동 17,000원

서귀포 잠수함

수심 40m까지
볼 수 있는 특별한 경험

ⓒ 서귀포 잠수함

<서귀포 잠수함 정보>
- 📍 제주 서귀포시 남성중로 40
- ☎ 0507-1448-6061
- 🕐 1시간 10분 소요
- Ⓦ 승선요금 대인(만 14세 이상) 65,000원, 소인(만 3~14세 미만) 44,000원 / 도립공원료 별도 성인 1,000원, 청소년 800원, 소인 500원

제주도 잠수함 체험은 많은 사람이 제주도 바다 깊은 곳까지 탐험할 수 있다는 점 때문에 궁금해하는 이색 체험이다. 제주도에는 잠수함 체험을 할 수 있는 곳이 몇 군데 있는데 그중에서 가장 유명한 곳이 '서귀포 잠수함'과 '우도 잠수함'이다. 두 잠수함 모두 제주도의 아름다운 바다를 탐험할 수 있다는 점에서는 같지만 서귀포 잠수함은 다른 잠수함에 비하여 더 깊이 내려간다.

　서귀포 잠수함은 천지연 폭포와 새연교, 새섬을 볼 수 있는 서귀포 관광지 내에 있다. 서귀포 여행을 할 때 이러한 관광지를 코스로 묶어 일정을 짜는 것도 좋은 방법이다. 일단 가격대는 저렴하지 않다. 거기에 공원료가 별도로 있어 체험을 하는 것이 부담될 수 있다. 대신 인터넷을 통해 미리 예약을 한다면 조금 더 저렴하게 이용할 수 있다.

　잠수함을 타기 위해서는 신분증이 필요하다. 아이들의 경우는 주민등록 등본이나 가족 관계 증명서가 필요하니 잊지 말아야 한다. 승선신고서를 작성하고 신분증과 함께 제출하면 신분 확인을 거쳐 승선을 할 수 있다. 잠수함을 타려면 먼저 서귀포 선착장에 가서 수송선을 타야 한다. 약 5분간 문섬으로 이동해 잠수함으로 옮겨 탄다. 수송선을 타고 잠수함으로 가는 동안 아름다운 서귀포 바다를 관람할 수도 있다. 새연

교와 새섬, 멋진 주상절리를 볼 수 있다. 문섬 해상정거장에 도착하면 잠수함이 있는데 배에서 내려 협소한 둥근 통로의 사다리로 잠수함에 탑승한다. 잠수함 정원은 67명으로 잠수함 내부의 둥근 창마다 관람할 수 있는 좌석이 마련되어 있다. 승객들이 모두 탑승하면 드디어 잠수함이 바다 밑으로 내려간다. 그러면 전문 다이버들이 잠수함을 따라다니며 관람을 도와준다. 이 잠수함은 국내에서 유일하게 해저 10~45m를 관람할 수 있어 볼 것들이 많다. 우선은 바닷속 바위와 형형색색의 해조류를 볼 수 있다. 눈앞에서 헤엄치는 다양한 물고기들도 볼 수 있는데 관광객을 위해 다이버들이 물고기 먹이로 물고기들을 몰고 다니는 모습이 장관이다. 또한 예쁜 색깔의 산호초들이 신비로웠다. 잠수함을 타지 않으면 볼 수 없는 아름다운 바닷속 모습에 사람들이 왜 잠수함 체험을 하는지 알 수 있었다. 잠수함에서 바닷속을 탐험할 수 있는 시간은 30분 정도인데 눈 깜짝할 사이에 시간이 지나가 버린다.

  잠수함이 바다 위로 떠 오르면 다시 수송선으로 옮겨 타서 서귀포 바다를 한 바퀴 관람할 수 있다. 아름다운 제주도 바다와 섬, 주상절리는 잠수함 여행의 아쉬움을 달래 준다. 선착장에 도착하면 잠수함을 탈 때 찍었던 가족, 연인, 독사진이 첨부된 '해저탐험증명서'를 받을 수 있어 기념품으로 간직할 수 있다.

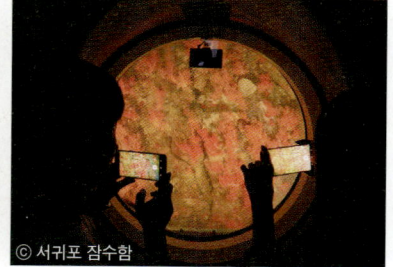

아이와 함께 현장 학습 팁!

배 한 척당 승선 인원에 제한이 있기 때문에 사전에 전화 예약을 하는 것이 필수적이다(인기가 많아서 평일에도 예약이 다 차 있는 경우가 많다.). 배를 탈 때는 승선신고서 작성은 물론 신분증 확인이 필수적인 절차이기 때문에, 아이들의 경우에는 주민등록등본이 꼭 필요하므로 미리 준비해 가야 한다.

배를 타고 가서 잠수함으로 갈아탈 때, 아이들은 자신들이 좋아하는 바다 탐험대 캐릭터로 변신한 듯한 상상을 하며 큰 즐거움을 느낀다. 바닷속에서만 볼 수 있는 독특한 동식물, 예를 들어 가시복어나 산호를 직접 관찰하게 되면 아이들은 이 신비한 세계에 대해 깊은 호기심과 신기함을 표현한다. 만약 평소에 바다 생물이나 자연에 대한 책을 읽고 이 경험을 하게 된다면, 학습의 즐거움이 더욱 커질 것이다. 이러한 경험은 아이들에게 새로운 지식을 탐구하는 기회를 제공함과 동시에 상상력을 자극한다.

=== 서귀포 잠수함 주변 맛집 ===

영빈횟집

소문난 서귀포 횟집으로 아이들을 데려가기 좋다고 알려져 있다.
위치 서귀포시 칠십리로 129
전화 064-732-3488
시간 11:00~22:00 / 휴무 변동
메뉴 일품코스(1인당) 50,000원

차귀도 낚시 체험

초보자도 손맛을 느낄 수 있어요

ⓒ 차귀도 달래 배낚시

<차귀도 진성배 낚시>

📍 제주 제주시 한경면 노을해안로 1164-4 1층 ☎ 010-2881-2926
🕐 1시간 40분 소요 ⓦ 고등어+한치체험낚시(7시 출항) 40,000원 / 주간 3시간 대인 30,000원, 소인 25,000원 / 일몰낚시(5시 40분 출항) 13,000원 / 주간 1시간 대인·청소년 13,000원, 소인(초등 6학년까지) 10,000원

<차귀도 달래배 낚시>

📍 제주 제주시 한경면 노을해안로 1160 ☎ 0507-1398-5156
🕐 1시간 40분 소요 ⓦ 돌핀뷰배낚시 25,000원

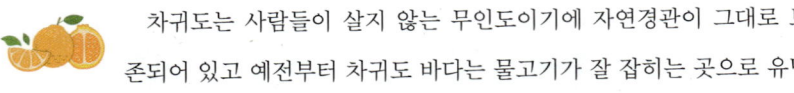 차귀도는 사람들이 살지 않는 무인도이기에 자연경관이 그대로 보존되어 있고 예전부터 차귀도 바다는 물고기가 잘 잡히는 곳으로 유명하다. 그래서 지금도 많은 낚시꾼들이 배낚시를 즐긴다. 제주도에는 배낚시를 체험할 수 있는 곳이 많지만 이곳에서는 특히 물고기가 잘 잡혀 손맛을 제대로 느낄 수 있다. 그래서 낚시 체험을 하려는 사람들이 많이 찾고 있다.

배낚시 체험은 배의 크기에 따라 승선 인원이 다르지만 한 배에 10~20명 정도 탈 수 있다. 배낚시 체험을 하기 전에 꼭 멀미약을 먹어야 한다. 체험 배는 대부분 작은 어선이기에 파도에 따라 움직임이 심해 멀미가 심한 사람들에게 멀미약은 필수이다. 또한 미끼를 끼울 때 착용하는 목장갑도 필요하다. 작은 배라고 해도 사고에 대비해야 하기에 승선신고서는 필수로 작성해야 한다. 구명조끼를 입는 것은 당연한 절차이다. 이렇게 모든 준비가 끝나면 작은 배에 타고 차귀도 주변의 낚시 스폿으로 선장님이 배를 몬다. 배가 자리를 잡으면 낚시가 시작된다.

배낚시의 미끼는 작은 새우다. 작은 새우를 낚싯바늘의 모양대로 꼬리부터 머리까지 끼워 바다에 던져 보자. 흔히 낚시는 기다림이라고 하지만 차귀도 배낚시는 그 말이 적용되지 않는다. 혹한기 겨울을 제외하고는 미끼를 던지면 지루할 틈이 없이 입

질이 있어 낚시의 맛을 느낄 수 있다. 또한 계속해서 올라오는 물고기에 낚시 초보도 신이 난다. 대부분 낚싯줄 하나에 미끼를 세 개 정도 매달아 던지는데 운이 좋으면 물고기 2~3마리가 한 번에 올라오기도 한다. 낚싯줄이 엉키거나 미끼를 잘 끼우지 못한다면 친절하신 선장님이 세심하게 도와주시기에 낚시 경험이 없는 초보자나 아이들도 걱정할 필요가 없다. 1시간 남짓의 체험이 끝나면 체험객들이 잡은 물고기를 가지고 선상 파티를 즐긴다. 능숙한 솜씨로 횟감을 손질해 주시는 선장님 덕에 체험객들은 갓 잡은 신선한 회를 맛볼 수 있다. 어느 고급 횟집의 음식이 내가 잡은 물고기 회보다 맛있을까? 어른, 아이 할 것 없이 환상적인 맛을 경험할 수 있다.

제주도는 물고기 종류가 다양하기로 유명하다. 제주도에서 배낚시를 체험하려면 시기를 잘 고려해야 한다. 추운 겨울에는 물고기도 활동량이 적어 손맛을 보기 어렵지만 수온이 따뜻해지는 봄과 여름, 가을에는 제대로 손맛을 볼 수 있다. 특히 5~6월에는 제주도만의 별미인 한치도 쉽게 잡을 수 있으니 기대해도 좋다. 온 가족과 배낚시를 체험하며 선상 파티를 즐기는 상상을 하면 누구라도 가슴이 뛸 것이다. 다음 제주도 여행에서는 배낚시 체험을 꼭 여행 계획에 넣어 보자.

아이와 함께 현장 학습 팁!

뱃멀미를 방지하기 위해 배 타기 전 든든한 식사는 필수! 오전에 배를 탄다면 아침 식사를 든든한 밥으로 꼭 챙겨 먹도록 하자. 멀미약도 미리 먹는 게 좋다. 아이의 손에 잘 맞는 목장갑도 준비하고, 아이 몸에 잘 맞는 구명조끼를 미리 챙겨가서 입히는 것도 좋다. 특히 장갑은 모든 사람들이 착용하도록 넉넉히 준비해야 한다. 미끼를 교체할 때 낚싯바늘에 찔릴 위험이 있기 때문이다.

낚시를 할 때 주의할 점과 방법을 잘 알려 주면 아이들이 금방 적응하여 쉽게 낚시를 즐길 수 있게 된다. 특히 차귀도는 물고기가 많아 요령만 잘 터득하면 많은 물고기를 낚을 수 있다. 하지만 대부분 착한 우리 아이들은 두어 마리 정도만 남겨 두고 다시 바다로 돌려보낸다. 내가 먹을 만큼만 갖고 자연으로 보내는 아이들의 따뜻한 마음을 칭찬해 주자.

===== 차귀도 주변 맛집 =====

금자매식당

영양 만점 깔끔하고 정갈한 음식들로 가득 찬 식당. 먹고 나면 기분이 좋다.
위치 제주시 한경면 용고로 154
전화 064-773-9991
시간 10:30~19:30 / 수요일 휴무
메뉴 명문새(명란+문어+새우)돌솥밥정식 22,000원, 오치새(오징어먹물+한치+새우+날치알)돌솥밥정식 22,000원, 무농약곤드레돌솥정식 19,000원

모슬포항과 대방어 축제

대방어의 쫄깃함을 맛볼 수 있는 곳

<모슬포항과 대방어 축제 정보>

📍 서귀포시 대정읍 하모항구로 30 모슬포항 일원
☎ 064-792-0088
📅 매년 11월 중순~말경까지 오전 10시~오후 6시
🕐 1시간 소요
₩ 입장료 없음 / 방어회 한 팩 만 원

모슬포항은 제주도 남서부 지역의 대표적인 항구이다. 모슬포 지명의 어원은 '모살개'로 '모래가 있는 포구'라는 뜻이다. 예로부터 강한 바람에 의해 해안사구가 발달했던 대정읍 상·하모리 해안 지역을 부르던 것에서 시작되었다고 한다. 모슬포항 앞바다로부터 마라도 남쪽 바다 사이에는 방어, 옥돔, 자리돔 등 다양한 어족이 서식하여 예로부터 황금 어장으로 소문이 난 곳이다.

특히 이곳은 대한민국 최대의 방어 생산지이다. 10월부터 2월까지 마라도를 중심으로 방어 어장이 형성되며, 매년 11월에는 모슬포항 일원에서 '최남단 대방어 축제'가 열린다. 겨울철 방어를 맛보고 싶은 사람들이면 누구나 기다리는 행사이다. 우리나라 최대의 방어 축제인 만큼, 가격과 양이 기대 이상이다. 포장 용기에 방어회를 가득 채워 주는데 저렴한 가격에 미소가 지어진다.

또한 모슬포항에는 조업을 마치고 돌아온 고기잡이배를 볼 수 있는데 그물에 걸린 물고기를 분리하고 있는 모습도 볼 수 있다. 이때 다양한 바다생물들을 보는 재미가 쏠쏠하다. 아이들이 신기한지 한참 동안 일하는 어민들을 어깨 너머로 구경을 한다. 방어 축제에 가서 어부들이 일하는 모습과 다양한 바다생물도 구경할 수 있으니 이보다 건전한 체험학습이 있을까? 만약 11월에 제주도 여행을 계획하고 있다면 모슬포항에서 열리는 '최남단 방어 축제'에 참석해 보자.

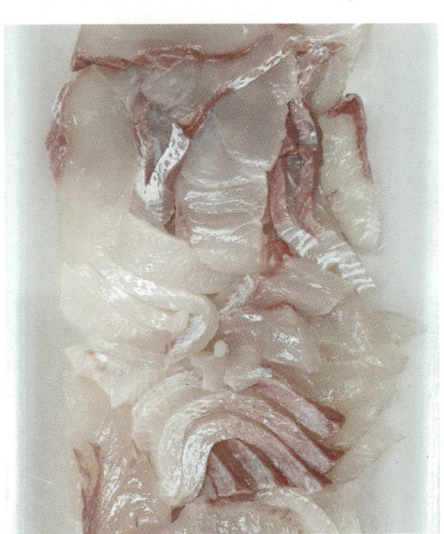

아이와 함께 현장 학습 팁!

　도시에 사는 아이들은 어부들이 조업하는 모습을 직접 볼 기회가 많지 않다. 우리가 먹는 생선을 접하기까지의 과정을 이야기 나누어 보며 산업, 경제 등과 연결 지어 생각해 보게 할 수 있다. 어부들이 손을 모아 그물을 잡고 함께 작업하는 모습을 보며 협업의 중요성에 대해서도 대화를 해 보자. 또 1차 산업(농업, 어업 등)에 일손이 부족하다고 하는데 그 이유가 무엇인지 질문을 던져 보는 건 어떨까? 우리나라 산업 구조의 변화, 산업군 종사자들의 변화, 이런 현상이 미래 사회에 어떤 영향을 미치게 될 것인지 보고 느끼며 생각해 보는 시간을 가져 보자.

　축제 장소에는 사람이 많은데 이때 부모의 태도를 보며 아이들이 영향을 받는다. 특히 줄을 설 때 질서를 지키는 모습, 타인에게 크게 방해가 되지 않는 범위 내에서 원하는 것들을 얻기 위해 민첩하게 행동하는 모습, 행사장 직원을 대하는 태도 등은 자녀들이 고스란히 보고 몸에 배게 된다. 여행 육아는 아이들의 직접적인 체험을 통해 보고 듣고 습득하는 과정이기 때문에 여행 중 부모님의 행동 하나하나가 아이들에게 직접적인 영향을 주고 이것이 곧 산교육이 된다.

모슬포항과 대방어 축제 주변 맛집

미영이네식당

모슬포 고등어회 맛집. 방어회와 물회도 맛있다.

위치　서귀포시 대정읍 하모항구로 42
전화　064-792-0077
시간　11:30~22:00 / 수요일 휴무
메뉴　고등어회(대) 85,000원, 고등어구이 15,000원, 방어회
　　　(변동)

아이와 떠나는 제주 여행 버킷리스트

자연편

사려니숲 | 용두암·도두동 무지개해안도로 | 큰엉해안경승지 | 성산일출봉·거문오름 | 아이와 함께 가기 좋은 오름 10곳 | 섭지코지 | 돈내코 유원지 | 쇠소깍 | 표선해수욕장·이호테우해수욕장 | 정방폭포 | 천지연폭포 | 천제연폭포 | 우도 | 가파도 | 비양도 | 마라도 | 1100고지 습지 | 한담해안산책로 | 월정리 바다 | 색달해수욕장 | 성이시돌목장 | 송악산 | 안덕계곡 | 어영공원 | 만장굴

사려니숲

피톤치드를
가슴 깊숙하게 마셔요

<사려니숲 관람 정보>

📍 제주 제주시 조천읍 교래리 산137-1
☎ 064-900-8800
📅 09:00~17:00
🕐 2~3시간 소요
🅦 무료

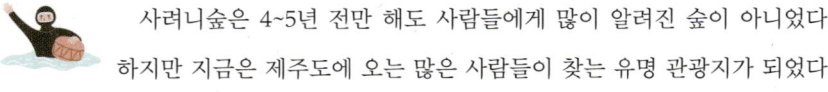
　　사려니숲은 4~5년 전만 해도 사람들에게 많이 알려진 숲이 아니었다. 하지만 지금은 제주도에 오는 많은 사람들이 찾는 유명 관광지가 되었다. 이로 인해 제주도청에서는 사려니숲 붉은오름 입구 쪽에 관리사무소를 짓고 주차장을 정비하고, 커다란 화장실도 새로 지어 관광객을 맞이하고 있다.

　사려니숲은 제주의 숨은 비경 31곳 중 하나로, 비자림로를 시작으로 물찻오름과 사려니오름을 따라 이어지는 삼나무가 우거진 숲길이다. 사려니오름까지 이어지는 숲길이기 때문에 사려니숲길이라고 불린다. '사려니'는 '신성한 숲' 혹은 '실 따위를 흐트러지지 않게 동그랗게 포개어 감다.'라는 뜻으로 숲길을 거닐면 상쾌한 삼나무 향에 둘러싸인 느낌을 받을 수 있다. 빽빽한 삼나무뿐만 아니라 졸참나무, 서어나무, 때죽나무, 편백나무 등 다양한 수종이 서식하고 있다. 사려니숲길은 본래 숲의 모습이 많이 훼손되지 않아 트래킹을 좋아하는 여행자들이 즐겨 찾는다. 지난 2002년에는 유네스코 제주 생물권 보전지역(Biosphere Reserve)으로 선정되었다. 숲 보호를 위해 자연휴식년제로 '물찻오름'의 탐방을 제한했었으나, 한시적으로 이곳을 개방하는 사려니숲 에코힐링(Eco-Healing) 행사가 열리기도 했다.

　사려니숲을 탐방하는 코스는 두 가지가 있는데, 사전에 미리 알고 가야 당황하지

않는다. 첫 번째 코스는 '사려니숲 주차장 → 조릿대숲길 → 숲길 입구(비자림로변) → 물찻오름'으로 이어지는 코스이다. 이곳은 자연 그대로의 모습을 볼 수 있어 좋지만, 길이 잘 정비되지 않고 가파르기 때문에 가족끼리 오는 것은 추천하지 않는다. 실제로도 물찻오름에 오르려는 사람들만 이 코스를 찾는다.

두 번째 코스는 붉은오름 입구에서 출발하는 코스이다. 이곳은 붉은 화산송이 길과 빼곡한 삼나무 숲길을 만끽하고 싶은 사람들이 오는 곳이다. 숲속으로 들어가는 미로 숲길이 잘 조성되어 있고 바닥에는 야자 매트가 깔려 있어 안전하다. 쭉쭉 뻗은 삼나무 숲의 맑은 공기를 느낄 수 있다. 붉은오름까지 올라가지 않고 되돌아 나와도 숲을 느끼기에 충분하다. 오름 등반이 목적이 아니고 사려니숲에서 힐링을 하고 싶다면 붉은오름까지 올라가지 않고 되돌아오는 것이 낫다. 입구에서 올라갈 때는 화산송이 길로 가서 다시 내려올 때는 미로 숲 코스로 오면 숲의 향기를 충분히 느끼고도 남는다.

사려니숲은 길이 가파르지 않고 편하게 이어져 있어 아이를 동반한 가족들이 많이 찾는다. 또한 아토피가 있거나, 비염으로 고생하는 사람들이 가면 좋다. 실제로 숲에 한동안 있으면 코가 상쾌해지는 느낌을 받는다. 제주도에서 바다뿐 아니라 숲을 느끼고 싶다면 이곳 사려니숲으로 오기를 바란다.

아이와 함께 현장 학습 팁!

비염이나 아토피 등으로 고생하는 사람들에게 추천하는 코스다. 사방에서 느껴지는 피톤치드 향에 몸과 마음이 상쾌해진다. 다만 중간에 카페도 없고 자판기도 하나 없어 아이들이 배고파할 수 있으니 물, 간식 등을 꼭 챙겨 가길 권한다. 코스 중간마다 평상이 많이 설치되어 있어서 다리가 아플 때쯤 평상에 앉아 간식을 먹으면 된다. 그리고 입구에 있는 푸드 트럭에서 간식을 미리 사 먹고 올라가는 것도 좋다. 부모님은 아메리카노, 아이들은 핫도그 추천. 먹고 나면 아이들도 힘이 나서 열심히 걸을 것이다. 올라가는 코스와 내려오는 코스를 다르게 짜면 다양한 나무도 보고 향도 맡을 수 있다. 숲길마다 저마다의 다른 매력이 있으니 아이들의 체력이 된다면 여러 숲길을 걷고 오길 추천한다.

사려니숲 주변 맛집

숲애

교래리의 자연에서 자란 제주 토종닭으로 만든 닭 요리로 고기가 부드럽다.
위치 제주시 조천읍 교래2길 7
전화 064-782-6464
시간 10:00~19:30 / 수요일 휴무
메뉴 토종닭손칼국수 11,000원, 보말손칼국수 12,000원

와흘밥상

전복이 푸짐하게 들어간 인심 좋은 밥집.
위치 제주시 조천읍 남조로 2228
전화 070-7724-1113
시간 07:00~20:00
메뉴 전복해물뚝배기 16,000원, 전복성게국 16,000원

용두암 • 도두동 무지개해안도로

제주 바다에서 용을 만나다

<용두암 관람 정보>
- 제주특별자치도 제주시 용두암길 15
- 24시간
- 1시간 소요
- 무료

<도두동 무지개해안도로 관람 정보>
- 제주 제주시 도두일동 1734
- 24시간
- 20분 소요
- 무료

용두암은 공항과 가까워 육지로 돌아가는 비행기 시간이 2시간 정도 애매하게 남았을 때 가 보기에 좋다. 공항 북동쪽 해안에 있는 용두암은 제주 관광의 상징과도 같은 곳이다. 용이 포효하며 바다에서 솟구쳐 오르는 형상을 따 용두암이라 이름 지어졌다. 전설에 의하면 인근 계곡 용연에서 살던 용이 승천하려다가 돌로 굳어졌다고 한다. 겉으로 드러난 부분의 높이가 10m, 바닷속에 잠긴 몸의 길이가 30m쯤 된다고 하니, 자세히 보면 정말로 용이 꿈틀거리는 것 같기도 하다.

용두암을 제대로 감상하려면 서쪽으로 100m쯤 떨어진 곳이 적당하며, 바다가 잔잔한 날보다 파도가 심하게 몰아치는 날이 적격이다. 하얗게 부서지는 파도 속에서 마치 용이 솟구쳐 오를 것만 같다. 정비 사업으로 새로 만들어진 나무 데크에서 용두암을 관람할 수 있다. 더불어 용두암을 배경으로 사진 촬영을 할 수 있어 좋다. 용두암은 마치 자연이 만들어낸 조소 작품처럼 보인다. 어느 예술가가 이처럼 멋진 흉상을 만들어 낼 수 있을까? 자연의 위대함에 감탄하게 된다.

용두암을 보았다면 요즘 가장 핫한 '도두동 무지개해안도로'로 향하면 된다. 용두암에서 무지개해안도로까지 길이 이어져 알록달록 예쁜 해안도로를 감상할 수 있다. 몇 해 전부터 이곳은 젊은이들이 사진을 찍는 명소로 알려져 관광객이 많아졌다. 안

TIP

용두암에 얽힌 전설

제주 용담동 바다 깊은 곳에 용이 되고 싶은 이무기가 살고 있었다. 긴 세월 용이 되고 싶은 꿈을 키우며 어둠을 이겨내고 있었던 것이다. 어둠 속에서 이겨내야 하는 세월이 천 년이라던가. 이무기는 그저 꿈틀거리는 자신의 모습을 비관하며 번쩍번쩍 빛나는 비늘과 날카로운 발, 그리고 멋진 수염과 커다란 눈을 가진 용을 부러워했다. 이무기는 용이 되어 하늘로 오르고 싶었다. 바람이 얼마나 간절하던지 천 년이란 세월도, 빛을 볼 수 없는 어둠도 모두 이겨냈던 것이다. 그런데 이무기가 승천하던 날. 드디어 번쩍이는 푸른 빛 비늘과 기다란 수염, 그리고 날카로운 발을 치켜들고 하늘로 기세등등하게 승천하는데 그만 한라산 신이 쏜 화살에 맞아 다시 바다로 떨어지고 말았다. 바다에 떨어지던 용은 긴 세월 참아왔던 바람이 물거품이 되자 억울하여 차마 죽지 못하고 머리를 바다 위로 치켜들어 포효를 하다 바위가 되고 말았다. 그래서 아직도 억울한 울음을 우는지 입은 크게 벌리고 눈은 하늘을 쳐다보고 있다. 바다도 용의 안타까움을 아는지 유독 이곳의 바다는 잔잔하게 숨죽이고 있다.

전을 위해 해안도로에 세워둔 경계석을 무지개 원색으로 칠해서 주변의 경관과 어울리게 꾸며 놓았다. 곳곳에 사람 모습의 동상을 설치해 두었는데 그 옆에서 사진을 찍는 사람들이 많다. 이곳에서는 경계석조차 아름다운 예술작품이 된다. 해가 뉘엿뉘엿 지는 일몰에 맞추어 이곳을 찾으면 더 좋다. 아름다운 제주도의 일몰과 해안도로의 멋진 풍경이 어우러져 인생 사진을 담아갈 수 있다.

 용두암에서 도두동 무지개 해안도로까지 이어진 길에는 감각적인 카페와 음식점, 펍이 들어서 이곳을 찾는 사람들이 해마다 늘어나고 있다. 잊지 못할 관광지, 용두암과 무지개해안도로! 이곳은 예술과 자연이 아름답게 어우러진 제주도에서 가장 핫한 장소 중 하나다. 제주도에 도착한 직후 또는 여행을 끝내는 마지막 날, 꼭 이곳으로 차를 몰아 보기를 바란다. 분명히 가슴 속에 긴 여운이 남는 여행지로 기억될 것이다.

> ### 아이와 함께 현장 학습 팁!
>
> 아이들에게 용두암 전설을 들려준 뒤 바위를 감상해 보자. 포효하는 이무기가 생생하니 아이들 머리 속은 블록버스터 영화를 만들 기세로 상상력이 폭발한다. 도두무지개해안도로는 단순한 벽에 색을 칠해보자는 제주도민들의 의견을 반영하여 페인팅했는데 관광 명소가 되었다. 간단한 아이디어만으로 공간이 재탄생되는 대표적 사례라 할 수 있으니 아이들에게 꼭 보여 주자.

용두암 주변 맛집

일통이반

신선한 자연산 해물이 너무 맛있는 곳이다. 모듬해산물은 물론 돌멍게를 특히 추천한다. 날 음식을 어려워하는 아이라면 왕보말죽을 주문하도록 하자.

위치 제주시 중앙로2길 25
전화 064-752-1028
시간 12:00~24:00(15:00~16:00 브레이크타임) / 화 휴무
메뉴 모듬해산물 50,000원 돌멍게 30,000원, 문어숙회 25,000원, 성게알 30,000원, 왕보말죽 13,000원

제주에 가면

보말을 이용한 음식도 맛있지만, 귀여운 삼각주먹밥인 도담밥이 인기가 많다. 속은 제주산 흑돼지가 듬뿍, 겉은 전복이 통째로 올라간 주먹밥이다.

위치 제주시 탑동로 119 제주에 가면
전화 064-758-2119
시간 08:00~17:00 / 화요일 휴무
메뉴 도담밥 10,000원, 보말죽 13,000원

큰엉해안경승지

나무 사이에
그려진 한반도 지도

<큰엉해안경승지 관람 정보>
- 제주특별자치 서귀포시 남원읍 태위로 522-17 큰엄전망대
- ☎ 064-760-4181
- 24시간
- 1~3시간 소요
- 무료

'엉'은 제주 방언으로 바닷가나 절벽 등에 뚫린 동굴을 말하는데, 큰 바윗덩어리가 아름다운 해안을 집어삼킬 듯이 입을 크게 벌리고 있는 언덕이라는 뜻으로 붙여진 이름이다. 이곳에 들러 바다를 바라보면 서귀포 남쪽의 시원하게 펼쳐진 풍경에 감탄하게 된다. 큰엉길은 주위의 풍경을 보며 산책로를 걷기만 해도 힐링이 되는 곳인데, 이곳은 올레 5코스로 올레길을 찾는 사람들이 종종 방문한다.

이곳이 산책길이면서도 지루하지 않은 이유는 곳곳에 신기한 모양의 사진 스폿이 있기 때문이다. 가장 유명한 것이 '한반도 지도길'이다. 이곳은 우거진 나무들 틈 사이로 한반도 지도 모양의 길이 나 있어 신기하다. 한반도 지도 사이로 서귀포의 멋진 바다가 펼쳐지니 이곳을 사진에 담기 위해 사람들이 줄을 서서 기다린다.

이 밖에도 호랑이의 얼굴처럼 보이는 '호두암'을 볼 수 있는데 마치 사나운 호랑이가 먹잇감을 향해 입을 크게 벌리고 있는 것 같다. 호두암에서 조금 내려가면 인디언 추장의 얼굴을 꼭 닮은 '인디언 추장 바위'도 볼 수 있다. 또한 여름에 거닐던 소가 동굴인 줄 알고 잠시 쉬러 들어갔다가 바위틈 사이 구멍으로 떨어져 죽었다는 '쇠 떨어지는 고망'도 볼 수 있으니 곳곳에 재미있는 요소가 숨어 있어 지루하지 않다.

❶ 사나운 호랑이가 입을 크게 벌리고 있는 것 같은 모습인 호두암. ❷ 쇠 떨어지는 고망. ❸ 인디언 추장의 얼굴을 닮았다는 인디언 추장 바위.

아이와 함께 현장 학습 팁!

자연이 들려 주는 이야깃거리가 넘치는 곳이다. 바위와 나무들이 저마다의 모습을 뽐내며 인디언 추장의 모습과 한반도 지도를 보여 주고, 호랑이 이야기를 들려 주기도 한다. 이렇게 자연의 이야기에 귀 기울이며 스토리텔링 하는 체험은 아이들의 자연 친화력과 상상력을 키워 주는 데 도움이 된다. 자연에 관심 없던 아이들도 이런 이야기를 들으면서 체험을 하다 보면 자연에 좀 더 관심을 갖고 접하게 된다. 내 아이가 자연에 별로 관심 없어 하는 것 같아 고민이라면 이곳에서 먼저 자연이 들려 주는 이야기에 빠지는 경험을 해 보자.

큰엉해안경승지 주변 맛집

범일분식

이름은 분식집이지만 분식집이 아니라 순대 맛집이다. 1시 이후로 재료가 소진돼서 못 먹는다고 유명해서 일찍 방문하는 것이 좋다.
위치 서귀포시 남원읍 태위로 658
전화 064-764-5069
시간 09:00~17:00 / 토요일 휴무
메뉴 순대 한 접시 11,000원, 순대백반 9,000원

제주메밀이야기

직접 수확한 우리 메밀로 만든 커피와 빵을 함께 즐길 수 있는 카페.
위치 서귀포시 남원읍 태위로510번길 63
전화 064-764-7003
시간 09:00~18:00
메뉴 메밀빵&커피 5,000원, 들깨칼국수 10,000원, 메밀 동치미국수 10,000원

성산일출봉 · 거문오름

유네스코 세계 자연유산의 현장으로

<성산일출봉 관람 정보>
- 제주 서귀포시 성산읍 성산리 1
- ☎ 064-783-0959
- 3~9월 07:00~20:00, 10~2월 07:30~19:00 / 매월 첫번 째 주 월요일 휴관
- 2~3시간 소요
- 성인 5,000원, 청소년 2,500원, 어린이 2,500원

<거문오름 관람 정보>
- 제주 제주시 조천읍 선교로 569-36
- ☎ 064-784-9907
- 09:00~13:00 / 화요일 휴무
- 2~3시간 소요
- 성인 2,000원, 청소년 1,000원, 어린이 800원

아이와 함께 제주도에 여행을 온다면 '유네스코 세계 자연 유산'을 찾아가 보는 것은 어떨까? 2~3시간 동안 알차고 의미 있는 시간을 보낼 수 있는데, 그중에서 성산일출봉과 거문오름은 한 번쯤 꼭 가야 할 곳이다.

성산일출봉은 제주도의 다른 오름과는 달리 마그마가 물속에서 분출하면서 만들어진 수성화산체다. 화산활동으로 분출된 뜨거운 마그마가 차가운 바닷물과 만나면서 화산재가 습기를 많이 머금어 끈끈한 성질을 띠게 되었고, 이것이 층을 이루면서 쌓인 것이 성산일출봉이다. 생성 당시엔 제주 본토와 떨어진 섬이었는데, 주변에 모래와 자갈 등이 쌓이면서 간조 때면 본토와 이어지는 길이 생겼고, 이곳에 도로가 생기면서 현재는 육지와 완벽하게 연결되어 있다. 정상에 오르면 너비가 8만여 평에 이르는 분화구를 볼 수 있는데, 그릇처럼 오목한 형태로, 안에는 억새 등의 풀이 자라고 있다. 분화

> **TIP**
>
> 제주도는 2007년 우리나라 최초로 '제주 화산섬과 용암 동굴'이라는 이름으로 세계자연유산에 등재되었다. 등재된 곳은 한라산 천연보호구역, 성산일출봉, 거문오름 용암동굴계로 제주도 전체 면적의 약 10%를 차지한다. 이 밖에도 2002년 생물권보전지역 지정을 시작으로 2007년 세계자연유산 등재, 2010년 세계지질공원 인증까지 유네스코 3관왕을 달성했다. 이렇듯이 제주도는 자연 경관뿐만 아니라 지질학적으로도 그 가치를 세계적으로 인정받고 있다.

구 둘레에는 99개의 고만고만한 봉우리(암석)가 자리하고 있다. 이 모습이 거대한 성과 같다고 해서 '성산(城山)', 해가 뜨는 모습이 장관이라 하여 '일출봉(日出峰)'이라는 이름이 붙었다. 성산일출봉 정상으로 이어지는 가파른 계단 길은 숨이 가쁘지만, 넉넉히 40~50분이면 꼭대기에 다다른다.

정상에서 볼 수 있는 너른 분화구와 그 뒤로 펼쳐지는 바다의 풍경은, 제주의 다른 오름과는 전혀 다른 웅장한 느낌을 준다. 예부터 이곳 정상에서 바라보는 일출은 영주 10경(제주의 경승지) 중에서 으뜸이라 하였고, 이에 매년 12월 31일에는 '성산일출 축제'가 열린다.

거문오름을 탐방하려면 사전 예약이 필수이다. 거문오름은 개별적인 탐방이 불가하며, 25명씩 단체로 움직여야 한다. 개인행동이 허락되지 않기에 자연스럽게 해설사의 설명을 들으며 탐방을 하게 된다.

　　해발 456m(둘레 4,551m)의 오름으로 거문오름 용암 동굴계를 형성한 모체로 알려져 있다. 숲이 우거져 검게 보여 '검은 오름'이라 하였다고 전해진다. 거문오름은 북동쪽 산 사면이 터진 말굽형 분석구의 형태를 띠고 있으며, 정상에 오르면 거문오름 용암 동굴계를 만든 화산의 분화구가 한눈에 보이고, 분화구 안에는 낮게 솟아오른 작은 봉우리들이 있다. 주변에는 용암 동굴을 비롯하여 산탄, 용암 함몰구, 수직 동굴, 식나무와 붓순나무 군락, 풍혈(바람 구멍)등 다양하게 발달한 화산 지형들을 관찰할 수 있다. 그 밖에 갱도 진지, 병참 도로 등 일본군의 태평양 전쟁 때의 군사 시설이 발견되고 있어 역사 탐방지이기도 하다. 또한 잘 알려지지 않았지만 거문오름도 억새가 아름다운 곳이다.

　　거문오름은 3개의 코스가 있는데 정상 코스, 분화구 코스, 전체 코스로 이루어져 있다. 각각 1시간, 2시간 30분, 3시간 30분 정도 걸린다. 어린아이를 동반한 경우에는 정상 코스만 탐방한 후 샛길로 빠져 올 수 있다. 주차장 옆에는 '세계자연유산 전시관'이 있어 거문오름과 세계자연유산에 대한 3D 영상을 볼 수 있다.

아이와 함께 현장 학습 팁!

세계 자연유산 거문오름 용암 동굴계의 생성과 지질학적인 특징을 잘 이해하고 보면 신기하고 아름다운 제주도를 더 깊이 이해할 수 있다. 과학 시간에 배우는 지질, 암석들이 실제로 광활하게 펼쳐져 지층을 형성하고 있는 모습을 직접 관찰하는 즐거운 시간이 될 것이다. 알면 알수록 더 잘 보이고 공부한 내용이 연결되도록 미리 과학 공부를 하고 가는 것을 추천한다. 초등 3~4학년 과학 시간에 주로 지표의 변화(침식, 풍화, 퇴적 작용 등), 지층과 화석, 화산과 지진 등에 대해 공부하기 때문에 학교에서 배운 내용을 직접 눈으로 확인하며 관람하면 더욱 재미를 느낄 수 있다.

=== 성산일출봉 주변 맛집 ===

코코마마 성산점

성산일출봉 뷰가 단연 최고. 여행 온 기분 제대로 내고 싶다면 여기로.
위치 서귀포시 성산읍 일출로 258-11
전화 0507-1305-5569
시간 10:00~21:00
메뉴 점보씨푸드(4인) 72,000원

=== 거문오름 주변 맛집 ===

오름나그네

제주 로컬 식재료 사용하는 건강하고 합리적인 가격의 향토 음식점.
위치 제주시 조천읍 선교로 525
전화 064-784-2277
시간 10:00~15:00 / 화요일 휴무
메뉴 보말칼국수 12,000원, 해물파전 13,000원

아이와 함께 가기 좋은 오름 10곳

아이와 함께 오름에 올라요

 오름이란 제주도의 한라산 정상 백록담을 제외한 제주특별자치도 전역에 분포하는 단성화산을 일컫는다. '오름'이라는 말은 '산봉우리, 산'을 뜻하는 제주도 방언으로 제주도에만 368개의 오름이 있다. 제주도에서 한라산을 뺀 나머지 봉우리나 산들은 전부 오름이라고 생각하면 된다. '제주도를 알고자 한다면 오름에 올라야 한다.'라는 말이 있다. 그만큼 오름은 제주도의 상징이다. 초등학생도 마음만 먹으면 얼마든지 오를 수 있다. 너무 높지 않아 숨이 찰 때쯤이면 정상에 도착한다. 오름에 올라 제주도를 내려다보면 사람들이 오름에 왜 오르는지 알 수 있다. 368개의 많은 오름 중에서 가족 단위로 오르기에 좋은 오름을 소개한다.

TIP

오름에 관한 재미있는 이야기가 있다. 바로 제주도 탄생 설화인 설문대 할망에 관한 이야기이다. 설문대 할망이 제주도를 만들 때 제주도 한가운데에 한라산을 높이 쌓으려고 치마로 육지의 흙을 퍼담았는데, 할망의 치마폭 사이에서 여기저기 흙덩어리가 떨어져 오름이 되었다고 전해진다. 또 다른 설화로는 중국의 승려(도사)이던 고종달이라는 자가 바다 건너에 상서로운 기운이 어려 찾아와 보니 그것이 제주도였다고 한다. 고종달은 쇠말뚝을 제주도의 혈자리·여기저기에 박아 넣었는데 여기서 피가 솟구치더니 굳어져 오름이 되었다는 것이다. 이렇게 제주도에 관하여 흥미 있는 이야기가 전해지는데, 제주도 사람들은 대체로 '설문대 할망' 설화를 믿고 있다.

📍 **사라봉**(제주특별자치도 제주시 사라봉동길 61)

고운 비단을 뜻하는 사라봉은 제주에서 가장 아름다운 장소 열 곳을 선정한 영주 10경 중 사봉낙조에 해당하는 오름이다. 사봉낙조는 사라봉에서 지는 붉은 노을을 의미하며, 사라봉 정상에 올라 노을로 붉게 물든 바다를 보면 절로 감탄사가 나온다. 정상에 오르면 북쪽으로는 파란 바다, 남쪽으로는 웅장한 한라산을 볼 수 있고 발아래로 제주 시내의 모습이 보여 일몰뿐 아니라 광활하게 펼쳐진 평소의 풍경도 아름답다. 산 일대는 공원으로 지정되어 있다. 공원 내에는 팔각정과 의병 항쟁 기념탑이 있고 체력단련 시설과 음수대, 화장실 등의 편의시설이 잘 갖추어져 있어 관광객뿐 아니라 제주도민들도 자주 방문하는 오름이다.

📍 **새별오름**(제주 제주시 애월읍 봉성리 산59-8)

애월읍에 위치한 오름으로 제주 시내에서 그리 멀지 않기에 제주도민들도 많이 찾는 오름이다. 이곳에 오르면 제주도의 서쪽 풍경을 감상할 수 있다. 제주도의 오름은 대부분 동쪽에 몰려있는데, 새별오름은 서쪽 오름을 대표하는 곳이다. 매년 3월에 이곳에서 들불 축제가 열리며 오름에서 열리는 달집태우기 행사는 밤하늘을 수놓는 불꽃과 함께 장관을 이룬다. 가을이면 억새꽃이 아름다워 많은 관광객과 캠핑족이 찾는 곳이다.

📍 따라비오름 (제주 서귀포시 표선면 가시리 산62)

세 개의 분화구와 여섯 개의 봉우리가 솟아 있는 것이 특징이다. 이 분화구와 봉우리들이 서로 연결되어 있어 산책하듯이 걷는 재미가 있다. 정상에 오르면 탁 트인 전망과 초록빛의 자연이 눈과 마음을 상쾌하게 한다. 억새가 피는 가을이 되면 온통 억새밭으로 뒤덮여 또 다른 풍경을 만들어 낸다. 그리 높지 않아 아이들도 부담 없이 오를 수 있으며, 가족 단위로 방문하면 더 좋다.

📍 군산오름 (제주특별자치도 서귀포시 안덕면 창천리 564)

군산오름은 대정의 난드르(대평리의 넓은 들)를 병풍처럼 에워싸고 있는 오름이다. 화산 쇄설성 퇴적층으로 이루어진 기생 화산체로는 제주도에서 최대 규모다. 정상에는 용머리의 쌍봉 모양처럼 솟아오른 두 개의 뿔 바위가 있으며, 동남 사면에는 애기업게돌 등 퇴적층의 차별 침식에 의해 형성된 기암괴석이 있다. 길이 포장되어 있어 차로 오를 수 있는 오름이다. 차로 올라와 주차를 한 뒤, 조금만 오르면 오름의 정상에 도착할 수 있다. 정상에서는 한라산부터 중문 관광단지, 마라도, 산방산까지 서귀포 일대를 볼 수 있다. 특히 동쪽 해안에서 떠오르는 일출의 풍경이 장관인 것으로 알려져 있다. 탐방객과 동네 주민의 방문이 점차 늘어남에 따라 탐방로 근처엔 운동 기구 등의 시설물이 있어 가족 단위로 오르기 좋다.

📍 아부오름(제주 제주시 구좌읍 송당리 산164-1)

산 모양이 믿음직한 것이 마치 가정에서 어른이 좌정해 있는 모습 같다 하여 한자로는 아부악(阿父岳)이라고 하는데 여기서 아부(阿父)는 아버지라는 뜻이다. 삼나무와 소나무가 빼곡한 오름으로 능선을 따라 가볍게 산책하듯이 올라가면 금방 정상에 다다른다. 분화구 한가운데 삼나무 숲이 조성되어 색다른 풍경을 만들어 낸다. 영화 <계춘할망>의 촬영지이다.

📍 수월봉(제주 제주시 한경면 고산리 3760)

수월봉은 해발 77m 높이의 제주 서부 지역 조망봉으로, 정상에서 풍경을 바라보면 가슴까지 시원해진다. 특히, 깎아 만든 듯한 수월봉 해안절벽은 동쪽으로 2km까지 이어져 있다. 이 해안절벽은 '엉알'이라 불리며, 벼랑 곳곳에는 샘물이 솟아올라 '녹고물'이라는 약수터로 널리 알려져 있다. 수월봉 아래쪽에는 해안선을 따라 지질 트레일이 있다. 해안 절벽을 따라 화산 퇴적물이 쌓여 있는 모습이 장엄하기 이를 데 없다. 수월봉 정상에는 기우제를 지내던 육각정인 수월정이 있으며, 그 옆으로는 고산기상대가 우뚝 서 있다. 우리나라 남서해안 최서단에 있는 기상대로 거의 모든 기상 관측이 이루어지는 곳이다. 이곳 5층에는 일반인이 들어갈 수 있는 전망대가 있다. 수월정에 앉아서 차귀도로 떨어지는 낙조를 바라볼 수 있는데, 이는 제주도에서 아름답기로 손꼽히는 일몰 중 하나이다.

📍 도두봉 (제주 제주시 도두일동 산1)

제주 공항 바로 옆에 있는 오름으로 경사가 완만하며 오르기 쉽다. 봉우리는 2개이며 오르는 길과 정상에서 제주국제공항에 비행기가 뜨고 내리는 것도 볼 수 있다. 그 풍경이 바다 전망과 어우러져 장관을 이룬다.

도두봉 정상에는 키세스존이라고 불리는 핫 스폿이 있다. 나무가 우거진 틈 사이로 보이는 바다를 배경으로 사진을 찍는 이곳은 사진 한 컷을 찍기 위해 한참 기다려야 할 정도로 인기가 좋은 곳이다. 공항에서 가까워 여행 후 육지로 복귀하기 전이나 제주도에 도착한 날 잠시 들러 보면 좋다.

📍 금오름 (제주 제주시 한림읍 금악리 산1-1)

ⓒ사진제공(이범수)-한국관광공사

금오름은 주차장에서 20분이면 올라가는 낮은 오름이다. '희망의 숲길'이라는 삼나무 숲이 조성되어 삼나무 향을 맡으며 산책을 할 수 있다. 이곳은 논과 밭이 가득한 한림읍 금악리에 우뚝 솟아 있어 정상에 오르면 시야를 가리는 것이 없어 탁 트인 풍경을 감상할 수 있다. 정상에 마련된 평상에 잠시 누워 하늘을 보면 하늘 위에 올라와 있는 듯한 느낌이 든다. 짧은 시간에 부담 없이 다녀올 수 있는 오름이다.

📍 백약이오름 (제주 서귀포시 표선면 성읍리 산1)

백약이오름은 오름 군락지인 송당 산간에 있는 데다가, 도로변 가까이에 있어서 도민들과 관광객들이 자주 찾는 오름 중의 하나이다. 계단으로 되어 있는 구간이 많아 오르기에 쉽고 코스가 짧아 20분이면 정상에 오른다. 정상에 오르면 성산일출봉과 우도까지 한눈에 볼 수 있어 일출뿐 아니라 일몰 명소로도 유명하다. 가족 단위로 부담 없이 오를 만한 곳이다.

📍 다랑쉬오름 (제주 제주시 구좌읍 세화리)

다랑쉬오름은 '오름의 여왕'이라 불릴 정도로 아름다운 곳이다. 다랑쉬오름 옆에는 다랑쉬오름을 축소해 놓은 듯한 '아끈다랑쉬'가 있어 오름에 오르며 풍경을 감상할 수 있다. 다랑쉬오름의 분화구는 둘레 1.5㎞, 깊이 115m로 상당히 크고 깊다. 다랑쉬오름은 제주도의 오름 중 규모가 꽤 크고 높은 편이다. 다랑쉬오름에 오를 때는 힘들지만 정상에 오르면 이보다 좋을 수 없다.

섭지코지

제주도 동쪽 바다를 한눈에 바라보자

<섭지코지 관람 정보>

📍 제주 서귀포시 성산읍 고성리
☎ 064-782-2810
📅 24시간
🕐 1~2시간
💰 주차료 30분 이내 (버스) 2,000원, (소형 일반) 1,000원 / 15분 초과 시마다 (버스) 1,000원, (일반) 500원 / 당일 최대 요금 (버스) 6,000원, (일반) 3,000원

섭지코지 산책로는 한류열풍과 관련이 깊은 곳이다. 섭지코지는 2003년 방영했던 드라마 <올인>의 촬영지로 유명하다. 이 드라마가 중국은 물론 베트남을 비롯한 동남아 국가에도 수출이 되면서 이곳을 찾는 해외 관광객들이 늘었다.

섭지코지는 코지(코지곶을 의미하는 제주 방언)라는 지명에서 알 수 있듯 코의 끝 모양 비죽 튀어나온 지형이다. 위치상으로는 서귀포시 성산읍 신양리 해안에 돌출되어 있다. 원래 이곳은 무료 탐방을 할 수 있는 곳으로 주차비도 따로 받지 않았는데, 관광객이 늘면서 주차 관리소를 세워 주차료를 받고 있다.

섭지코지의 가장 큰 장점은 가파르지 않은 언덕을 편안하게 걸으며 산책을 즐길 수 있다는 것이다. 산책로를 따라 걸으면 왼쪽에는 넓고 멋진 들판이, 오른쪽에는 깊고 푸른 성산의 바다가 펼쳐진다. 제주도의 바다는 동서남북에 따라 바다색이 다른데 동쪽 성산 바다는 검푸른 것이 특징이다. 10분 정도 풍경을 즐기며 걷다 보면 바다 한가운데 우뚝 솟아있는 선돌바위를 볼 수 있는데, 그 풍경이 일품이다. 원래는 하나가 아니었지만 세찬 파도에 깎여 홀로 솟아있는 것처럼 떨어져 있다. 20여 분을 천천

히 걸으면 높은 언덕 위에 하얀 등대가 나오는데, 이 등대의 정식 이름은 '방두포 등대'로, 철계단을 따라 오르면 도착할 수 있다. 섭지코지를 찾는 관광객들 대부분은 이 등대를 보러 계단을 오르며, 등대 정상에서는 광활한 바다를 감상할 수 있다. 등대에서 내려와 조금 더 걸으면 '휘닉스 아일랜드'와 이어진 유채꽃밭이 나온다. 봄에 이곳을 찾는다면 유채꽃밭을 배경으로 인생 사진을 남길 수 있다.

섭지코지 산책로는 성산일출봉과 성산의 바다를 한 번에 볼 수 있는 멋진 곳이다. 산책로가 매우 완만하게 이어져 있어 어린아이를 동반한 가족도 부담 없이 오를 수 있다. 제주도의 풍경을 감상하고 싶은데, 어린아이가 있어 여행을 제대로 즐기기 힘든 부모들에게는 매우 좋은 장소이다. 만일 아직 섭지코지를 방문해 보지 못한 사람들이 있다면 제주도 여행 때는 꼭 이곳을 여행 코스에 넣기 바란다.

아이와 함께 현장 학습 팁!

섭지코지는 돌출된 지형이기 때문에 산책로 사방이 온통 바다로 둘러싸여 있어 바닷바람이 세게 분다. 여름철 더운 날씨에 가면 바람 덕분에 시원하지만, 가을이나 겨울철에는 바람을 막아주는 겉옷을 가져갈 것을 추천한다. 또 안으로 들어가면 반환점 지점에 자리한 레스토랑 외에는 음식을 파는 매점이 없으므로 물이나 간단한 음식을 챙겨가는 것이 좋다.

섭지코지 안에 자리한 글라스하우스와 유민미술관도 같이 관람할 것을 추천한다. 이 두 건축물은 노출 콘크리트로 유명한 건축가 안도 다다오가 설계하였다. 그래서인지 섭지코지는 건축학도들이 매우 좋아하고 자주 찾는 곳이다. 유민미술관은 아르누보 유리공예 작품을 전시하는데 제주의 자연과도 잘 어우러지는 공예 작품들을 감상할 수 있어 미적 감각을 키우는 데 좋은 경험이 될 것이다. 글라스하우스 역시 제주의 자연과 인공 건축물의 묘한 조화를 이루는 설계가 아름다움을 선사하는 곳이다.

=== 섭지코지 주변 맛집 ===

가시아방

육수가 진하고 고기가 부드러워 남녀노소 다 잘 먹는 음식. 드라마 <이상한 변호사 우영우>에도 나왔던 고기국수 맛집이다.
위치 서귀포시 성산읍 고성리 528
전화 064-783-0987
시간 10:00~21:00 / 수요일 휴무
메뉴 고기국수 9,000원, 돔베고기+국수 2인세트 35,000원

돈내코 유원지

물놀이하기 좋은 제주도의 계곡

<돈내코 유원지 관람 정보>
- 제주 서귀포시 상효동 1503
- 064-733-1584
- 24시간
- 1~3시간
- 무료

 돈내코 계곡은 원래 제주도 민들만 알고 있는 숨은 물놀이 명소였다. 그러나 조금씩 입소문을 타게 되어서 지금은 관광객들도 많이 찾는 곳이 되었다. 돈내코 계곡을 가려면 험한 길을 지나야 한다. 거칠고 투박한 바위들을 등산하듯이 20분 정도 오르고 건너야 물놀이를 할 수 있는 계곡에 도착한다.

> **TIP**
> 제주의 백중날(음력 7월 15일)에는 닭을 잡아 먹고 물맞이를 하는 풍습이 있다. 이날 물을 맞으면 모든 신경통이 사라진다는 이야기가 전해오고 있어 백중날 가장 붐비는 곳이 바로 돈내코다.

돈내코 계곡의 물은 차가움이 상상을 초월한다. 마치 물속에 얼음을 잔뜩 넣어둔 것처럼 뼛속까지 시리다. 그래서 한여름 무더위가 기승을 부릴 때가 돈내코를 찾기에 가장 좋은 날이다. 굳이 물속에 들어가지 않아도 계곡 양쪽에 우거진 상록수림이 짙은 그늘을 만들어 주어 시원하다. 돈내코 계곡 끝에는 원앙폭포가 유명한데 큰 폭포는 아니지만 물줄기가 시원하게 쏟아져 더위를 잊기 좋다.

여름철 제주도 바다는 어디를 가도 사람들로 붐비기에, 제주도의 계곡을 찾는 것도 좋은 피서 방법이다. 돈내코에 오면 한라산의 웅장한 경관을 그대로 감상할 수 있고 오염되지 않은 청정한 자연을 누릴 수 있어 금상첨화이다. 또한 돈내코 유원지 주변에는 '돈내코 캠핑장'이 조성되어 있다. 취사장과 화장실이 갖추어진 무료 캠핑장에

서 캠핑을 즐기고 싶다면 이곳을 찾길 바란다. 제주도의 감추어진 보물, 돈내코 유원지! 무더운 여름철에 이곳을 한번 찾아보자. 5분만 계곡물에 몸을 담가도 더위가 완전히 달아나는 신기한 경험을 할 수 있을 것이다.

아이와 함께 현장 학습 팁!

유치원생이나 어린아이가 있다면 안전의 문제를 고려하여 신중히 선택해야 하는 코스이다. 계곡의 돌이 가파르게 깎여있어 자칫 부상의 위험이 있다. 잘 미끄러지지 않는 운동화를 신고 등산하는 느낌으로 계곡물까지 도착하는 데 성공한다면 아이가 엄청난 성취감과 뿌듯함을 느낄 것이다.

돈내코 계곡까지 들어갔다 나오는 데 시간과 체력이 소모되므로 들어가기 전에 김밥(오는정김밥, 다정이네 김밥 추천)이나 음료수 등을 미리 준비하는 것을 추천한다. 또 계곡물이 차가워 물놀이를 너무 많이 하게 될 경우 체온이 급격히 떨어질 수도 있고, 갑자기 수심이 깊어지는 구간도 있으니 안전에 꼭 유의하자.

돈내코 유원지 주변 맛집

카페 델보스케

아이 데리고 가기 좋은 예쁜 카페. 넓은 마당에서 뛰어놀기 좋고 장난감, 아이스크림 등 아이들이 좋아하는 것이 가득하다.

위치 서귀포시 상효동 1558
전화 010-6886-2051
시간 09:00~18:30, 11~2월 09:30~17:00
메뉴 아메리카노 5,000원 크로플 8,500원

쇠소깍

제주 전통 배를 타고 쇠소깍을 구경해요

<쇠소깍 관람 정보>
- 제주 서귀포시 쇠소깍로 104
- 064-732-9998
- 하절기 09:00~18:00, 동절기 09:00~17:00
- 1시간
- 테우 성인 10,000원, 소인 5,000원 / 전통 조각배 성인 20,000원, 성인 2인 + 소인 1인 25,000원

쇠소깍은 문화재청이 외돌개, 산방산과 함께 국가지정문화재 명승으로 지정한 곳이다. 서귀포시 하효동과 남원읍 하례리 사이를 흐르는 효돈천(孝敦川) 하구를 가리키며, 제주 현무암 지하를 흐르는 물이 분출하여 바닷물과 만나 깊은 웅덩이를 형성한 곳이다. 쇠소깍이라는 이름은 제주도 방언으로, 쇠는 효돈 마을을 뜻하고 소는 연못, 각은 끝을 의미한다. 이곳은 계곡의 풍경이 아름답기로 유명하다. 계곡 양쪽으로 기암괴석이 병풍처럼 둘러서 있고, 그 위로 숲이 우거져 신비한 계곡에 온 기분을 느낄 수 있다.

TIP
쇠소깍은 과거에 기우제를 지내는 신성한 땅이라 하여 함부로 돌을 던지거나 물놀이를 하지 못했다. 또한 계곡의 입구를 막아 천일염을 만들기도 하였고 포구로 사용하기도 하였다.

　쇠소깍을 관람할 때는 제주도 전통 배인 테우나 전통 조각배(카약)를 선택할 수 있다. 쇠소깍 매표소에서 표를 구입한 후 구명조끼를 입고 바다 방향으로 이동해서 승선하면 된다. 성인들은 두 명씩 전통 조각배를 많이 타고, 가족끼리 온 경우는 대부분 테우를 선택한다. 테우는 긴 밧줄로 이어진 물 위를 선장님이 줄을 당겨가며 이동한다. 원래 테우는 제주도 고기잡이배였는데, 조선 시대 제주도민들이 제주도를 벗어나

지 못하도록 만든 작은 통나무배를 말한다. 쇠소깍에서 이 배에 타면 선장님의 맛깔스러운 해설을 들을 수가 있다. 쇠소깍에 얽힌 전설부터 쇠소깍의 특징, 거북 바위, 광어 바위, 독수리 바위, 사람 바위 등 신기하고 멋진 바위에 대한 설명도 들을 수 있다. 카약을 타고 쇠소깍을 돌아보면 마치 유럽의 유명한 호수에서 여유롭게 노를 젓고 있는 착각이 든다. 하절기뿐 아니라 동절기에도 운영하니 언제든 이곳에 방문해서 멋진 추억을 남기기 바란다.

아이와 함께 현장 학습 팁!

테우를 타고 선장님의 재치 있는 설명을 들으면 1시간 내내 웃을 수 있다. 무동력 나무배를 혼자 힘으로 밀고 당기며 이동하는 테우를 보며 아이들은 신기하다는 표정을 감추지 못한다. 가족이 다 같이 테우를 타고 쇠소깍의 이곳저곳을 구경하면서 추억을 쌓을 수 있을 것이다. 물이 워낙 맑아 물속이 훤히 보이는 것도 힐링 포인트. 24개월 이상인 아이들도 함께 테우에 탈 수 있다. 카약은 원래 성인 2인 이하로만 탈 수 있지만, 성인 2명과 5세 이상의 아이는 함께 탈 수 있다. 3인 가족이라면 카약에도 도전해 보자. 부모가 함께 노를 저으며 다정한 모습을 보이는 건 어떨까?

=== 쇠소깍 주변 맛집 ===

게우지코지

쇠소깍 바다 뷰 카페에서 환상적인 베이커리를 맛볼 수 있어요.

위치 서귀포시 보목포로 177
전화 064-763-5555
시간 08:30~20:00
메뉴 아메리카노 5,500원, 제주 목장 요거트 7,000원
　　　(첫 번째, 세 번째 주 화요일 베이커리는 휴무)

표선해수욕장·이호테우해수욕장

아이와 물놀이하기 안전한 해수욕장

<표선해수욕장 관람 정보>
- 제주 서귀포시 표선면 표선리
- ☎ 064-760-4992
- 7월 1일~8월 31일 10:00~19:00(사정에 따라 변경될 수 있음)
- 파라솔 테이블 하루 30,000원

<이호테우해수욕장 관람 정보>
- 제주 제주시 이호일동
- ☎ 064-728-3994
- 7월 1일~8월 31일 10:00~19:00(사정에 따라 변경될 수 있음)
- 파라솔 20,000원, 파라솔+돗자리 25,000원

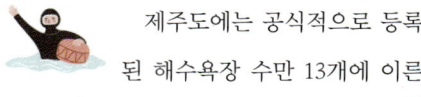 제주도에는 공식적으로 등록된 해수욕장 수만 13개에 이른다. 각기 다른 매력과 장점이 있지만 아이와 함께 제주도에 있는 해수욕장을 찾는다면 무엇보다 중요한 것이 안전이다. 수심이 깊어서는 안 되고 완만해야 하며, 아이들이 노는 모습을 쉽게 관찰할 수 있는 곳이 좋다. 그런 면에서 안성맞춤인 두 곳을 소개하려 한다.

> **TIP**
> 매년 7월 말~8월 초에는 백사장에서 표선리 청년회가 주관하는 '표선 백사 대축제'가 개최된다. 주변에 제주민속촌박물관, 성읍민속마을, 남원큰엉 등 관광지가 많다.

표선해수욕장은 '해비치해수욕장'이라고도 불리는데 백사장의 크기가 다른 제주도의 바다에 비해 넓은 것이 특징이다. 이곳의 백사장은 둥그런 호수 모양으로 썰물 때면 원형으로 드러나 아름답다. 모래가 곱고 부드러워 모래찜질을 하면 신경통에 좋다고 알려져 있다. 또한 주변에 울창한 소나무 숲이 있으며 잔디가 깔려 있어 야영하기에 적합하다. 야영장, 주차장, 화장실, 탈의실, 샤워장 등의 편의시설이 갖추어져 있어 편리하다. 주변에는 유명한 횟집과 음식점들이 많고, 주변 마을에서 민박도 할 수 있다.

표선해수욕장의 가장 큰 장점은 파라솔이 꽂힌 돌 탁자에 앉아 아이들의 물놀이를

볼 수 있다는 점이다. 물이 들어오는 시점에는 탁자 밑까지 물이 들어와 아이들이 물놀이를 하는 모습을 편하게 볼 수 있다. 또한 음식을 주문하면 탁자로 배달을 해 주어 종일 물놀이를 해도 출출하지 않다. 썰물이 되는 오후면 물이 빠져 멀리까지 백사장이 펼쳐지는데 이때 가족끼리 모래놀이를 해도 좋다. 이렇게 아이들이 놀기 좋은 까닭에 이곳은 어린아이를 둔 가족들이 많이 찾는 해수욕장으로 유명하다.

이호테우해수욕장은 조랑말 등대에서 사진 찍기 좋은 곳이다. 붉은 조랑말과 흰색의 조랑말은 극명하게 대조되는 색감으로 이국적인 풍경을 선사한다. 이호테우해수욕장 길목에는 아카시아 숲이 우거져 있고, 모래사장 뒤에는 소나무 숲이 형성되어 있다. 소나무 숲 사이에는 캠핑장이 마련되어 있어 여름이면 텐트를 가지고 캠핑을 즐기러 오는 사람들이 많다. 또한 해수면이 가장 낮아지는 간조에는 끝없이 넓은 백사장을 볼 수 있다.

최근 이호테우해수욕장에는 서핑을 즐기려는 사람들이 가득하다. 해변 주변에는 서핑 숍이 많고 젊은이들이 많이 찾기 때문에 카페와 음식점, 펍이 많다. 여름밤에는 포장마차가 열린다. 여름에 한치회를 맛볼 수 있는 곳이기도 하다. 해수욕장을 따라 산책을 할 수 있는 길이 잘 조성되어 이호테우해수욕장 주변의 주민들이 산책이나 조깅 등 운동을 하러 많이 온다. 관광객뿐 아니라 제주도민들도 사랑하는 곳이다.

아이와 함께 현장 학습 팁!

물때를 체크해서 물이 많이 들어왔을 때 물놀이를 시작하는 것을 추천한다. 그래야 처음에 물이 많이 차 있는 상황에 적응한 뒤에 나중에 물이 빠져도 안전하다. 반대로 물이 빠진 상태에서 물놀이를 시작한다면 추후에 수심이 빠르게 높아질 수 있으니 아이들이 위험하지 않게 신경 써야 한다.

표선해수욕장의 경우 밀물이 되면 돌로 만든 파라솔 바로 앞 돌계단까지 물이 차오르는데 이때 파라솔 자리를 하나 잡아 두면 아이들이 물놀이하는 모습을 편하게 앉아서 볼 수 있다. 맛있는 음식을 테이블에 놓고 먹을 수 있고 바로 또 물에 들어가 놀기 편하다. 테이블과 의자가 돌로 만들어져 물에 젖어도 금방 마른다. 다만 돌계단을 오르내릴 때 계단이 미끄러워 발을 접질리는 경우가 많으니 슬리퍼보다는 맨발이나 아쿠아슈즈를 신을 것을 추천한다. 반면 썰물 때는 물이 많이 빠지기 때문에 모래 해변이 넓게 펼쳐져 모래놀이를 하기 제격이다.

이호테우해수욕장에는 캠핑용 접이식 의자나 돗자리를 미리 준비해서 갈 것을 추천한다. 이곳에서는 서핑, 요트 체험 등을 해 볼 수도 있다. 공항에서 가깝기 때문에 집으로 돌아가는 마지막 날까지 다양한 체험을 즐길 수 있다는 것이 장점이다. 하얀 말과 빨간 말이 서 있는 모습이 이색적이어서 재미있는 사진을 남기기에도 즐거운 곳이다. 비행기도 아주 가까이 날아 아이들이 신기해하는 곳이다.

====== 표선해수욕장 주변 맛집 ======

당케올레국수
도민들이 인정하는 보말칼국수집.
위치 제주시 표선면 표선당포로 4
전화 064-787-4551
시간 08:00~17:00 / 두 번째, 네 번째 주 목요일 휴무
메뉴 보말칼국수 12,000원, 보말죽 13,000원

당포로나인 돈가츠
제주식 재료로 돈가스를 만들고 소스와 육수도 직접 만들어 아이들에게 안심하고 먹일 수 있어요.
위치 서귀포시 표선면 표선당포로 9
전화 070-8900-8285
시간 11:00~20:30 / 일요일 휴무
메뉴 왕치즈롤카츠 16,000원, 제주흑돈카츠 9,000원

====== 이호테우해수욕장 주변 맛집 ======

지오포카치아
이탈리아식 피자, 파스타 전문점이다. 매장에서 편하게 바다를 바라보며 식사를 해도 좋지만, 포장해서 해변에서 먹어도 좋다.
위치 제주시 테우해안로 136
전화 010-4881-3887
시간 11:00~21:00 / 수요일 휴무
메뉴 마르게리따 피자 17,000원, 라구파스타 18,000원

쿠주제주구옥
제주 옛 돌담집을 개조해 만든 감성 카페. 아이와 츄러스를 먹고 구경하며 인스타용 사진 찍기에 좋다. 별채에는 빈티지 의류 편집 숍을 운영하고 있다.
위치 제주시 테우해안로 172-15
전화 064-712-1070
시간 10:30~00:00
메뉴 아메리카노 5,000원, 삼다에이드 8,500원, 츄러스 3,000원

정방폭포

서귀포 지명의
유래가 담긴 곳

<정방폭포 관람 정보>
- 제주 서귀포시 칠십리로214번길 37
- ☎ 064-733-1530
- 09:00~17:50
- 1시간
- 어른 2,000원, 청소년(13~24세) 1,000원, 어린이(7~12세) 1,000원

제주도에는 정방폭포, 천제연폭포, 천지연폭포 이렇게 제주도 3대 폭포가 있다. 그중 정방폭포는 높이 23m, 너비 8m에 깊이 5m인 대형 폭포로, 폭포수가 바다로 떨어지는 동양 유일의 해안 폭포이다. 입구의 매표소에서 표를 구매하고 소나무가 있는 계단을 따라 내려가면, 시원하게 떨어지는 정방폭포를 볼 수 있다. 정방폭포 주변에는 커다란 바위들이 있어 이 바위 위를 올라가 건너야 폭포 가까이 갈 수 있다. 정방폭포 가까이 있는 가장 큰 바위는 관광객들의 포토존이다. 또한 멀리서도 시원한 폭포 소리가 들리고, 폭포 양쪽으로 주상절리가 잘 발달한 수직 암벽도 볼 수 있다. 1995년 제주기념물 제44호로 지정되었다가 2008년 국가 명승 제43호로 승격되었다.

정방폭포에는 유명한 전설이 전해져 온다. 정방폭포의 한쪽 석벽에 새겨진 '서불과차'라는 글과 관련된 전설이다. 진시황을 위한 불로초를 구하러 온 신하 서불(서복)이 동남동녀 각 500명을 데리고 큰 배에 먹을 것과 돈을 가득 가지고 와서 불로초를 캐지 못하고 한라산에서 나는 특이 식물인 시로미를 캔 뒤 정방폭포 서쪽에 '서불과차'라는 글을 남기고 서쪽으로 돌아갔다는 이야기이다. 여기에서 지금의 '서귀포'라는 지명이 생겨났다고 한다. 이러한 전설은 정방폭포 근처의 서복 전시관에 가면 자

세히 알 수 있다. 서불이 제주도에 오기까지의 과정을 담장에 새겨놓아 쉽게 이해할 수 있으며 전시관에는 이와 관련된 전시물들을 재현해 놓았다. 서복 전시관을 나오면 서복 공원이라는 곳도 조성되어 있는데 산책하기에 좋아 서귀포 시민들이 자주 찾는 곳이 되었다.

  정방폭포는 제주도를 찾는 관광객 누구나 한 번쯤은 들어보았거나 방문한 유명한 관광지이다. 시간이 지나도 변함없이 떨어지는 거대한 폭포에 사람들이 감탄한다. 이곳을 찾을 때마다 우리 가족이 신기하면서도 재밌게 보는 장면이 있는데, 정방폭포 주변에서 해산물을 팔고 있는 아주머니이다. 해삼, 멍게를 한 접시씩 손질하여 소주나 막걸리와 함께 판매를 하고 있는데 관광객들이 바위에 걸터앉아 술 한잔을 걸치기도 한다. 폭포와 바다를 바라보며 마시는 소주 한잔, 해산물의 맛이 기가 막힌다. 세월이 지나도 바위 위에서 해산물을 팔고 있는 아주머니들을 보며 이렇게 정겨운 풍경이 계속 이어지기를 바란다.

  폭포수가 바다로 떨어지는 동양 유일의 해안 폭포인 정방폭포, 이곳에 와서 서귀포 지명의 유래와 진시황의 불로초에 관한 재미있는 전설을 배워 보는 것은 어떨까? 아름다운 풍경을 감상하는 동시에 역사까지 공부할 수 있는 기회가 될 것이다.

아이와 함께 현장 학습 팁!

정방폭포 입구부터 폭포 앞까지 가는 데 오래 걸리진 않는다. 다만 계단으로 내려가야 하고 바위를 건너가야 하기 때문에 유모차를 타야 하는 어린아이가 있는 경우에는 다소 불편할 수 있다. 폭포 가까이 다가가면 시원하게 떨어지는 물줄기와 폭포를 보며 신기해하는 아이들의 모습을 볼 수 있다. 여기서 가족사진을 남기고 돌아가는 길에 해녀 할머니께서 손질해 주시는 해삼, 멍게 한 접시를 먹고 간다면 즐거운 추억이 될 것이다.

정방폭포 주변 맛집

제주곶 서귀포 해물라면

정방폭포 뷰에 화려하고 예쁘게 세팅되는 해산물 요리를 맛볼 수 있는 곳
위치 서귀포시 칠십리로241번길 36
전화 064-767-0736
시간 10:00~18:00
메뉴 크림해물라면 12,900원, 말육회 유부초밥 4,500원(포장 가능)

바다를 본 돼지 서귀포올레시장점

넓은 공간에서 서귀포 바다 뷰를 감상할 수 있는 제주 흑돼지 맛집이다. 저렴한 런치 메뉴도 판매하고 있으니 점심 시간대에 찾아가도 좋다.
위치 서귀포시 칠십리로 123 2층
전화 064-900-1005
시간 12:00~22:00
메뉴 흑돼지런치 18,000원, 흑돼지(2인) 60,000원

천지연폭포

폭포가 쏟아지는 공원에서 하루를

<천지연폭포 관람 정보>

📍 제주 서귀포시 천지동 667-7
☎ 064-733-1528
📅 09:00~22:00
⏰ 2시간
💰 성인 2,000원, 청소년·어린이 1,000원 / 제주도민 무료

폭포를 보러 간다고 하면 보통 폭포 앞에서 사진 한번 찍고 오는 것을 상상한다. 폭포는 멋있지만, 그 외에는 즐길 것이 없다고 생각한다. 하지만 천지연폭포는 볼 것과 즐길 것이 많은 공원이다.

천지연폭포는 '하늘과 땅이 만나서 이룬 연못'이라는 뜻을 가진 폭포이다. 특히 이곳에 자생하는 아열대성 상록수인 담팔수(膽八樹) 몇 그루는, 이곳이 담팔수의 북한계지에 해당된다는 점에서 희귀하게 여겨져 천연기념물 제163호로 지정되어 있고, 그 밖에도 가시딸기·송엽란(松葉蘭) 같은 희귀식물들이 분포하고 있어 계곡 전체가 천연기념물 제379호로 지정되어 보호받고 있다. 식물뿐만 아니라, 폭포 아래 물속 깊은 곳에는 열대어의 일종인 무태장어가 서식하는 것으로 알려져 있는데, 이 열대어의 북한계지 또한 이곳이라는 사실 때문에 천지연폭포는 '제주도 무태장어 서식지'라는 명칭으로 천연기념물 제27호로 지정되어 있다. 폭포의 길이는 22m이며, 그 아래 못 깊이 20m로 사시사철 쏟아지는 폭포가 장관을 이룬다.

천지연폭포는 주차장이 넓어서 편하게 주차를 할 수 있다. 천지연폭포로 가는 길에는 맑은 인공 시냇물이 흐르고 시냇물을 건널 수 있도록 인공 징검다리가 만들어져

있는데 가족끼리 재미있게 징검다리를 건너며 사진을 찍을 수 있다. 가는 길에는 돌하르방이 큰 것부터 작은 것까지 전시되어 있어 보는 재미가 있다. 곳곳에 추억이 될 만한 사진을 찍을 수 있도록 스폿이 형성되어 있어 관광객들의 발걸음을 멈추게 한다.

천지연폭포는 언제 보아도 경이롭다. 폭포 앞에 서면 시원하게 떨어지는 폭포 소리를 들을 수 있고, 자연이 만든 멋진 광경에 마음을 빼앗기기 쉽다. 대부분의 관광객들이 천지연폭포를 배경으로 기념사진을 찍는, 제주도를 상징하는 대표적인 장소이다. 이곳을 방문할 때는 오후의 일정을 바쁘게 잡지 않는 것이 좋다. 가족끼리 와서 새소리, 바람 소리, 시냇물 소리, 폭포 소리를 들으며 여유로운 시간을 보내기를 추천한다.

천지연폭포는 서귀포시 도심과 가까워 이중섭거리, 올레시장 등을 방문하는 시티투어를 할 수도 있고, 가까운 곳에 새연교가 있어 폭포를 감상한 후 넘어가 이곳을 산책할 수도 있다. 아울러 서귀포 도심에는 저렴하고 시설이 좋은 호텔이 많아 이곳에 숙소를 잡고 관광하기에도 좋다. 서귀포를 대표하는 천지연폭포에서 온 가족의 기억에 남을 추억을 쌓아 보자.

아이와 함께 현장 학습 팁!

천지연폭포의 공원은 산책 코스가 그리 길지 않아 어른이나 아이 모두 가볍게 걸으며 힐링하기 좋다. 냇가의 다리도 건너보고, 귀여운 오리도 만나고, 지저귀는 새와 대화도 나누며 자연과 함께 노는 시간을 충분히 만끽하면 된다. 또한 천지연폭포는 저녁에 가도 놀기 좋다. 저녁에는 아름다운 불빛들이 환하게 비춰 주어 해가 져도 위험하지 않다. 한여름에는 쨍쨍한 햇볕이 내리쬐는 시간을 피해 저녁에 가서 마음껏 놀아 보자. 천지연폭포 방문 후에도 산책로가 아쉽다면 바로 옆에 있는 서귀포칠십리시공원에 방문해 보자. 부지도 넓고 잔디가 잘 관리되어 있으며, 작가들의 다양한 시와 예술 작품들을 만날 수 있는 공간이다. 산책도 하고 작품도 감상할 수 있는 야외 전시 공간 같은 곳에서 서귀포와 예술을 만끽하는 힐링의 장소다.

천지연폭포 주변 맛집

흑돼지 BBQ

유명 호텔에 납품하는 최고급 제주산 흑돼지를 맛볼 수 있는 곳.
위치 서귀포시 태평로353번길 7
전화 064-762-1277
시간 16:00~23:00
메뉴 흑돼지세트(2인 55,000원, 3인 66,000원, 4인 88,000원)

솔동산고기국수

서귀포의 대표 국수집. 집에 돌아가도 생각나는 맛이다.
위치 서귀포시 부두로 23
전화 064-733-5353
시간 09:00~20:00 / 화요일 휴무
메뉴 해물국수 13,000원, 고기국수 9,000원

천제연폭포

예술품 같은 세 개의 폭포가 모여 있는 곳

<천제연폭포 관람 정보>

📍 제주 서귀포시 천제연로 132 천제연폭포관리소
☎ 064-760-6331
📅 09:00~18:00
⏰ 2시간
₩ 일반 2,500원, 청소년 1,350원, 어린이 1,350원

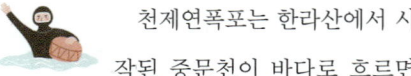 천제연폭포는 한라산에서 시작된 중문천이 바다로 흐르면서 형성된 폭포로, 중문관광단지 내에 있다. 관리소가 있어 관광지가 잘 관리되고 있다는 느낌이 드는데, 나무 펜스가 쳐진 계단을 따라가다 보면 숲이 울창해 마음까지 정화되는

> **TIP**
> 천제연폭포 일대는 난대림지대로 희귀식물인 송엽란과 담팔수가 자생하고 있는데 이 때문에 천연기념물로 지정되어 있어 이곳을 탐방할 때 주의해야 한다.

느낌이 든다. 또한 곳곳에 벤치가 마련되어 있어 숲을 감상하다 지치면 쉴 수도 있다. 이정표를 따라 제1폭포, 제2폭포, 선임교, 제3폭포 순으로 탐방하면 된다.

제1폭포는 기암절벽이 하나의 예술품 같은 곳이다. 절벽 아래에는 에메랄드빛의 호수가 있어 절벽의 모습이 거울처럼 비추어 보인다. 이곳은 평소에는 폭포수가 쏟아지지 않는다. 비가 많이 온 날만 폭포를 감상할 수 있는 건식 폭포이다. 하지만 기암절벽을 감상하는 것만으로도 만족스럽다. 하천 길을 따라 걷다 보면 전망대처럼 만들어진 데크를 볼 수 있는데 이곳에서 제2폭포를 만난다. 3개의 천제연폭포 중 가장 크고 길게 쏟아지는 곳으로 사시사철 폭포수를 볼 수 있다. 웅장하고 시원한 폭포 소리에 속이 다 시원해진다. 이곳에서는 '현폭사후'라는 그림을 설명한 안내판을 볼 수 있는데 제주목사였던 이형상이 폭포를 가운데 두고 건너편에 있는 과녁에 활을 쏘는 그림이

❶ 에메랄드빛의 호수가 인상적인 제1폭포로, 비가 많이 오는 날에 폭포를 볼 수 있다.

다. 본 그림은 제주특별자치도에서 소장하고 있다고 한다. 제3폭포를 향해 걷다 보면 선임교라는 다리가 나타나고, 멋진 풍경에 많은 사람들이 사진을 찍는다. 예쁜 숲길을 따라 나무 계단을 내려가면 제3폭포(p.283)가 보인다. 이 폭포는 밑으로 내려다보아야 폭포의 모습을 관람할 수 있어 다양한 위치에서 폭포를 감상하는 색다른 재미가 있다.

　천제연(天帝淵)이라는 이름은 칠선녀가 모시던 '하나님'의 못에서 유래되었다고 한다. 제2폭포와 제3폭포 사이에 있는 선임교라는 아치형의 다리는 옥황상제를 모시던 칠선녀가 옥피리를 불며 내려와 노닐다 갔다는 전설이 있어 칠선녀 다리로도 불린다. 선임교 양쪽에는 칠선녀 조각상이 있으며, 야간에 석등을 비춰 아름답고 신비로운 느낌을 준다. 천제루라 불리는 누각도 주변 경관을 한층 돋보이게 한다.

　천제연폭포를 보면 그 옛날 선비들이 좋아할 만한 장소였다는 생각이 든다. 멋진 누각에 앉아 폭포 소리를 들으며 책을 읽고 시를 지었을 선비들이 떠오른다. 제주도에는 이름난 폭포들이 몇 곳 있는데 각기 다른 멋을 간직하고 있어 폭포를 찾아다니는 재미가 있다. 천제연폭포는 그러한 재미에 정점을 찍는 곳이다.

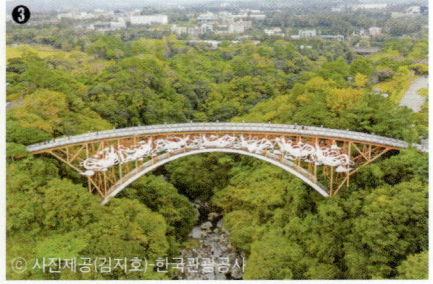

❷ 천제연폭포 중 가장 길게 쏟아지는 물줄기를 볼 수 있는 제2폭포. ❸ 칠선녀가 옥피리를 불며 내려와 노닐다 갔다는 전설이 있는 칠선녀 다리. ❹ 자연 경관과 잘 어울리는 천제루.

아이와 함께 현장 학습 팁!

　고학년 아이라면 제1폭포, 제2폭포, 제3폭포 다 찾아가 보는 것이 좋다. 하지만 저학년이거나 미취학 어린이가 있다면 제3폭포까지 꼭 가겠다는 생각을 버려도 좋다. 제1폭포, 제2폭포 서로 가깝고 코스가 짧은 반면에 제3폭포는 한참 떨어져있기 때문이다.

　제3폭포를 보기 위해 데크 계단을 꽤 내려가야 해서 어린아이들에겐 다소 힘들 수 있다. 아이가 너무 덥거나 습해서 지쳐 있다면 굳이 3개의 폭포를 다 보려 하지 말고 제1폭포와 제2폭포의 멋진 모습을 감상한 뒤 바로 선임교 다리로 가서 즐거운 이야기를 들려주자. 하늘에 사는 선녀가 내려와 이 다리에서 즐겁게 노닐다 갈 만큼 아름다운 곳 중 하나이니, 다리 위에서 아이와 사진을 많이 찍고 탁 트인 풍경을 맘껏 감상하자. 다리 위에서 감상하는 풍경이 정말 멋지기에 그것만으로도 힐링 받는 느낌을 가질 수 있다.

천제연폭포 주변 맛집

돈블럭

건물 외관이나 주변의 꾸밈이 힙해 보이는 고깃집이다. 이곳의 특인은 하귤로 숙성시킨 흑돼지를 맛볼 수 있다는 것인데, 그 맛이 훌륭하다.

위치 서귀포시 천제연로 303
전화 064-738-9897
시간 11:00~22:00(15:00~17:00 브레이크타임) / 일 휴무
메뉴 흑돼지한마리 63,000원, 흑돼지오겹살 19,000원 등

우도

섬 속의 섬,
아름다운 우도 여행

<우도 관람 정보>
- 제주특별자치도 제주시 우도면
- 성산항~하우목동항: 첫 배 07:00, 07:30부터 한 시간 간격 출발 18:00(동절기) 18:30(하절기) 마지막 / 하우목동항~성산항: 첫 배 07:00~18:00 한 시간 간격 출발(동절기 대부분 17:00 막배 마감)
- 반나절~하루
- 왕복 기준 성인 10,500원, 중·고등학생 10,100원, 초등학생 3,800원

*참고: 대부분의 렌터카는 우도에 들어갈 수 없음. 단, 65세 이상의 어르신을 동반한 경우, 7세 미만 영유아를 동반한 경우, 우도에서 숙박을 예약한 경우만 렌터카 진입이 허용됨

우도는 성산 일출봉 남쪽 바다 앞에 있는 섬으로 성산포에서 3.8km, 여객선으로 10분이면 도착하는 거리에 있다. 면적 6.18km², 해안선 길이 17km로 제주도의 63개 부속도서 가운데 가장 큰 섬이다. 여의도 3배 정도 크기의 우도는 '섬 속의 섬'이라 불리며 사람들이 많이 찾는 화산섬이다. 우도는 소가 머리를 내민 모양 또는 누워 있는 모양을 닮았다고 하여 '소섬'이라고 불린다. 이곳에는 4개 행정리가 있는데 천진리, 서광리, 오봉리, 조일리이다. 제주도민들에게 우도는 휴양지로 여겨진다. 제주도는 전체가 관광지이지만 도민들에게는 생활의 터전이기에 여행을 가고 싶을 때 가장 먼저 떠올리는 곳이 우도이다.

우도는 큰 섬이 아니기에 하루 만에 섬의 거의 모든 곳을 돌아볼 수 있다. 우도에서는 관광객을 위하여 전기버스를 운영하여 일일 버스 티켓을 구입하면 편하게 버스를 타고 내리며 우도를 관광할 수 있다. 우도 버스 티켓은 차를 타고 가다가 내리고 싶은 정류장에 내려 관광을 하고 다시 타도 요금을 내지 않아도 된다. 우도는 제주도의 부속 섬이지만 제주도와는 또 다른 느낌을 내는 매력적인 곳이다. 우도에는 모두 4개의 해변이 있는데 톨칸이 몽돌해변, 서빈백사, 하고수동해수욕장, 검멀레해변이다.

그중 서빈백사라고 불리는 산호 해변은 세계적으로도 유례가 없는 홍조 단괴 해변

❶ 산호 해변의 신비함을 가지고 있는 서빈백사. ❷ 동남아 해변에 온 것 같은 하고수동해수욕장.
❸ 검은 몽돌로 가득한 몽돌해변. ❹ 해변의 색이 검다하여 이름이 붙여진 검멀레해변.

으로 이루어져 있다. 얕은 바다에서 자라는 바다풀, 홍조류에 의해서 만들어진 덩어리라고 해서 '홍조 단괴'라고 불리는 입자가 해변을 뒤덮고 있는 곳이다. 여름에 이곳에서 물놀이를 하면 모래가 몸에 달라붙지 않아 좋다. 해변에 앉아 잠시 쉰 후 몸에 붙은 홍조 단괴를 툭툭 털면 바로 떨어지기 때문이다. 멋진 풍경과 신비함을 마음껏 느낄 수가 있다.

하고수동해수욕장은 마치 동남아 해변에 와 있는 것만 같은 착각을 불러일으킨다. 에메랄드빛 바다는 제주도 바다와는 또 다른 느낌을 준다. 하고수동해수욕장에서 사진을 찍으면 환상적인 결과물이 나온다. 모래가 매우 부드럽고 주변의 풍경이 멋져 여름에 편하게 모래사장에 누워 쉬다가 갈 수 있는 곳이다.

이 밖에 검은 몽돌로 해변이 이루어졌다고 하여 몽돌해변이라 불리는 톨칸이(소의 여물통이라는 뜻이다.) 몽돌해변과 해변의 색이 검다하여 이름이 붙여진 검멀레해변도 풍경을 즐기기에 부족함이 없는 곳이다.

　우도는 땅콩이 유명해서 땅콩 아이스크림, 땅콩 막걸리가 잘 알려져 있고 뿔소라, 톳, 보말이 풍부해 우도만의 먹거리가 다양하다. 그래서인지 관광객들은 미니카를 대여해 바닷가와 유명 맛집을 찾아다니는데, 아이와 함께 왔다면 우도의 작은 서점 '밤수지맨드라미'에 가 보는 것을 추천한다. 이 작은 책방은 서울에서 내려온 젊은 부부가 낡은 돌집을 직접 개조하여 만든 곳인데 서양화가 출신인 남자의 예술적인 감각으로 예쁘게 다시 태어났다. 이곳에서는 주로 독립출판사의 책들을 취급하는데, 쉽게 보지 못하는 다양한 책들을 만나는 재미도 있고, 맛있는 드립 커피를 맛볼 수 있다. 아이들을 위한 책들도 마련되어 있으며 아이들이 좋아하는 예쁘고 깜찍한 소품들을 구입할 수 있다. 바쁜 여행에 지칠 때, 잠시 우도 책방에 들러 본다면 마음도 충만해지는 시간이 될 것이다.

　우도로 가족 여행을 계획하고 있다면 하루 숙박을 권장한다. 우도의 진짜 매력은 관광객이 모두 돌아간 저녁 6시 이후에 알 수 있다. 한시도 눈을 못 뗄 정도로 멋진 일몰이 우리를 기다릴 것이다. 섬 속의 섬 우도, 작은 섬이지만 이곳이 있어 제주도 여행이 더욱 풍성하고 빛이 날 것이다.

아이와 함께 현장 학습 팁!

하고수동해수욕장은 여름철 물놀이하기에 더할 나위 없이 좋다. 캠핑 의자 2개를 가져가서 부모들은 앉아 쉬고 아이들은 그 앞에서 물놀이, 모래놀이를 하면 시간 가는 줄 모른다. 또 바다색이 다른 곳과는 다른 파란 에메랄드빛이라 다른 나라에 온 듯한 착각이 들 정도다. 이런 느낌을 충분히 만끽하며 아이들과 해변에서 추억을 쌓자.

홍조단괴 해변가에서 놀이를 하면, 아이들이 색다른 촉감을 경험하게 될 것이다. 몸에 잘 붙지 않는 이상한 모래, 알고 보면 모래가 아니라 홍조류 덩어리다. 돋보기를 들고 가서 자세히 관찰해 보는 건 어떨까?

우도 책방 밤수지맨드라미에는 특색 있는 아이 그림책과 어른 책이 진열되어 있다. 마음에 드는 책을 골라보며 우도 자연 속의 독서와 사색을 즐기는 것도 좋다. 우도와 제주의 매력을 좀 더 알게 될 것이다.

우도 주변 맛집

섬소나이

위치 제주시 우도면 우도해안길 814
전화 064-784-2918
시간 09:30~17:00 / 배 안 뜨는 날 휴무
메뉴 짬뽕 14,000~16,000원(면 대신 밥으로 변경 가능), 우도 피자 17,000원

봉끄랑

위치 제주시 우도면 우도해안길 144
전화 064-784-8899
시간 10:00~17:00
메뉴 레인보우수제버거 13,000원, 블랙버거 13,000원, 우도 하늘스무디 6,500원

가파도

드넓은 청보리밭이
아름다운 섬

<가파도 관람 정보>

📍 제주 서귀포시 대정읍 가파리
☎ 064-794-7130
📅 10분 소요, 운진항~가파도 09:00~16:00(한 시간 간격으로 배 출발, 기상 여건에 따라 달라짐) / 가파도~운진항 09:20~16:20(한 시간 간격으로 배 출발, 기상 여건에 따라 달라짐)
🕐 2~3시간
💰 성인(왕복) 14,100원, 청소년(왕복) 13,900원, 소인(왕복) 7,100원

가파도는 서귀포시 대정읍에 속한 작은 섬이다. 섬의 크기는 성산읍에 가까운 우도보다 약간 작고, 마라도에 비하여 크지만 이 두 섬보다 개발이 덜 되어 섬 그대로의 모습을 간직하고 있다. 섬 모양은 가오리가 넓적한 팔을 한껏 부풀리며 헤엄치는 형상이다. 가파도에 가려면 대정읍의 운진항으로 가야 한다. 운진항은 가파도와 마라도에 들어가려는 주민들과 관광객을 위하여 한 시간 간격으로 배를 운행한다. 10분 정도 배를 타면 가파도가 나오므로 배를 타는 시간이 그리 길진 않다.

가파도는 전체 주민이 200명 남짓으로 고요한 섬이다. 이곳을 찾는 사람 중에는 낚시꾼들이 가장 많은데, 낚시꾼들 사이에서는 낚시의 천국으로 알려져 있다. 섬이 워낙 작아 도보로 넉넉히 2시간 정도면 탐방이 가능하다. 이곳은 섬 전체가 친환경 섬으로 주민들 이외에는 자동차가 들어갈 수 없어 자전거를 타고 탐방할 수 있다.

이곳에 가면 하멜등대를 볼 수 있다. '하멜 표류기'의 하멜이 처음 표류해 도착한 곳이 가파도였다고 하여 등대 이름을 하멜등대로 붙였다. 선명한 빨간색 등대가 가파

도의 푸른 환경과 어울려 멋지다. 섬의 중앙에는 가파도 전망대가 있는데, 전망대라고 높은 산이 아니라 나지막한 언덕에 불과하다. 청보리밭 사이를 산책하듯 걷다 보면 전망대가 나온다. 이곳에 서서 보면 산방산과 마라도까지 전부 볼 수 있다. 탁 트인 풍경에 마음까지 시원해진다. 전망대에는 게르를 세워놓고 방문객들이 소원을 적어 달아 놓을 수 있게 꾸며 놓았는데, 수많은 소원 리본에 적힌 다양한 사연들을 읽는 재미도 있다.

　가파도에 관광객이 가장 많이 오는 시기는 역시 4~5월 '청보리 축제'가 열리는 봄이다. 섬 전체를 푸르게 물들이는 청보리를 보러 오는 관광객들로 매우 붐빈다. 청보리를 배경으로 사진을 찍으면 파란 하늘과 어울려 멋진 사진을 찍을 수 있다. 봄을 제외하면 가파도는 매우 한적하다. 조용히 사색을 하고 싶거나, 혼자만의 여행을 계획한다면 가을과 겨울에 이곳을 찾으면 된다. 가파도는 편의점 하나 없는 곳이다. 마을에 조그만 가게 몇 개가 전부이고, 숙박시설도 대부분 오래된 민박이다. 그만큼 발달이 되어 있지 않다. 가파도에서 하룻밤 지내고 싶다면 준비해 갈 것들이 많다. 가족끼리 여행한다면 아침 일찍 들어가 오후에 배를 타고 다시 나올 것을 권한다.

　가파도에는 올레길 10-1코스가 있어 길을 걸으며 가파초등학교와 등대를 볼 수 있고, 청보리 아이스크림을 맛볼 수도 있다. 제주도 여행에서 특별한 경험을 남기고 싶은 사람들이 있다면 가파도를 방문해 보기를 바란다.

아이와 함께 현장 학습 팁!

아이가 고학년이라면 자전거 트래킹을 추천한다. 아이가 저학년이라면 올레길을 걸으며 가파도의 아름다운 풍경을 눈에 담아 보자. 아이들과 함께 청보리 아이스크림을 먹으며 걸으면 고단함이 가신다. 청보리밭을 배경으로 SNS에 올릴 만한 멋진 사진도 찍어 보자. 제주의 따뜻한 봄 햇살과 청명한 하늘과 바다 그리고 청보리의 물결이 어우러져 그야말로 핫한 사진을 많이 건질 수 있을 것이다.

=== 가파도 주변 맛집 ===

가파도 해물짜장짬뽕

너무나도 싱싱한 해물이 듬뿍 들어간 짬뽕과 짜장면이 유명한 곳이다.

위치 서귀포시 대정읍 가파로67번길 1
전화 064-794-6463
시간 09:00~15:30
메뉴 해물짬뽕 15,000, 해물짜장 9,000원

블랑로쉐

깔끔한 보리 디저트와 함께 가파도 뷰를 감상하기 좋은 곳이다. 특히 청보리 아이스크림은 꼭 맛보도록 하자.

위치 서귀포시 대정읍 가파로 239
전화 0507-1381-3370
시간 11~3월 10:30~16:00, 4~10월 10:30~17:00 / 풍랑주의보 발령 시 휴무
메뉴 청보리 아이스크림 6,500원, 가파도 보리크림라떼 8,500원, 한라봉에이드 7,500원

비양도

비양나무를
볼 수 있는 유일한 곳

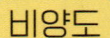
ⓒ 사진제공(김지호)-한국관광공사

<비양도 관람 정보>

📍 제주 제주시 한림읍 비양도

📅 한림항~비양도 천년호 09:00, 12:00, 14:00, 16:00 / 비양도호 09:20, 11:20, 13:20, 13:20 비양도~한림항 천년호 09:15, 12:15, 14:15, 16:15 / 비양도호 09:35, 11:35, 13:35, 15:35 휴무일 천년호 첫 번째, 세 번째 주 화요일 / 비양도호 두 번째 주 화요일 또는 네 번째 주 화요일

⏰ 1~2시간(이동 시간 10분)

💰 성인 12,000원, 소인(만 2~11세), 6,000원 / 왕복 금액

비양도는 제주도에서 아름답기로 유명한 협재해수욕장에서 한눈에 보이는 섬이다. 비양도라는 이름은 고려 시대 중국에서 한 오름이 날아와 비양도가 되었다는 이야기가 있다. 즉 '날아온 섬'이라는 뜻을 가지고 있다. 비양도에 가기 위해서는 한림항으로 가야 한다. 한림항에서 비양도 배표를 구입해야 하는데, 비양도에 가는 배는 천년호와 비양도호 두 가지가 있다. 워낙 가까운 거리라 배를 타고 10분만 가면 도착한다. 멀지 않은 거리지만 배를 타기 때문에 여행하는 기분이 든다.

비양도항에 배가 정박하면 그때부터 비양도 여행이 시작된다. 비양도는 서쪽에서 동쪽 가장 먼 직선거리가 1km가 되지 않는다. 해안선의 길이가 2.5km로 해안 둘레길을 도는 시간이 1시간~1시간 30분밖에 걸리지 않는다. 워낙 작은 섬이기에 자동차가 필요 없고 걸어 다니며 섬을 탐방할 수 있다. 자전거를 대여해 주는 곳도 있으니 도보가 힘들다면 고려해 보기 바란다.

비양도행 배가 있기는 하지만 몇 번 다니지 않아 관광객이 많지 않고 한적하다. 이곳을 한 바퀴 돌다 보면 한림초등학교 비양분교를 만날 수 있다. 지금은 학생이 없어 휴교한 학교이지만, 시골의 분교는 따뜻한 느낌을 준다. 비양도에서 가장 유명한 곳

ⓒ 사진제공(김지호)-한국관광공사

❶ 드넓은 잔디 운동장이 있는 비양초등학교. ❷ 비양봉 정상에 보이는 하얗고 조그마한 무인등대.
❸ 톱니 모양의 나뭇잎이 인상적인 비양나무.

은 수상 데크 로드가 있는 습지인 '펄랑못'이다. '펄랑'은 우리나라 유일의 염습지로 밀물 때는 해수가 밀려들고 썰물이 되면 다시 담수호가 되는 신비로운 곳이다. 현재는 수백 종의 각종 염생 생물들이 어우러져 살아가는 제법 큰 규모의 습지로 그 풍경이 멋져 사진을 찍기에 좋다.

섬 한가운데에 있는 오름은 '비양봉'이다. 비양봉은 높지 않아 금방 오를 수 있는데, 비양봉 정상에 오르면 하얗고 조그만 무인 등대가 있다. 오름 위에 있는 유일한 등대이다. 이외에도 비양도를 탐방하다 보면 재미있는 모양의 바위를 만날 수 있다. 코끼리를 닮은 코끼리 바위도 볼 수 있고 비양분교를 지나 10분 정도의 거리에는 '애기 업은 돌'도 만날 수 있다. 이름 때문인지 갓난아기를 등에 업고 바닷가를 보는 듯한 모양이어서 신기했다.

비양봉은 두 개의 분화구가 있는데 이곳에 약 $10m^2$ 면적의 비양나무가 집단으로 군락을 이루고 있는 것을 볼 수 있다. 비양나무는 비양도에서만 볼 수 있는 제주특별자치도 기념물 제48호로 지정되어 있다. 톱니 모양의 나뭇잎과 암자색의 작은 가지가 신기하다. 이처럼 비양도는 작지만 신비한 섬이다. 비양도는 아무런 생각 없이 걷기에 좋다. 해안선을 따라 서서히 걷다 보면 한 시간도 되지 않아 출발했던 곳으로 오게 된다. 가족과 함께 왔다면 가족끼리 이야기를 하며 함께 발걸음을 맞추어 걷기를 추천한다. 잊지 못할 여행이 될 것이다.

아이와 함께 현장 학습 팁!

이곳은 작고 정감 있는 제주 시골의 느낌이 그대로 살아 있는 곳이다. 인위적인 느낌이 전혀 없는 자연의 모습에 푹 빠지면서 힐링하는 시간을 가지면 된다. 섬이 워낙 작아서 한 시간 정도면 섬을 한 바퀴 돌아볼 수 있다. 자전거를 타며 돌아봐도 좋다. 아이들과 이곳의 자연에서 놀거리를 찾아보는 것도 좋다. 모래놀이, 돌탑 쌓기, 돌 던지기, 나뭇가지로 놀기 등 자연에서 할 수 있는 놀이를 떠올려 보자. 또 지금은 휴교 상태인 비양초등학교의 드넓은 잔디운동장에서 실컷 뛰어놀아 보는 것도 추천한다.

비양도 주변 맛집

호돌이식당

예쁜 비양도에 친절한 사장님이 소박하게 차려주시는 한 끼 식사를 맛볼 수 있는 곳이다.
위치 제주시 한림읍 비양도길 284
전화 064-796-8475
시간 09:00~16:00
메뉴 보말죽 14,000원

마라도

우리나라 최남단의 섬으로 떠나 보자

<마라도 관람 정보>

- 📍 제주 서귀포시 대정읍 가파리 600
- ☎ 064-120
- 📅 운진항~마라도 09:40, 11:10, 12:20, 13:50, 14:30(편도), 15:10(편도)
  마라도~운진항 10:20, 11:50, 13:00, 14:30, 15:50
- 🕐 2~3시간(이동 25분 소요)
- ⓦ 성인(왕복) 18,000원, 청소년(왕복) 18,000원, 소인(왕복) 9,000원

마라도는 우리나라 최남단의 섬으로 지정학적, 학술적, 관광적인 면에서 의미가 있는 곳이다. 운진항에서 약 25분 정도 들어가면 마라도가 나오는데, 원래 마라도는 사람이 살지 않던 무인도였다. 조선 고종 때 김씨 일가가 대정현감에게 개간 승인을 받으면서 사람이 사는 유인도가 되었다. 마라도는 가파도에 비해서도 훨씬 작은 섬인데 많은 사람들이 찾아서인지 관광객을 위한 시설들이 잘 갖추어져 있다. 가파도에는 있지 않은 편의점이 마라도에는 2곳이나 있으며 깨끗하고 다양한 숙박시설과 '마라도 자장면'으로 대표되는 음식점이 여러 군데이다. 특히 '마라도 톳 자장면'은 맛있기로 유명한데 제주도에서 흔하게 나는 톳을 자장면에 넣어 해산물 맛을 진하게 내었다. 마라도에 왔다면 모두들 한 번은 맛을 보는 음식이다.

마라도에는 130명 정도의 인구가 살고 있는데 세 가지 종교를 모두 볼 수 있다. 천주교, 불교, 기독교이다. 특히 마라도에서 잡히는 전복, 문어, 소라를 형상화한 마라도 성당은 아담하지만 예쁜 성당으로 많은 사람들이 찾는다. '기원정사'라는 작은 절에서 불공을 드리는 관광객도 볼 수 있다. 마라도의 작은 교회도 아담한 시골 교회의 모습이라서 정겹다.

❶, ❷, ❸ 마라도에서는 작은 섬이지만 특이하게 세 가지 종교를 모두 볼 수 있다.(순서대로 마라도 성당, 마라도 교회, 기원정사) ❹ 대한민국 최남단 표지석

이곳의 명소로는 할망당, 장군바위, 마라도 등대가 있다. 할망당은 마라도의 수호신과 같은 역할을 하며, 많은 마라도 주민들이 제를 올리는 곳이다. 장군바위는 하늘의 수호신이 강림하여 땅에서 사는 지신을 만나러 오는 장소로 주민들이 해신제를 지낸다. 마라도 주민들은 장군바위를 신성하게 여긴다. 국토 최남단의 마라도 등대는 밤바다를 항해하는 선원들에게 '희망의 불'로 불린다. 휴식 공간도 준비되어 있어 마라도를 찾는 여행객들에게 인기를 얻고 있다.

마라도를 방문한 관광객들이 꼭 사진을 찍는 곳이 있다. 우리나라 최남단의 섬을 방문했다는 기록을 남기기 위해 찾는 '대한민국 최남단 표지석'이다. 이곳은 방문객들이 사진을 찍기 위해 긴 줄을 서기도 한다.

마라도는 매우 작은 섬이다. 섬 중앙에 서서 둘러보면 섬 전체가 한눈에 보일 정도로 작다. 특이하게 나무가 거의 없어 바람이 불면 그 바람을 고스란히 맞아야 한다. 그러한 까닭에 마라도의 건물과 집들은 모두 최대한 낮게 지어졌다. 마라도는 날씨가 좋지 않으면 배가 끊기기 일쑤이므로 날씨가 좋아야 방문할 수 있다. 마라도를 방문하려면 반드시 날씨를 확인해야 한다. 또한 마라도에서 숙박을 하는 관광객들은 고요한 섬에서 하룻밤 자는 특별한 경험을 할 수 있다. 음식점과 편의점 등의 시설이 섬 안에 잘 갖추어져 있어 하루 정도 머물고 오는 것도 좋은 경험이 될 것이다.

아이와 함께 현장 학습 팁!

　마라도 당일 여행의 경우 배편은 마라도에 2시간 30분~3시간 정도 머물렀다 갈 수 있도록 티켓을 판매하고 있다. 보통 10시~11시쯤 들어가서 2~3시쯤 배를 타고 나온다고 생각하면 적당하다. 배를 타고 들어가서 천천히 걸으며 풍경도 감상하고 마을 구경을 하다가 점심을 먹고 최남단에 가서 사진을 찍으며 대한민국의 제일 남쪽에 있음을 느껴 보자.

　최남단의 바다는 다른 바다보다 훨씬 더 푸르러 보인다. 다시 돌아 나와서 걷다 보면 선착장에 도착할 때쯤 배에 탈 시간이 될 것이다. 마라도에는 편의점이 2개 있어서 급하게 필요한 아이 물건을 구입하기도 용이하다. 유모차를 가져가서 돌아보기도 괜찮은 장소이니 어린 동생과도 함께 갈 수 있을 것이다.

=== 마라도 주변 맛집 ===

원조마라도해물짜장면집

마라도는 과거에 광고 "짜장면 시키신 분~"이라는 광고 멘트로 유명해져 중국음식점이 많은데, 이곳은 <무한도전> 촬영지로 유명한 곳이다.

위치 제주 서귀포시 대정읍 마라로101번길 48
전화 064-792-8506
시간 10:00~16:00 / 일요일 휴무
메뉴 마라도해물짜장면 9,000원, 해물짬뽕 15,000원, 탕수육 25,000원

1100고지 습지

차를 타고
한라산에 올라요

<1100고지 습지 관람 정보>
- 제주 서귀포시 1100로 1555
- ☎ 064-728-6200
- 📅 24시간
- ⏰ 1~2시간
- ₩ 무료

1100고지는 가장 높은 곳의 해발고도가 1,100m인 데서 붙은 명칭이다. 차를 타고 한라산의 풍경을 감상할 수 있는 곳으로 유명하다. 한라산 중턱에 자리 잡고 있으며, 한라산의 남쪽과 북쪽을 가르는 경계이기도 하다. 이곳은 설경이 특히 유명해 겨울철 눈이 내리면 한라산의 눈꽃을 보기 위해 많은 사람들이 찾는다. 등산이 부담되는 사람들에게 인기 있는 곳이다.

제주도에는 습지로서의 중요성을 인정받아 국제협회가 보호하는 습지인 '람사르 습지'가 다섯 곳 있는데 '동백동산 습지, 물영아리 습지, 물장오리 습지, 숨은물벵듸 습지, 1100고지 습지'가 그곳이다. 1100고지 습지는 한라산국립공원 생물권보전지역 안에 있으며, 13ha 면적에 민물성 늪과 식물로 구성되어 생물 다양성이 풍부한 고지대 습지이다. 1100고지 습지는 독특하고 희귀한 유형의 습지이며, 다양한 천연기념물과 멸종 위기의 생물들이 살고 있다.

1100고지 주차장 도로 맞은편에 습지가 있는데, 이곳에 들어서면 나무 데크를 따라 산책하며 습지를 관람할 수 있다. 굳이 한라산 정상까지 가지 않아도 깊은 산속에 온 것 같은 맑은 기운을 느낄 수 있다. 봄, 여름에는 녹음이 짙은 낙엽활엽수림을 걸

을 수 있고 가을에는 단풍이 진 아름다운 숲을 볼 수 있으며, 겨울에는 눈이 내린 숲을 감상할 수 있다. 청정 한라산 지대의 자연이 그대로 보존되어 있어 생물학적, 지리적으로도 가치가 높다.

이곳은 특히 겨울에 사람들이 많이 찾는다. 1100고지에서 바라보면 온통 하얀 눈으로 뒤덮인 한라산의 설경과 주위 경관을 감상할 수 있다. 물론 눈 쌓인 한라산을 탐방하는 것이 설경을 보기에 가장 좋은 방법이지만 산행을 두려워하는 사람들에게는 이곳이 부족하지만 대안이 될 수 있다.

1100도로는 한라산 중턱까지 올라가는 드라이브 코스로 가족, 연인과 함께 편안하게 드라이브를 즐길 수 있어 좋다. 그래서인지 관광객뿐 아니라 제주도민들도 자주 찾는다. 1100도로 휴게소 2층에서 멋진 한라산의 풍경을 감상할 수 있으며 건너편의 아름다운 습지에서 맑은 공기를 누리며 산책을 할 수 있다. 아직 1100고지 습지를 방문해 보지 않았다면 이곳을 여행 계획에 넣어 보는 것은 어떨까? 숲에서 즐기는 힐링 여행, 1100고지 습지에서 즐겨 보자.

아이와 함께 현장 학습 팁!

 차를 타고 가다 보면 귀가 멍멍해지는 느낌이 들 때쯤 1100고지에 들어섰다고 보면 된다. 혹시 근처에 도착했을 때 아이가 귀가 아프다고 하지는 않는지 체크하고 여행 시작! 1100고지 습지의 산책로를 걸어 보자. 멸종 위기에 처한 동물들이 빼꼼히 고개를 내미는 모습을 본다면 운이 아주 좋은 것이다. 산책로 코스가 그리 길지 않아 유모차를 타는 어린아이들도 천천히 걸음마 하며 산책할 수 있는 코스이다. 사계절 다른 모습을 보여 주는 습지의 경관을 바라보면 그 자체로 힐링이 된다. 한라산과 나무, 습지가 만들어 낸 자연경관을 배경으로 하는 포토존에서 가족사진을 남겨 보자. 가족 모두에게 큰 선물이 될 것이다.

1100고지 습지 주변 맛집

소소식당

건강한 슬로우푸드를 지향하는 소소하고 깔끔한 식당으로 건강한 음식을 아이와 함께 맛보도록 하자.
위치 서귀포시 대포로 69-12
전화 064-738-2257
시간 11:00~15:00 / 수요일 휴무
메뉴 제주해물전골우동 16,000원, 멍게비빔밥 13,000원, 영양주먹밥 5,000원

바다다

이국적인 제주 바다 뷰를 제대로 즐기며 시원한 음료를 맛보고 싶다면 찾아가도록 하자.
위치 서귀포시 대포로 148-15
전화 064-738-2882
시간 10:00~01:00(비수기 11:00~18:00)
메뉴 아메리카노 8,000원

한담해안산책로

아이와 함께
걷기 좋은 해안산책로

<한담해안산책로 관람 정보>
- 제주 제주시 애월읍 곽지리 1359
- 24시간
- 1~2시간
- 무료

한담해안산책로는 제주도 북서부 끝 애월리 마을에서 곽지리의 곽지해수욕장까지 해안을 따라 조성되어 있다. 총길이 1.2km의 산책로가 구불구불하게 이어진 아름다운 해안선을 따라 바다와 가깝게 붙어 있어 애월의 푸른 바다를 감상하며 여유롭게 산책을 즐길 수 있다. 2009년 7월 제주시가 기존의 관광 명소 이외에 제주시 일대의 대표적인 장소 31곳을 선정해 발표한 '제주시 숨은 비경 31' 중 하나이다. 봄에는 주변으로 유채꽃이 피어, 제주 바다와 샛노란 유채꽃이 한눈에 보이는 풍경을 감상할 수 있다. 야자나무 사이사이 유채꽃이 보이고 바로 뒤편에는 애월 바다가 펼쳐진다.

이곳은 산책로가 완만하고 잘 정비되어 있어 편하게 걷기에 좋다. 데크와 매끈한 돌로 길이 조성되어 있고 한담해변의 푸른 바다를 바로 눈앞에서 감상하며 산책을 할 수 있다. 파도가 산책로 바로 앞까지 밀려와 시원한 파도 소리를 들을 수 있다. 한담해안산책로를 따라 걸으면 푸른 바다를 마음껏 감상할 수 있는 예쁜 카페들이 있다. 특히 드라마 촬영지로 쓰였던 카페 '봄날'은 마치 하나의 독립된 공원 같다. 음료를 입구에서 주문해야만 들어갈 수 있는데 카페의 야외에는 웰시코기 강아지가 3마

리 있고, 알록달록 칠해진 건물의 외부는 동화나라에 온 것 같은 착각이 들게 한다. 카페 내부의 통유리로 애월의 바다가 시원하게 펼쳐져 있어 멋진 뷰를 감상하며 음료를 마실 수 있고, 예쁜 조명이 켜진 야외 테라스 카페는 낭만적인 분위기를 내기에 충분하다. 카페 '봄날' 외에도 한담해변의 멋진 풍경을 감상할 수 있도록 배치된 카페들이 해안로를 따라 들어서 있어 많은 관광객들이 찾는다.

 이곳은 아이들과 함께 오기에 적당한 산책로이다. 아이들은 어른과 달라 바다의 풍경을 보며 감상에 젖기는 힘들지만, 산책로가 힘들지 않아 잘 따라 걷는다. 날씨가 따뜻한 날 바다를 보며 잠시 여유를 갖고 싶다면 한담해안산책로를 따라 걸어 보는 것도 좋은 선택이다. 이곳이 유명세를 타면서 주변에 많은 음식점이 들어서고 주차 시설이 만들어지는 등 관광객을 위한 편의성도 높아졌다. 날씨가 따뜻해지는 봄날, 한담해변을 따라 걷는 여유를 한번 누려 보자.

아이와 함께 현장 학습 팁!

한담해변은 밝고 푸른 바다색 때문에 마치 외국에 온 듯한 착각이 들 만큼 인상적이다. 또 조성된 산책로가 가파르지 않으면서도 바다와 가까이 나 있어 바다를 그대로 느끼기에 좋다. 해변가 주변으로 아기자기하게 구성된 상점들도 함께 구경하는 재미가 있다. 아이들이 지루해할 때쯤 캔들 공방이나 소품 숍에서 제주의 자연에서 영감을 얻은 예쁜 소품들도 함께 보면서 자연이 우리에게 얼마나 많은 것을 느끼게 하는지 생각해 보자.

한담해안산책로 주변 맛집

제주 갈치한담 애월점

한담 근처에서 맛있는 제주도의 대표 음식을 먹고 싶다면 이곳을 방문하자.
위치 제주시 애월읍 애월로1길 24-11
전화 0507-1408-0781
시간 09:30~21:00
메뉴 제주통갈치 해산물 조림세트 86,000원

한라봉스시

네이버 예약 후 방문 추천. 한담해변 뷰를 바라보며 먹는 초밥. 대형 계단에 한라봉 즙으로 만든 스시가 쫘르륵 펼쳐져 있어요.
위치 제주시 애월읍 애월북서길 54, 2층
전화 070-4566-9001
시간 10:00~21:00
메뉴 천국의계단 초밥 98,000원, 런치초밥 15,000원

월정리 바다

해외여행을 온 듯한
에메랄드빛 바다

<월정리 바다 관람 정보>

📍 제주 제주시 구좌읍 월정리 33-3
📅 24시간
🕐 2~3시간
ⓦ 무료

월정리 바다는 제주도의 동쪽 구좌에 있는 아름다운 바다이다. '월정리'라는 지명은 '달이 머문다'라는 의미인데 그림 같은 에메랄드빛 바다와 그 위에 비친 밝은 달이 연상되는 감성적인 이름이다. 원래 월정리는 사람들이 많이 살지 않는 조용한 마을이었는데 아름다운 바다가 유명세를 타면서 지금은 관광객이 가장 많이 찾는 제주도 바다 중의 하나가 되었다.

월정리를 방문한 관광객들은 바닷가 인도를 따라 마련된 여러 군데의 스폿에서 사진을 남기는데 특히 옛날 학교 걸상을 알록달록 페인트로 칠해 배치한 의자에서 사진을 찍는 것이 인기이다. 의자에 앉아 에메랄드빛 바다를 배경으로 한 팔을 올리고 브이를 하며 사진을 찍는 것은 이곳에 다녀왔다는 증표처럼 남는다. 월정리 바다를 따라 늘어선 예쁜 카페들도 관광객들이 좋아하는 곳이다. 멋진 바다의 풍경을 카페에서 바라볼 수 있으니 사람들이 좋아한다.

수심이 완만하고 얕아 아이를 둔 부모들은 여름에 가족과 함께 물놀이하기에 좋으며, 요즘은 서핑, 스노클링, 카약 등 다양한 수상 스포츠를 이곳에서 즐기는 젊은이들

이 많아 해수욕장을 절반으로 나누어 운영하고 있다. 여름에 이곳에 가면 바다의 왼편에서는 가족들이 물놀이를 하고 부표로 나눈 바다의 오른쪽에서는 젊은이들이 다양한 수상 스포츠를 즐긴다. 월정리 바다가 서퍼들에게 인기가 있는 이유는 파도가 지속적으로 일정한 높이로 들어오기 때문이다. 서핑을 배우려는 사람들이 늘면서 매년 여름이면 이곳에서 서핑 스쿨이 열린다. 모래 위 서프보드에 누워 서핑을 배우는 사람들과 바다 위에서 멋지게 실력을 뽐내는 사람들을 볼 수 있다.

월정리 바다는 제주도의 많은 바다 중에 바다의 빛이 가장 아름다운 곳으로 유명하다. 날씨가 좋은 날 이곳에 오면 이곳이 대한민국인지, 동남아의 휴양지인지 구별이 안 갈 정도로 아름답다. 2년 전까지만 해도 유명세에 비하여 해수욕장의 편의시설이 좋지 않아 아쉬웠는데 해수욕장을 정비하면서 관리소와 화장실을 다시 지어 쾌적해졌다. 대한민국의 동남아 휴양지, 월정리 바다! 올여름에는 월정리의 아름다운 바다에서 물놀이를 해 보는 것은 어떨까?

> ### 아이와 함께 현장 학습 팁!
>
> 월정리는 바다를 두 구획으로 나누어 서핑하는 곳과 해수욕을 하는 곳을 따로 운영한다. 아이가 어리다면 해수욕을 하는 곳에서 물놀이를 즐길 것을 추천한다. 비교적 수심이 낮은 편이라 아이들이 놀기에도 안전하고, 해변의 모래알이 하얗고 고와서 모래놀이하기도 좋다. 초등 중학년 이상의 아이들이라면 서핑 체험을 추천한다. 월정리는 서퍼들의 명소로 소문나면서 서핑 강습하는 곳이 많다. 초보자들이 입문하기에도 적당한 환경이라 초등학생들이 강습을 받기에도 적합하다.

==== 월정리 바다 주변 맛집 ====

제주로움

아이들이 좋아하는 제주 메뉴가 취향별로 다양한 찐 맛집. 뷰 맛집으로도 유명하다.

위치 제주시 구좌읍 월정3길 14 2층
전화 010-6851-8252
시간 10:30~19:00 / 금요일 휴무
메뉴 현무암 카츠 12,000원, 맨도롱 우동 10,000원, 연어몬딱 17,000원

부이크브루어스

월정리 옆 '코난비치'로 유명해진 행원리의 조용한 로스터리 카페다. 바로 앞에 공영주차장과 놀이터가 있어 편하고 커피가 엄청 맛있다.

위치 제주시 구좌읍 행원로9길 4
전화 010-6547-6716
시간 10:00~18:00 / 목요일 휴무
메뉴 아메리카노 4,500원, 수박주스 7,000원, 스페셜커피 변동

색달해수욕장

하와이의 와이키키
해변이 제주도에

<색달해수욕장 관람 정보>
- 제주 서귀포시 중문관광로72번길 29-51
- 정해진 것 없음
- 2~3시간
- 무료

전국적으로 서핑의 인기가 나날이 높아지고 있다. 서핑은 파도의 높이와 파도의 빈도가 중요한데 제주도에 '서핑의 성지'라 불리며 한해 100만 명의 관광객들이 찾는 바다가 있다. 바로 색달해수욕장이다. 서핑은 수온이 따뜻한 여름에 많이 하지만 서핑복을 잘 갖추어 입으면 너무 추운 겨울을 제외하고는 사계절 내내 즐길 수 있는 스포츠이다. 그래서인지 색달해수욕장에는 서핑을 즐기는 사람들로 1년 내내 가득하다.

색달해수욕장은 대한민국의 와이키키 해변이라 불린다. 해변이 호선형으로 넓고 길게 펼쳐져 있어 보기만 해도 시원하고 이국적이다. 또한 중문단지에는 열대 나무들이 많이 심어져 있는데 주변의 환경과 더불어 열대 국가에 온 듯한 착각이 든다. 이곳은 파도가 높고 잦다. 우리나라의 바다는 해안가에 돌이 많고 파도가 낮아 서핑을 하기에 적합하지 않은 곳이 많은데 이곳은 모래사장이 넓게 펼쳐져 있고 파도가 다른 바다에 비해 높아 서핑족들이 선호하는 곳이다. 또한 튜브를 타고 평화롭게 떠 있는 사람들을 파도 한 번에 모래사장으로 빠르게 옮겨다 놓는 재미있는 광경을 볼 수 있다. 물론 그만큼 물놀이 안전사고에 유의해야 한다. 다행인 것은 여름철이면 부표를 띄워 깊은 곳에서 물놀이를 하지 못하도록 하고 있고, 제주도청과 청년회가 중심이

ⓒ 사진제공(김저호)-한국관광공사

된 마을회에서 안전 요원을 배치하고 관리하고 있다.

서핑의 성지답게 매년 6월 이곳에서는 국내에서 가장 큰 규모의 국제 서핑 대회가 열린다. 또한 1999년 환경운동연합이 실시한 수질환경성 조사 결과 전국 44개 해수욕장 가운데 최고의 청정 해수욕장으로 선정되었을 정도로 수질이 깨끗하다. 천제연 폭포와도 연결이 되어 있는데, 폭포로 가는 길 쪽 계단으로 내려오면 해녀상이 있어, 제주도 해녀의 모습을 한눈에 살펴볼 수도 있다.

이곳이 젊은이들이 많이 찾는 관광지가 된 만큼 주변에는 다양한 음식점과 예쁜 카페가 자리 잡고 있다. 카페의 테라스에 반쯤 누워 바다를 보며 음료 한잔을 할 수 있고, 지친 마음을 달랠 수도 있다. 색달해수욕장이 위치한 중문단지는 자녀와 함께 있는 가족을 위해 다양한 박물관과 식물원, 체험관 등이 있어 가족끼리 오기에 좋은 곳이다. 중문단지에 며칠을 머물러도 볼 것과 즐길 것, 먹을 것이 많아 만족스러울 것이다. 제주도 중문 쪽을 관광한다면 색달해수욕장을 잊지 말고 꼭 찾아보기를 바란다. 하와이 와이키키 해변보다 멋진 제주도 바다의 모습을 감상할 수 있을 것이다.

아이와 함께 현장 학습 팁!

색달해수욕장은 파도가 꽤 높고 물살이 센 편이므로 물놀이 시 안전에 유의해야 한다. 익사이팅한 물놀이 체험을 원한다면 시도해도 좋지만 어린아이가 있어 안전이 우선이라면 다른 곳으로 가는 게 좋다. 색달해수욕장의 뷰는 말할 것도 없이 너무 아름다워서 많은 이들이 바다를 감상하기 위해 이곳을 찾기도 한다. 부모님과 아이가 모두 즐길 것이 많아 제주의 정취를 마음껏 느끼기에 좋다.

색달해수욕장 주변 맛집

더 클리프

부모님은 피맥, 아이들은 파스타나 버거를 즐기기 좋은 곳이다. 더불어 중문 아름다운 바다 뷰를 마음껏 감상할 수 있으니 이보다 더 좋은 곳은 없다.
위치 서귀포시 중문관광로 154-17
전화 064-738-8866
시간 09:30~23:00(비수기 11:30~22:00)
메뉴 흑돼지 멜젓 파스타 22,000원, 더클리프 피자 33,000원

꽃돼지연탄구이

중문에서 신선하고 맛있는 흑돼지 전문점. 흑돼지뿐만 아니라 제주 백돼지도 판매하고 있다.
위치 서귀포시 이어도로 227
전화 064-738-0018
시간 12:00~22:00
메뉴 흑돼지근고기(600g) 66,000원, 제주백돼지(600g) 54,000원, 김치찌개 6,000원

성이시돌목장

척박한 땅에서 일궈 낸 거대한 초원

<성이시돌목장 관람 정보>
- 제주 제주시 한림읍 산록남로 53
- 09:00~18:00
- 1시간
- 무료

성이시돌목장은 제주도의 척박한 땅인 한림읍에 위치하고 있다. 이 곳은 드넓은 평지가 있지만 바람이 워낙 세서 사람이 살기 힘든 곳으로 유명하다. 이곳의 부지는 16만 5,000m^2로 실로 어마어마하다. 아일랜드 출신 패트릭 제임스 맥그린치 신부가 1954년 제주도에 온 뒤 가난한 제주도민들에게 자립의 기틀을 마련해 주고자 1961년 11월 성이시돌 중앙실습목장을 개장하였다. 이시돌은 후에 로마가톨릭교회에서 정한 농민의 주보 성인(聖人)이 되었다.

1962년 비영리사업을 위해 이시돌 농촌산업개발협회를 설립해 양을 키우고 양털로 양모 제품을 생산하는 한림수직과 사료공장 등을 운영하였다. 1969년부터 뉴질랜드와 오스트레일리아에서 소·면양·종돈 등을 들여와 한때 100만 마리의 가축이 있었을 정도로 동양 최대의 돼지 목장이 되었다. 지금은 치즈·우유공장이 있고 젖소, 한우, 경주마를 사육하고 있다.

이곳은 입장료가 없다. 출입문이 따로 있지 않아 주차장에 차를 세우고 자유롭게 산책할 수 있다. 워낙 넓은 부지여서 말들이 뛰어노는 목초지 울타리 주변을 걷는 것만으로도 시간이 꽤 걸린다. 관광객들은 드넓은 초원에서 뛰어노는 말들을 배경으로 사진을 찍으러 많이 찾아온다. 성이시돌목장은 이곳에서 생산된 유제품을 구입할 수 있어 더욱 유명한 곳이다. 특히 우유, 치즈 등은 그 맛이 특별해 많은 사람들이 좋아한다. 또한 이곳에서 운영하는 카페인 '우유부단'에서는 신선한 우유로 만든 밀크티와

밀크 아이스크림, 밀크커피 등을 판매한다. 카페 앞의 넓은 초원에 있는 우유 팩 모양의 벤치에 앉아 음료를 마시며 풍경을 감상할 수도 있다.

성이시돌목장에서 가장 유명한 것은 '테쉬폰'이다. 이라크 바그다드에서 가까운 테쉬폰이라는 지역에서 만들어진 독특한 건축양식으로 성이시돌목장에만 있다. 지금 남아 있는 '테쉬폰'은 1961년에 직원들의 숙소로 만들어졌다고 한다. 곡선형의 숙소는 바람이 센 제주도 지역의 특성과 어울린다. 낮고 튼튼한 콘크리트 건물의 나선형 모양은 제주도 바람을 그대로 넘겨 버릴 것만 같다. 독특한 모양의 건축물 앞에서 기념사진을 찍고 건축물 내부에 들어가 보는 특별한 경험을 할 수 있어 제주 여행 성수기에는 관광객들이 길게 줄을 서서 기다린다.

이곳에 오면 외국인이지만 제주도민의 삶에 관심을 가지고 목장을 일구었던 이시돌의 제주도에 대한 사랑과 집념을 느낄 수 있다. 또한 탁 트인 넓은 목장과 주변의 경관에 마음까지 시원해진다. 성이시돌목장은 들판이 푸릇푸릇한 봄과 여름에 가는 것이 좋다. 억새가 피는 가을도 물론 괜찮다. 하지만 겨울에는 차갑고 센 제주도 서쪽의 바람에 서 있기도 힘들 것이다. 제주도의 드넓은 초원 위에서 멋진 인생 사진을 남기고 싶다면 이곳을 한번 방문해 보기를 바란다.

❶ 독특한 건축 양식이 인상적인 테쉬폰 ❷, ❸ 성이시돌목장에서 가장 핫한 장소인 우유부단. 유기농 우유로 만든 아이스크림과 음료를 맛볼 수 있다.

아이와 함께 현장 학습 팁!

　복잡한 대도시의 쳇바퀴 도는 삶에 지쳐갈 때, 쉼이 필요하여 제주에 왔다면, 성이시돌목장에서 사색의 시간을 갖는 것을 추천한다. 이곳은 일반적인 관광지와는 다른 느낌을 주기에 아이들도 색다른 분위기를 느낄 수 있다. 넓은 부지의 목장을 걸어 다니면서 자연이 만들어 내는 아름다운 풍경에 연신 사진을 찍고 싶을 것이다. 드넓은 초원에서 방목하는 말들이 유유자적 풀을 뜯고 있는 모습을 보며, '아, 가장 제주다운 곳에 왔구나'라고 느낄 수 있다. 또 척박한 땅에서 삶을 일궈나간 스토리를 통해, 조용하지만 강인한 삶에 대한 의지도 느낄 수 있어 무기력해진 아이들에게도 귀감이 된다.

성이시돌목장 주변 맛집

금악 똣똣라면

라면 마니아 가족이라면 여기로! 모자반이 들어간 몸밥도 함께 먹어 든든하다.
위치 제주시 한림읍 금악로 18
전화 010-7120-8253
시간 09:00~15:00 / 수요일 휴무
메뉴 라면 6,500원, 몸밥 1,500원

아니따

생면 파스타 전문. 면발이 살아있는 파스타와 스파게티로 온 가족 취향 저격!
위치 제주시 한림읍 금악로1길 1
전화 0507-1491-4082
시간 11:00~18:00 / 화요일 휴무
메뉴 감태페스토 파스타 17,900원, 흑돼지 라구 파스타 14,900원

송악산

걷기 좋은
둘레길이 있는 곳

<송악산 관람 정보>
- 제주 서귀포시 대정읍 송악관광로 421-1
- 정해진 것 없음
- 1시간 30분~2시간
- 무료

송악산은 제주도 서남쪽에 위치한 산으로 정상에 서면 산방산, 가파도, 마라도, 형제섬까지 한눈에 볼 수 있는 최고의 경치를 자랑하는 곳이다. 99개의 작은 봉우리가 모여 있어 99봉이라고도 하며 세계적으로도 드물게 이중 분화구가 있는 곳이다. 즉 화산이 제1분화구에서 폭발한 후 제2분화구에서 연속적으로 폭발하여 형성된 화산지형이다.

이곳은 제주 올레길 10코스를 따라 이어지는데 산책로가 잘 조성되어 있어 부담 없이 오르기에 좋다. 완만한 경사를 오르다 보면 기가 막힌 주변 경치를 감상할 수 있다. 막힌 것 없이 보이는 제주 남쪽 바다와 산방산, 형제섬은 산책을 하는 내내 힐링될 것이다. 제주도 서쪽은 바람이 특히 센 곳이다. 산책로는 잘 조성되어 있으나 바람이 세서 그야말로 제주 바람의 참모습을 느낄 수 있다. 송악산 둘레길은 편안하게 오르는 나무계단을 따라가다 보면 풍경 좋은 곳마다 넓은 데크와 벤치가 설치되어 있어 사진을 찍으며 쉬기에 좋다. 제주도의 드넓고 파란 바다와 산방산, 형제섬의 풍경은 가만히 바라만 보고 있어도 기분이 좋아진다.

❶ 제주 올레길 10코스를 따라 이어지는 산책로. ❷ 송악산 정상에서 내려오는 길에 볼 수 있는 야자수림. ❸ 일제 강점기 시절 일본이 군사기지를 만들기 위해 제주 사람들을 동원해 만든 인공동굴.

정상에서 내려오는 길에는 야자나무와 수국을 비롯한 나무가 울창하게 심어져 있어 가슴 깊은 곳까지 정화되는 느낌이 든다. 송악산 둘레에는 낚시를 하는 사람들도 볼 수 있는데 아직은 사람의 발길이 많이 닿지 않는 깨끗한 곳이어서인지 잡혀 올라오는 물고기들도 제법 크다. 일제 강점기 일본군이 군사기지를 만들기 위해 제주 사람들을 동원해 인공동굴을 만들었는데 그 수가 송악산에만 15개나 된다. 제2차 세계대전 당시 제주도를 병참 기지화하려 했던 일본인의 속셈을 알 수 있다.

　송악산 둘레길을 따라 산책을 하려면 적어도 1시간 30분 정도는 잡아야 한다. 둘레길을 걷다 보면 깎아지른 듯한 멋지고 기이한 모습의 절벽들을 볼 수 있고 절벽 밑의 바다는 파랗다 못해 투명하기까지 하다. 올레길 10코스는 송악산을 비롯해 아름답기로 유명한 사계해안까지 볼 수 있어 많은 사람들에게 사랑을 받는 곳이다. 오름이지만 가파르지 않아 아이들과도 함께 걷기에 좋다. 이곳을 찾는다면 어린아이와 함께 온 가족들을 흔하게 만날 수 있다. 제주도 서남쪽은 산방산, 송악산, 가파도, 마라도, 형제섬이 있어 제주도에서도 손꼽히는 절경을 뽐내는 곳이다. 봄에는 유채꽃이 피어 그 멋스러움을 더해 사람들이 많이 찾는다. 사계절 언제 찾아도 멋진 송악산, 제주도 서남쪽 여행을 계획한다면 한번 찾아보는 것도 좋은 선택이 될 것이다.

> ### 아이와 함께 현장 학습 팁!
>
> 제주의 자연을 좋아하는 등린이 가족, 한라산은 부담되고 아이들과 함께 가벼운 등산을 하고 싶다면 송악산을 추천한다. 아침은 든든히 먹고 간단히 김밥, 오이, 물병을 싸서 가볍게 올라가 보자. 길이 그리 험하지 않아서, 아이들도 열심히 몸을 움직이며 생각보다 잘 걷게 된다. 조금만 올라가면 지금껏 본 적 없는 푸른 하늘과 바다의 모습을 보게 되니 자연에 관심 없던 아이들도 자연과 친해지는 계기를 만들 수 있다.

송악산 주변 맛집

형제섬 보말칼국수

대정의 보말 음식 전문점. 재료 소진 시 일찍 마감하므로 오전에 가는 걸 추천한다.
위치 서귀포시 대정읍 형제해안로 318
전화 064-794-1906
시간 07:00~16:00 / 화요일 휴무
메뉴 전복내장보말죽 12,000원, 보말칼국수 11,000원

사일리커피

아이와 어른이 좋아하는 음료가 골고루 준비돼 있고 순한 당나귀도 구경할 수 있는 곳. <바퀴달린 집>에 나온 모슬포의 멋진 바다 뷰 카페이다.
위치 서귀포시 대정읍 최남단해안로 412
전화 010-9904-3382
시간 10:00~21:00
메뉴 사일리커피 7,000원, 사일리시나브로티 7,000원. 가파도 청보리 미숫가루 7,000원

안덕계곡

사시사철 물이 흐르는 유일한 제주도 계곡

<안덕계곡 관람 정보>
- 제주 서귀포시 안덕면 감산리 1946
- ☎ 064-794-9001
- 1시간 30분~2시간
- ₩ 무료

제주도의 하천은 건식하천으로 대부분 비가 올 때만 물이 흐른다. 제주도에서 안덕계곡처럼 항상 물이 흐르는 계곡은 매우 드물다. 안덕계곡은 제주도의 계곡 중에서 가장 아름다운 계곡으로 알려져 있다. 병풍처럼 둘러싸인 기암절벽과 평평한 암반 바닥에서 흐르는 맑은 물이 운치 있다. 안덕계곡의 입구에서 폭포까지 들어가는 길은 천연기념물로 지정된 상록수림이 빼곡하게 들어차 있어 더욱 아름답다. 밤이면 밝혀지는 은은한 불빛은 더욱 멋진 분위기를 낸다.

안덕계곡 상록수림지대는 천연기념물 제377호로 지정되어 있어 이곳에서 식물을 채취하거나 야생동물을 포획하는 행위를 금지하고 있다. 상록수림과 맑은 계곡물, 군데군데 있는 동굴 등은 이곳을 찾은 사람들을 태초의 자연으로 안내하는 것만 같다. 추사 김정희 선생님이 유배를 왔을 때 이곳을 종종 찾았다고 한다.

계곡이니 여름철에 물놀이를 위해 사람들이 많이 찾을 것 같지만 이곳은 수량이 적고 돌이 많아 물놀이를 하기에 적합하지는 않다. 대신 풍경을 감상하기 좋다. 맑은 하천을 가까이에서 보고 싶다면 나무계단을 따라 내려가면 된다. 시원한 계곡물 소리와 맑은 공기에 가슴까지 시원해질 것이다. 안덕계곡 상록수림 주위에는 동굴들이 많

❶, ❷ 안덕계곡으로 향하는 길은 입구부터 천연기념물로 지정된 상록수림이 빼곡하게 들어차 있다.
❸ 안덕계곡의 많은 동굴은 선사 시대의 주거지였다.

아 선사 시대의 주거지였다고 한다. 봄이면 유채꽃이 피고, 겨울이면 동백꽃이 피어 제주의 멋을 잘 드러내는 곳이기도 하다. 안덕계곡 산책로는 300m 코스로 길지는 않지만 길이 완만하여 유유히 산책을 즐기기에 좋다. 특히 계곡에는 희귀식물인 솔잎나무, 소사나무, 지네발난, 녹나무, 육박나무, 호랑가시나무 등 희귀 식물 관담팔수, 개사상사화 등 이름도 생소한 식물들이 자생하고 있으며 난대림의 원식생으로서 가치가 높아 천연기념물로 지정되어 있다.

아이와 함께 현장 학습 팁!

비가 오는 날엔 계곡 탐험하러 가 보자! 아이들과 탐험을 떠나는 콘셉트로 가도 재미있다. 드라마 <추노>, <구가의 서>에 나오는 배우들의 액션 신을 촬영한 곳이라 파이팅 넘치는 아이들의 상상 놀이터로도 제격이다. 날씨가 제법 더운 여름에는 시원한 초록 내음이 가득한 숲속에 둘러싸인 계곡의 모습이 신비로운 곳이다. 다만 가는 길에 물이 차 있어서 아이들이 갈 때 힘들어할 수 있으므로 안전에 유의하여 조심하며 건널 필요가 있다.

== 안덕계곡 주변 맛집 ==

예원이네 은갈치조림
가성비 최고의 갈치조림, 전복돌솥밥 맛집. 아이들과 같이 가도 싸고 푸짐하게 먹을 수 있다.
위치 서귀포시 안덕면 일주서로 1524
전화 064-738-9978
시간 10:00~21:00
메뉴 갈치조림+돌솥밥 15,000원

어영공원

대한민국 최고의 바다 뷰 놀이터

<어영공원 관람 정보>
- 제주 제주시 용담삼동 2396-16
- 24시간
- 1~2시간
- 무료

어영공원은 제주도민들은 잘 알고 있지만 관광객들에게는 잘 알려지지 않은 곳이다. 어영공원은 용담해안도로 옆에 있다. 올레길 17코스의 중간에 있으며 제주도의 북쪽 바다를 감상할 수 있는 곳이다. 공항에서 가까워 비행기에서 내린 관광객이 가장 먼저 찾거나 여행이 끝나고 육지로 돌아갈 때 잠시 들러 아쉬움을 달래는 곳이기도 하다. 공원 입구에 들어서면 먼저 넓고 긴 공원에 깔린 예쁜 잔디가 눈길을 끈다. 군데군데 벤치와 정자가 놓여 있어 편안하게 앉아 풍경을 보기에 좋다. 멋진 풍경과 깔끔하게 정비된 공원으로, 볼 것이 많고 아름다운 이곳은 아이들을 둔 부모들이 찾는 숨겨진 명소이다. 아이들을 둔 부모들이 자주 찾는 이유는 바로 놀이터 때문이다.

'놀이터가 뭐 특별할 것이 있나?' 할지 모른다. 하지만 놀이터를 둘러싼 환경을 보면 이곳이 왜 특별한지 알게 된다. 이곳은 대한민국에서 가장 풍경이 멋진 놀이터이기 때문이다. 제주도의 광활하고 예쁜 바다와 푸른 하늘, 하얀 구름이 놀이터를 품고 있다. 이러한 풍경에서 그네를 타고, 미끄럼틀을 타는 아이들을 보고 있으면 호사를 누리는 것만 같다. 부모들은 놀이터 주위의 벤치에 앉아 커피 한잔을 하거나, 맥주 한잔을 하며 힐링할 수 있다. 제주도에 여행을 와 한 번쯤 아이들에게 마음껏 뛰어놀 수 있는 시간을 주고 싶다면 '어영공원'을 방문해 보기를 바란다. 분명 부모도, 아이도 만족하는 시간이 될 것이다.

아이와 함께 현장 학습 팁!

바다 뷰를 품은 놀이터에서 신나게 놀아 보자. 아이들은 바다의 선장이 되어 해적을 물리치는 상상을 하며 놀 것이다. 그리고 그 해맑은 모습에 어른들은 미소가 절로 지어진다. 바로 옆에 깨끗하게 새로 지은 공용 화장실도 있다. 아이들이 신나게 노는 동안 어른들은 용담 바다를 산책하고 전망대에 올라 탁 트인 바다를 감상하며 지금 이 순간의 행복을 누려 보자. 제주에서의 평범한 일상도 아름답게 느껴질 것이다.

== 어영공원 주변 맛집 ==

도두반점
제주 로컬 재료와 중식이 만난 맛 좋은 중국요리집이다. 분위기와 바다 뷰도 모두 좋다.
위치 제주시 서해안로 317 2층
전화 064-745-2915
시간 11:30~22:00(15:00~17:30 브레이크타임)
메뉴 흑돼지몸짬뽕 8,000원, 흑돼지탕수육(소) 15,000원

김희선제주몸국
제주 향토 음식인 몸국 전문 한식당으로. 아침 식사로도 제격이다.
위치 제주시 어영길 45-6
전화 064-745-0047
시간 07:00~16:00 / 일요일 휴무
메뉴 몸국 9,000원, 고사리육개장 9,000원, 성게미역국 12,000원

만장굴

동양 최대의
용암 동굴

<만장굴 관람 정보>
- 제주 제주시 구좌읍 만장굴길 182
- ☎ 064-710-7903
- 09:00~18:00 / 매월 첫 번째 주 수요일 휴무
- 1시간 30분~2시간
- 어른 4,000원, 청소년·군인 2,000원, 어린이 2,000원

제주도의 용암 동굴 중 그 규모나 깊이로 보았을 때 가장 큰 것은 단연 '만장굴'이다. 제주말로 '아주 깊다'는 의미에서 '만쟁이거머리굴'로 불려온 만장굴은 약 10만 년 전~30만 년 전에 생성되었다. 이 굴의 존재는 오래전부터 주민들에게는 알려져 있었지만 세상에 드러난 것은 1958년 당시 김녕초등학교 교사였던 부종휴 씨에 의해서였다. 당시 학생들과 함께 만장굴을 탐방하며 세상에 만장굴을 알렸다.

만장굴은 총길이가 약 7.4km에 이르며, 부분적으로 다층 구조를 지니는 용암 동굴이다. 만장굴의 주 통로는 폭이 18m, 높이가 23m에 이르러, 세계적으로도 큰 규모를 자랑한다. 전 세계에는 많은 용암 동굴이 분포하지만 만장굴과 같이 수십만 년 전에 형성되어 내부의 형태와 지형이 잘 보존되어 있는 용암 동굴은 드물어서 학술적, 보전적 가치가 매우 크다. 만장굴은 동굴 중간 부분의 천장이 함몰되어 3개의 입구가 형성되어 있는데 제1입구는 둘렁머리굴, 제2입구는 남산거머리굴, 제3입구는 만쟁이거머리굴이라 불린다. 현재 일반인이 출입할 수 있는 입구는 제2입구이며, 1km만 탐방이 가능하다.

만장굴 내에는 용암종유, 용암석순, 용암유석, 용암유선, 용암선반, 용암표석 등의 다양한 용암 동굴생성물이 발달하며, 특히 개방구간 끝에서 볼 수 있는 약 7.6m 높이

의 용암석주는 세계에서 가장 큰 규모로 알려져 있다. 이곳은 연중 평균 기온이 12℃ 안팎을 유지하고 있어 언제 방문해도 서늘하다. 굴의 내부는 매우 깊어 빛과 소음을 싫어하는 박쥐들에게 좋은 서식처가 되고 있다. 만장굴은 우리나라 박쥐의 대표적인 제주관박쥐와 긴가락박쥐가 겨울잠을 자는 최대 서식처이지만 공개된 동굴에서 박쥐를 만나는 것은 쉽지 않다.

  만장굴에 방문하면 용암 동굴에서 볼 수 있는 석순, 석주, 종유석들을 모두 관찰할 수 있다. 만장굴에서 볼 수 있는 것들은 모양이 더욱 기이하고 신비롭다. 이곳이 동굴이다 보니 바닥이 울퉁불퉁해서 걷기에 편하지는 않다. 물론 관람코스에 조명을 설치하고 데크를 설치한 곳도 있어 관람하기가 어려운 것은 아니지만 편한 신발을 신고 탐방을 해야 한다. 1km의 동굴 탐방로를 왕복하면 1시간 정도 걸리기에 짧은 거리라고는 할 수 없다. 하지만 이곳을 탐방하면 용암이 흘렀던 태초 동굴의 신비로움을 느낄 수 있다. 날씨가 더운 여름에는 시원하고, 추운 겨울에는 따뜻해서 언제 오더라도 탐방하기에 좋다.

  우리나라에는 많은 용암 동굴이 있지만 규모와 볼거리 면에서는 단연 만장굴이 최고라고 할 수 있다. 만장굴 탐방로의 가장 끝에 있는 세계에서 가장 큰 7.6m 높이의 용암석주를 보면 감탄사가 절로 나온다. 제주도에 방문한다면 이곳에 방문해 보기를 바란다. 색다른 제주 여행이 될 것이다.

아이와 함께 현장 학습 팁!

만장굴과 같은 동굴에 갈 때에는 날씨가 좀 더운 날을 추천한다. 한여름에도 만장굴에 들어가면 시원한 냉장고에 들어온 것처럼 서늘하다 못해 약간 춥기 때문이다. 동굴 안은 다소 어둡고 뭔가 화려함이 가득한 곳은 아니지만, 동굴 자체가 웅장하고 길게 뻗어 있기 때문에 학교에서 배운 화산, 용암에 대해 공부하기에 적합하다. 다만 너무 길어서 어린아이들은 금방 지칠 수 있으니 만반의 준비를 하고 가야 한다.

만장굴 주변 맛집

소로록

겉바속촉 돈가스에 깔끔한 냉모밀, 입맛 다른 가족 모두가 만족하는 한 끼 식사를 할 수 있는 곳이다.

위치 제주시 구좌읍 만장굴길 182 제2호
전화 010-7251-2570
시간 11:00~16:00 / 수요일 휴무
메뉴 흑돼지돈가스 12,000원, 삼다수냉모밀 8,000원(포장 가능)

슬슬슬로우

돔베라면이 아주 맛있기로 소문난 곳이다. 매운 음식을 좋아하는 아이가 있다면 땡초김밥에 도전해 보자.

위치 제주시 구좌읍 덕행로 207 1층
전화 010-9261-9284
시간 11:30~19:00
메뉴 돔베라면 13,000원, 돔베땡초김밥 6,000원, 돔베고기 6,000원

아이와 떠나는 제주 여행 버킷리스트

박물관편

제주 돌문화공원 | 감귤박물관 | 이중섭 미술관 | 왈종 미술관 | 김영갑 갤러리 두모악 | 아르떼뮤지엄 제주 | 국립제주박물관 | 해녀 박물관 | 피규어 뮤지엄 | 헬로키티 아일랜드 | 넥슨 컴퓨터 박물관 | 제주 항공우주 박물관 | 아쿠아플라넷 제주 | 박물관은 살아있다 | 별빛누리공원 | 아프리카 박물관 | 더 플래닛 | 세계 자동차&피아노 박물관 | 제주민속자연사박물관 | 삼성혈 | 추사관 | 제주목 관아·관덕정 | 제주 유리박물관 | 테디베어 박물관 | 브릭캠퍼스

제주 돌문화공원

제주도를 이해할 수 있는 테마파크

<제주 돌문화공원 관람 정보>

📍 제주 제주시 조천읍 남조로 2023
☎ 064-787-4501
📅 09:00~18:00 / 월요일 휴무
🕐 3~4시간 소요
💰 어른 5,000원, 청소년 3,500원, 12세 이하 65세 이상 무료 / 오백장군호 성인 5,000원, 청소년 4,000원, 어린이(12세 이하) 1,500원

제주 돌문화공원은 몇 년 전 <알쓸신잡>에서 극찬했던 곳으로 제주도를 대표하는 박물관이다. 이곳은 화산섬인 제주도의 탄생과 역사를 한눈에 볼 수 있어 제주도를 이해하는 데에 좋다. 이곳은 100만 평이 넘는 부지에 30만 평 정도가 테마공원으로 꾸며져 있으며, 지금도 테마 공원의 시설을 늘리고 있다. 30만 평이나 되는 박물관을 제대로 관람하려면 성인 걸음으로 3시간 이상은 걸린다. 부지가 넓기 때문에 어린이와 노인분들을 위하여 '오백장군호'라는 전동차가 운행된다. 이 전동차를 타면 20분 정도 기사분의 해설을 들으며 편하게 관람할 수 있다. 해설이 끝난 후, 조금 더 보고 싶다면 걸어서 공원을 둘러볼 수 있으니 참고하기를 바란다.

특히 추천하고 싶은 곳은 공원 내에 있는 '돌문화 박물관'이다. 이곳은 지질 박물관과 같은 곳으로, 제주도의 다양하고 신기한 돌들이 전시되어 있다. 지구의 탄생과 구조, 운석의 발생, 화산섬인 제주도의 역사를 공부할 수 있다. 박물관의 규모가 워낙 크고 볼 것들이 많아 관람하는 데에 시간이 걸린다.

공원에는 제주도 전통 마을이 그대로 재현되어 있어 옛 제주도민의 삶과 돌이 얼마나 밀접한 관계였는지도 알 수 있다. 제주도의 돌집을 보면 옛 제주도민들의 생활

❶ 제주도의 다양한 돌을 전시하고 있는 돌문화 박물관. ❷ 오백장군호를 타면 넓은 부지를 일일이 돌아다닐 필요없이 관람할 수 있다. ❸ 제주도의 전통 마을을 그대로 재현하였다.

에서 돌이 쓰이지 않는 것이 거의 없을 정도여서 신기하다. 제주 돌문화공원은 관광객들을 위한 시설과 사진 스폿이 있어 눈길을 끈다. 특히 얕은 인공호수가 만들어진 곳에는 가운데에 사진을 찍을 수 있는 스폿이 있는데, 장화를 신고 물을 건너 호수 가운데 서서 사진을 찍는다. 그러면 마치 물 위에 떠 있는 것과 같은 착시효과를 느낄 수 있다.

이 밖에도 나쁜 기운을 몰아내기 위하여 제주도 사람들이 돌로 쌓았다는 방사탑, 다양한 크기의 돌하르방, 어머니에 대한 효심과 슬픈 전설이 전해 내려오는 오백장군석에 관한 안내문을 보면, 각각의 전설과 역사에 대하여 알아볼 수도 있다. 현재 한창 내부 공사 중인 7,450평 규모의 '설문대할망전시관'이 곧 개관한다고 하니 더욱 기대가 된다.

제주 돌문화 공원은 '제주를 대표하는 문화관광 1번지'를 목표로 지금도 시설을 확충하고 있으며 제주도의 향토성, 예술성, 정체성을 잘 보여 주는 역사와 문화의 중심지로 부각되고 있다. 제주도에 대하여 더 알아보고 싶고, 이해하고 싶다면 이곳을 꼭 방문해 보기를 바란다.

아이와 함께 현장 학습 팁!

이곳은 제주의 탄생 설화와 향토 이야기, 제주도의 돌과 관련된 모든 것을 공부할 수 있는 곳이다. 될 수 있으면 오백장군호를 이용하여 해설사의 설명을 들으면서 체험할 것을 추천한다. 특히 초등 저학년 아이를 데리고 걸어서 모든 곳을 다 관람하려면 조금 힘들어할 수도 있다.

돌문화공원은 자연과 예술이 결합된 최고의 종합 문화 공원이다. 제주 중산간 지역의 아름다운 오름과 멀리 파란 바다가 보이는 곳에 돌문화가 결합된 예술 작품들이 함께 어우러져 멋진 풍경을 선사한다. 수많은 외국인들이 방문하여 놀라움을 금치 못할 정도로 그 예술성이 인정되는 이곳에서 아이들과 최고의 감동을 만끽하길 바란다.

제주 돌문화공원 주변 맛집

선흘방주할머니식당

미세플라스틱 걱정 없는 용암 해수를 응고제로 사용한 두부로 아이들이 먹기 좋다.

위치 제주시 조천읍 선교로 212
전화 064-783-1253
시간 10:00~18:00 / 일요일 휴무
메뉴 검정콩국수 10,000원, 고사리비빔밥 10,000원, 도토리 부침개 10,000원

그리매

제주 대표 생선 음식을 제대로 맛보고 싶다면 추천한다.

위치 제주시 조천읍 남조로 2222
전화 064-784-6555
시간 09:00~20:00
메뉴 갈치조림 25,000원, 고등어구이 20,000원, 옥돔조림 30,000원

감귤박물관

제주도 하면 감귤, 감귤 하면 제주도

<감귤박물관 관람 정보>

📍 제주 서귀포시 효돈순환로 441
☎ 064-767-3010
📅 09:00~18:00
⏰ 1~2시간 소요
₩ 어른 1,500원 / 청소년 1,000원 / 어린이 800원

 서귀포시에서 운영하는 공립형 박물관으로, 제주도에서도 감귤이 가장 많이 나고 맛있기로 유명한 남원읍 효돈리에 있다. 이곳은 제주 감귤의 역사와 문화, 산업 현장을 의미 있는 관점에서 전시하고 있다. 세계 감귤의 기원과 전파, 제주 감귤의 유래, 근대 감귤 산업의 발전사 등 제주 감귤의 종합적인 역사를 비롯하여, 감귤의 효능, 쓰임, 감귤의 가공 및 활용 등에 대한 내용을 상설 전시하고 있다. 아울러 제주의 전통 농가와 제주인의 한해살이를 중심으로 한 제주 민속 문화를 별도의 전시 공간에서 선보이고 있다.

TIP
1층 입구에 들어서면 아담한 매표소 옆에서 커다란 감귤을 얼굴에 쓰고 사진을 찍을 수 있는데, 아이들이 좋아할 뿐만 아니라 재미있는 사진을 남길 수도 있다.

상설 전시실에서는 조선 시대부터 이어지는 감귤의 역사, 다양한 감귤의 종류부터, 감귤의 생태 등을 다양한 각도와 관점에서 접근할 수 있는 콘텐츠를 제공한다. 감귤의 향을 맡아볼 수 있는 장치를 체험할 수 있고, 고서에 나오는 감귤 이야기와 감귤봉진도 등을 관람할 수 있으며 감귤 퀴즈와 감귤 이미지 영상 체험 등 다양한 체험 코

너가 있다. 감귤박물관에서 가장 볼만한 장소는 본관과 이어진 '세계 감귤 전시관'이다. 이곳은 온실로 만들어져 있는데, 세계 각국의 특이한 감귤 나무를 비롯하여 12품종의 제주 향토재래귤도 전시하고 있다. 또한, 파파야, 바나나, 망고 등 각종 아열대 과수 및 식물들을 전시하고 있는 아열대식물원을 함께 볼 수 있다.

감귤박물관은 박물관 외에 다양한 체험 교실을 운영하고 있다. 감귤이 열리는 시기에 이곳에 오면 저렴한 가격으로 감귤 따기를 체험할 수 있고, 직접 딴 감귤을 가지고 갈 수 있다. 또한 감귤 차를 마시며 감귤 족욕도 즐길 수 있다. 아이들을 위한 체험 프로그램으로 감귤 쿠키, 머핀 만들기와 감귤 피자 만들기가 있다. 감귤을 넣은 밀가루 반죽을 다양한 모양의 틀에 넣어 감귤 쿠키나 머핀을 구울 수 있다. 감귤 피자 만들기는 부모와 아이가 함께 체험하기 좋은 프로그램이다. 제주 감귤 진피 및 감귤 마멀레이드를 활용한 감귤 피자 만들기는 감귤의 상큼함과 피자의 달콤함이 만나 맛있고 예쁜 피자가 완성된다. 감귤박물관은 규모는 작지만 알차게 꾸며져 있다. 사계절 모두 운영하지만, 이왕이면 감귤 따기 체험을 할 수 있고, 감귤이 풍성하게 열리는 겨울에 와 볼 것을 추천한다.

감귤박물관은 다양한 체험 교실을 운영하고 있다. 그중에서도 감귤 피자 만들기, 감귤 쿠키 만들기, 감귤 머핀 만들기는 아이와 부모님들 모두에게 인기 있는 체험 프로그램이다.

아이와 함께 현장 학습 팁!

서귀포시 남원읍 효돈 지방은 감귤 농사가 잘되기로 유명한 지역이다. 제주도는 거의 모든 지역에서 귤 농사를 짓지만, 유독 남원 지역의 귤이 유명한 비결은 바로 날씨이다. 제주도는 작은 섬이지만 우리나라에서 가장 높은 산인 한라산이 가운데 자리 잡고 있어 이 한라산을 기준으로 동서남북의 날씨가 확연히 다를 때가 많다. 그중에서도 제주 남쪽과 북쪽의 날씨 차이가 두드러지는데, 북쪽의 차가운 공기를 한라산이 막아 주어 날씨가 따뜻하고 맑은 경우가 많다. 그래서 서귀포시 바로 옆에 자리한 남원은 예로부터 귤 농사가 잘되었다. 남원 귤은 껍질이 얇고 속 과즙이 풍부하며 당도가 높아서 맛있다. 남원에서 감귤박물관 체험 후 좋아하는 귤을 먹으며 날씨와 농사, 생활의 관계를 이야기 나누어 본다면 새로운 지식 체험이 되지 않을까?

감귤박물관 주변 맛집

삼다해물뚝배기
제주 전통 된장 베이스로 맛을 낸 제주 요리 전문점.
위치 서귀포시 일주동로 8167
전화 064-733-0591
시간 08:00~21:00
메뉴 활전복 뚝배기 17,000원, 전복 성게비빔밥 19,000원, 옥돔구이 45,000원

베케
넓은 야외 정원에서 아이들 뛰놀고 부모님은 맛있는 커피를 즐기는 곳.
위치 서귀포시 효돈로 54
전화 064-732-3828
시간 10:00~18:00(화요일 휴무)
메뉴 차콩크림라떼 8,500원, 쿠크모카라떼 6,500원

이중섭 미술관

불운의 천재 화가, 이중섭을 찾아가다

<이중섭 미술관 관람 정보>

📍 제주 서귀포시 이중섭로 27-3
☎ 064-760-3567
📅 09:30~17:30 / 월요일 휴관
🕐 1~2시간 소요
Ⓦ 성인(25~64세) 1,500원, 청소년(13~24세) 800원, 어린이(7~12세) 400원

천재적인 재능을 지녔지만, 시대를 잘못 태어난 화가 이중섭은 제주도와 인연이 깊다. 그는 일제 강점기에 태어나 한국 전쟁을 치르고 전쟁이 끝난 지 3년이 지난 1956년에 세상을 뜬 우리 역사의 가장 암울한 시기를 살다 간 화가이다. 이중섭은 전쟁을 피해 서귀포에 온 1951년부터 제주도와 인연을 맺었다. 이중섭은 이곳에서 보낸 11개월이 본인의 인생에서 가장 행복한 시간이었다고 회고한다. 정작 제주도에서 보낸 시간은 짧았지만, 생활고에 시달리며 은지화를 그리고 많은 작품을 남긴 이중섭의 생애를 고려하여 2002년에 이중섭 미술관이 개관하였다.

이중섭 미술관에서는 20배 확대한 이중섭의 대표작인 황소 그림과 제주의 풍경을 그린 풍경화, 종이가 없어 담배를 싼 은박지를 이어 붙여서 만든 종이에 그린 은지화를 볼 수 있다. 은지화는 은지에 날카로운 송곳으로 자국을 내어 그림을 그린 후 유화를  칠하고 마르기 전에 닦아내어 자국을 낸 곳에만 물감이 묻게 하는 방법으로 그리며, 다른 말로는 선각화라고도 한다. 가난으로 인해 선택한 방식이지만 그의 천재성을 엿볼 수 있었다.

미술관에서는 그가 아내에게 쓴 편지도 볼 수 있다. 아내가 부친상을 당하면서 아이들을 데리고 일본으로 건너간 후, 가족을 향한 그리움이 담긴 편지들이 전시되어 있다. 편지에는 가족에 대한 그리움과 아내와 아이들에게 대한 사랑이 절절하게 표현되어 있어 마음이 아프다. 이중섭 미술관은 이중섭의 작품을 전시하는 상설전시관(1층)과 기획전시실(2층)로 이루어져 있다. 기념품을 파는 코너에서는 이중섭의 작품으로 만든 여러 가지 제품들이 관람객의 눈길을 끈다.

　미술관을 나오면 이중섭이 가족과 살았던 거주지가 그대로 복원되어 있다. 1.4평의 공간에 네 식구가 살았으니 살을 맞대고 얼마나 힘들게 살았을지 상상이 된다. 그의 작품에는 벌거벗은 아이들이 많이 나오는데, 서귀포에서 가족들과 살았던 그 경험이 그대로 작품에 투영이 된 듯하다. 1.4평의 공간이 수치보다도 훨씬 작게 느껴져 놀랐다. 짧은 생애를 살았지만, 우리나라 미술 역사에 위대한 자취를 남긴 이중섭, '이중섭 미술관'에 오면 그의 예술혼을 느낄 수 있다.

❶ 이중섭의 가족을 사랑하는 마음을 볼 수 있는 편지가 전시되어 있다. ❷ 기념품 숍에서는 이중섭의 작품으로 만든 제품을 구매할 수 있다. ❸ 박물관 외부에는 이중섭의 글이 새겨진 조각상을 볼 수 있다. ❹ 이중섭이 실제 제주에서 살았던 곳을 복원해 놓았다.

아이와 함께 현장 학습 팁!

　이중섭 생가에 가서 네 식구가 생활했다는 1.4평의 방을 보면 다들 깜짝 놀란다. 정말 이렇게 작은 공간에서 네 식구가 생활했냐는 반응이다. 요즘 4인 가족이 사는 일반적인 집 구조와 비교하면 이렇게 작은 공간은 상상할 수 없을 테니 말이다. 힘든 현실에도 불구하고 행복하게 살았다는 이중섭의 생애를 알아보며 아이들은 많은 것을 보고 느낄 수 있을 것이다.

　또한 아이들이 미술 시간에 교과서에서 익숙하게 봤던 이중섭의 작품을 감상하면서 내가 아는 미술 작품이 나왔다며 즐거워하고 신기해한다. 이런 작품들을 감상하는 기회를 마련해 주는 것도 아이들의 미적 감각을 기르고 관람의 즐거움을 느끼게 하는 데 좋다.

이중섭 미술관 주변 맛집

쌍둥이 횟집
가성비 최고의 횟집. 아이가 먹을 음식도 종류별로 다양하게 나오며, 후식으로 팥빙수가 나온다.
주소 서귀포시 중정로62번길 14
전화 064-762-0478
시간 11:00~22:00
메뉴 특 모듬스페셜(2인) 100,000원

중앙통닭 마농치킨
살이 두툼한 제주산 생닭으로 만든 치킨에 마농(마늘)향이 가득한 최고의 치킨.
주소 서귀포시 중앙로62번길 13
전화 064-738-3521
시간 10:00~20:30 / 수요일 휴무
메뉴 마농후라이드치킨 20,000원

왈종 미술관

미술관 전체가
하나의 예술 작품인 곳

<왈종 미술관 관람 정보>

- 📍 제주 서귀포시 칠십리로214번길 30
- ☎ 064-763-3600
- 📅 10:00~18:00 / 월요일 휴무
- ⏰ 2~3시간 소요
- 💰 성인 10,000원, 어린이·청소년 6,000원

이왈종 화백은 제주도를 사랑해 20여 년 넘게 제주도에서 작품 활동을 하고 있는 예술가이다. 그는 추계예술대학교 교수를 지냈는데, 일찍이 교수직을 은퇴하고 제주도에 정착하여 그림을 그려왔다. 그의 예술 작품은 이미 많은 마니아층이 있으며 우리나라에서도 가장 사랑 받는 화가 중의 한 사람이다. 그렇게 제주도를 주제로 회화와 도예, 판화 작품을 만들어 오던 그가 2013년에 왈종 미술관을 설립하였다.

왈종 미술관은 정방폭포 앞에 자리 잡았다. 미술관은 제주도의 푸른 바다와 섶섬, 문섬, 새섬이 한눈에 보여 빼어난 경관을 자랑한다. 이곳은 300평 규모의 3층 건물로 조선백자를 닮은 건물이 유려한 곡선을 이루고 있다. 미술관 1층에는 수장고와 도예실이, 2층에는 작가의 회화 도예 및 판화 작품 등을 모아 놓은 전시실이 있다. 3층에는 작가의 작업 공간과 명상실이 있다. 또한 옥상 정원에는 작가의 도예 작품으로 야외 옥상을 꾸며 놓았는데 예쁜 풍경과 함께 멋진 작품을 볼 수 있다.

이왈종 화백의 작품은 난해하지 않아 감상하기에 편안하다. 동화적인 느낌의 작품들은 아이들도 감상하기에 좋다. 전시실의 작품을 보면 제일 먼저 작품의 제목들이 모두 '제주 생활의 중도'인 것을 알 수 있다. 화사한 색의 물감을 두껍게 칠해 제주도

에서의 생활 모습을 그려 놓았는데 작품에 의미심장한 글귀도 쓰여 있어 인상적이다. 이왈종 화백은 화가이자 명상가, 골프 애호가이다. 작품을 보면 골프를 치는 사람들의 모습과 요가와 명상을 하는 사람들의 모습을 찾아볼 수 있다. 작품을 보며 그가 제주도에서 어떠한 삶을 꿈꾸었는지를 쉽게 파악할 수 있다.

> **TIP**
> 전시실 한편에 '미성년자 출입 금지'라는 푯말과 함께 작은 전시 공간이 있는데 이곳에는 남녀의 성을 다룬 작품들도 위트 있게 전시되어 있어 아이들과 함께 관람할 때 유의해야 한다. 외설스럽지는 않지만, 보호자의 지도와 동행이 필요하다.

이왈종 화백의 작품은 밝고 긍정적인 분위기다. 작품을 감상하다 보면 유년 시절이 떠오르고, 여유롭게 자연을 즐기는 사람들의 모습을 엿볼 수 있다. 3층에 있는 이왈종 화백의 작업 공간도 볼 수 있는데, 커다란 유리 통창으로 되어 있어 내부의 작업 공간 모습이 잘 보인다. 커튼이 쳐져 있고 닫혀 있는 곳은 화가가 실제 생활하는 숙소인 듯했다. 관람객들을 위하여 화가의 작업 공간 옆에 명상실도 마련해 두었는데, 편안한 의자에 누워 잠시 명상과 휴식을 취할 수 있다. 옥상은 원색을 사용해 다양한 야외 작품들을 전시하고 있었다. 이곳에서 사진을 찍으면 예술작품 속에 들어간 듯한 착각이 들었다. 멀리 보이는 서귀포의 바다와 미술 작품까지, 공간 전체가 예술 그 자체다.

아이와 함께 현장 학습 팁!

왈종 미술관 전시는 초등학생 전 학년이 감상하기에 적합한 작품들로 구성되어 있다. 전시 규모가 크지 않아 1~2시간이면 전체 작품을 둘러볼 수 있어 시간적 부담이 적다. 아이들도 다양하고 신기한 예술품들에 매료되어 시간 가는 줄 모른다. 전시 관람을 마치고 옥상으로 올라가면, 서귀포 바다의 아름다운 경치가 눈 앞에 펼쳐진다. 그 경치와 잘 어울리는 조소 작품들이 멋지게 조화를 이루어 방문객들에게 또 다른 감동을 선사한다.

또한 마당 정원에는 예술 작품들이 곳곳에 배치되어 있어, 아이들이 지루함 없이 미적 감성을 키우며 즐겁게 시간을 보낼 수 있는 환경을 제공한다. 이러한 구성은 아이들에게 예술에 대한 흥미를 불러일으키고, 창의력을 자극하는 좋은 기회가 될 수 있다.

======= 왈종미술관 주변 맛집 =======

모루쿠다

제주 음식을 다양하게 맛 보고 싶다면 이곳을 방문하자.
위치 서귀포시 태평로431번길 32
전화 0507-1364-1477
시간 11:20~23:00
메뉴 모루쿠다육합 50,000원, 전복문어장덮밥 13,000원

김영갑 갤러리 두모악

제주도를 사랑한 사진작가 김영갑을 찾아서

<김영갑 갤러리 두모악 관람 정보>

📍 제주특별자치도 서귀포시 성산읍 삼달로 137
☎ 064-784-9907
📅 3~6월·9~10월 09:30~18:00, 7~8월 09:30~18:30, 11~2월 09:30~ 17:00 / 수요일 휴무
🕐 1~2시간 소요
₩ 어른 5,000원, 청소년·어린이·경로 3,000원

이보다 더 제주도를 사랑할 수 있을까? 제주도를 처음 보고 아름다운 제주의 모습에 마음을 빼앗겨 죽을 때까지 제주도를 벗어나지 않은 사람. 지인에게 얻은 낡은 자동차를 타고 제주 전역을 돌며 사진기에 제주도의 아름다운 모습을 담은 사진작가. 이 영화 같은 이야기의 주인공은 사진작가 김영갑이다. 그는 1957년 충남 부여에서 태어났지만, 20여 년 동안 고향을 밟지 않았을 정도로 제주의 매력에 흠뻑 빠져 여생을 제주에서 보냈다. 사진을 찍어 생활하기에는 너무도 가난했던 그는 밥 먹을 돈까지 아껴서 필름을 사 사진 작업에 모든 열정을 바쳤다. 그는 전시관을 마련하기 위해 폐허가 된 삼달초등학교를 구해 갤러리로 꾸미던 중 루게릭병 진단을 받았다. 투병을 하면서도 갤러리를 완성하여 2002년 여름 '김영갑 갤러리 두모악'이 문을 열었다. 김영갑은 2005년 5월 29일 그가 직접 만든 두모악에서 잠들었으며 그의 유골은 두모악 마당에 뿌려져 있다.

제주도 서귀포시 성산읍에 가면 자그마한 폐교를 리모델링하여 만든 김영갑 갤러리 두모악이 있다. 이곳에는 제주를 매우 사랑하며 두모악에 잠든 김영갑 선생의 20여 년간의 작품들이 전시되어 있다. 내부 전시관은 두모악관, 하날오름관이 있는데 지금은 사라진 제주의 옛 모습과 쉽게 드러나지 않는 속살을 볼 수 있다. '용눈이 오름', '눈·비·안개 그리고 바람 환상곡', '구름이 내게 가져다준 행복', '지평선 너머의

꿈', '바람, 숲속의 사랑', '오름, 마라도'라는 작품이 있다. 유품 전시실에는 김영갑 선생의 유품들이 있다. 영상실에서는 왕성한 활동을 하던 젊은 시절의 그와 루게릭병으로 투병하던 사진과 영상을 볼 수 있다.

　김영갑 선생의 작품들은 대부분 제주도 오름을 촬영한 것들이다. 똑같은 용눈이 오름을 같은 구도, 계절별로 찍은 사진을 보며 같은 대상도 시간에 따라 다른 느낌을 줄 수 있다는 것을 알 수 있다. 어린아이들도 매혹적인 김영갑의 사진을 신기한 듯 바라보며 마음을 빼앗겼다. 김영갑의 사진을 보며 디지털카메라에서는 느낄 수 없는 필름 카메라만의 깊은 감성이 느껴져 새로웠다.

　또한 갤러리 밖 야외 정원은 미술관을 찾는 이들이 휴식을 취할 수 있도록 꾸며져 있다. 무인 카페 건물에서는 김영갑 갤러리 로고가 새겨진 깔끔한 머그컵에 캡슐 커피를 내려 마실 수 있다. 김영갑 갤러리에 오면 사진과 건물, 정원에 이르기까지 이곳 전체가 하나의 예술품으로 느껴진다. 아이들도 이곳에 오면 사진의 아름다움과 여유로운 작은 시골 학교의 모습에 즐거움을 느낀다. 바쁜 여행의 일정 속에 잠시 쉬어갈 수 있는 매우 매력적인 곳이다.

❶ 유품 전시실에서는 김영갑 사진작가가 사용하던 물건들이 전시되어 있다. ❷ 영상실에서는 김영갑 사진작가의 생전 모습을 볼 수 있다. ❸ 건물 밖 무인 카페에서 커피를 내려마실 수 있다.

아이와 함께 현장 학습 팁!

요즘처럼 사진이 삶 속 깊숙이 들어온 시대가 또 있었을까? 각종 SNS에는 예쁜 사진들이 넘쳐나고, 뭐든 사진으로 인증하는 것이 일상인 요즘 시대. 이제는 사진으로 나를 표현한다고 해도 과언이 아닐 것이다. 이처럼 사진이 대중화된 이유는 사진 한 장이 갖는 힘이 생각보다 크기 때문이다.

김영갑 사진작가는 사진이 지금처럼 보편화되지 않았던 시절부터 사진이 주는 힘을 누구보다 잘 알고 있는 사람이었을 것이다. 그리고 제주와 자연의 아름다움을 사진이라는 매체에 담아 메시지를 전하려고 했다. 이곳에서 김영갑 선생의 발자취를 따라가 보며 사진이 갖는 힘을 느껴 보자. 휴대폰 속 여느 사진과는 사뭇 다른, 갤러리에 전시된 각각의 사진이 주는 감동을 깊이 있게 느껴 보는 것만으로도 아이들에게는 또 다른 공부가 된다.

김영갑 갤러리 두모악 주변 맛집

별내리는정원

기본 닭고기에 신선한 제주산 해물이 함께 어우러져 아이들도 잘 먹는 요리이다.
위치 서귀포시 성산읍 중산간동로 4219
전화 010-4546-5346
시간 11:00~20:30
메뉴 제주 해물 찜닭 32,000원

오늘이 크리스마스라면

크리스마스를 테마로 한 인테리어가 이색적인 카페로 예쁜 사진을 남기기도 좋다.
위치 서귀포시 성산읍 일주동로5154번길 5
전화 0507-1359-0617
시간 10:00~22:00
메뉴 산타수염커피 8,000원, 산타칵테일(논알코올) 9,000원

아르떼뮤지엄 제주

빛으로 그린
아름다운 예술 작품

<아르떼뮤지엄 관람 정보>

📍 제주 제주시 애월읍 어림비로 478
☎ 1899-5008
📅 매일 10:00~20:00 / 입장 마감 19:00
⏰ 3~4시간 소요
₩ 성인 17,000원, 청소년 13,000원, 어린이(8~13세) 10,000원, 미취학 아동(4~8세) 8,000원 / 패키지 요금(입장료+TEA BAR): 성인 20,000원, 청소년 16,000원, 어린이(8~13세) 13,000원, 미취학 아동(4~8세) 11,000원

아르떼뮤지엄 제주는 2020년 9월 말에 제주도 애월에서 선보인 첫 번째 몰입형 미디어아트 전시관이다. 과거 스피커 제조 공장으로 사용되던 바닥 면적 1,400평, 최대 10m 높이에 육박하는 웅장한 공간에서는 섬(ISLAND)을 콘셉트로 빛과 소리로 만들어진 11개의 다채로운 미디어아트 전시가 열리고 있다. 영원한 자연(ETERNAL NATURE)을 주제로 제작된 작품들은 시각적 강렬함과 더불어 감각적인 사운드 및 품격 있는 향기와 함께 완벽하게 몰입하는 경험을 할 수 있다.

가장 인상적이었던 것은 BEACH와 GARDEN이었다. BEACH는 이름 그대로 미디어아트로 바다를 표현해 실제로 파도치는

TIP

부지가 워낙 넓어 다리가 아프고 힘이 들 때면 실내에 마련된 TEA BAR에 가면 된다. TEA BAR를 이용하려면 패키지 티켓을 구입해야 하는데 3,000원의 추가 비용을 내면 이용할 수 있다. 주문한 음료가 나와 탁자에 올려놓으니 선명한 동백꽃이 컵 위에 피었다. 재미있는 것은 잔을 옮기는 대로 따라다니며 꽃이 피었다가 흩어지기를 반복한다. 맛있는 차와 음료를 마시며 신기한 미디어아트를 볼 수 있다.

해변에 서 있는 느낌이다. 웅장한 사운드는 파도 소리를 실감 나게 표현하고, 빛으로 만든 파도는 금방이라도 몸을 적실 것만 같다. GARDEN은 세계 명작 미술 작품을 미디어아트로 표현한 것이다. 선명한 빔으로 미술 작품을 실내에 쏘면 마치 유럽의 유명 미술관에 와 있는 것 같다. 오히려 그림이 더 크고 선명해 작품을 감상하기에는 더욱 좋다. 실내에 흐르는 감성적인 음악은 미술과 음악이 조화되어 관람객들을 더욱 예술 속에 빠져들게 한다.

아이들은 NIGHT SAFARI에 빠질 것이다. 이곳은 말 그대로 동물들이 뛰어노는 사파리를 표현한 것인데, 아이들이 그림을 그리고 빛으로 스캔을 하면 화면에 자신이 그린 동물이 뛰어다닌다. 코끼리, 사슴, 사자, 기린 등을 그려 스캔을 하고, 화면으로 내보내 뛰어다니는 자신만의 동물을 바라보는 것은 흥미롭다.

이 밖에도 강하면서도 유연한 느낌이 신비로운 메탈 폭포를 표현한 WATERFALL-METAL과 봄에 피어나는 유채꽃밭을 표현한 FLOWER-RAPESEED, 별이 가득한 우주를 표현한 STAR-MILKYWAY, 달빛을 머금은 초대형 달 토끼를 표현한 MOON, 공간을 초월한 새로운 차원으로의 여행을 표현한 WORMHOLE 등의 전시를 만나볼 수 있다.

아이와 함께 현장 학습 팁

한여름 제주의 뜨거운 햇볕에 너무 지쳤을 때, 혹은 한겨울 제주의 칼바람에 몸이 피곤할 때 편안한 실내 공간에서 아름다운 작품을 감상하고 싶다면 아르떼뮤지엄을 추천한다. 아이들의 예술적 감각을 한껏 끌어올릴 수 있을 것이다. 다양한 명화를 감상하고, 또 미디어아트에 나의 작품을 스캔하여 체험하는 활동을 하며, 아이들의 예술적 체험을 극대화할 수 있다. 나의 작품과 다른 친구들의 작품을 비교하며 느낌을 서로 나눌 수도 있다.

카페에서의 이색 체험도 적극 추천한다. 찻잔을 인식하여 예쁜 동백꽃을 미디어아트로 보여 주는 체험을 통해 기술을 활용한 예술 작품을 감상하고 경험하는 좋은 기회가 될 것이다.

아르떼뮤지엄을 세운 회사가 서울 코엑스에 웨이브(WAVE), 고래(WHALE), 그리고 미국 타임스퀘어의 워터폴(WATERFALL) 작품도 만들었다고 한다. TV 프로그램 <유퀴즈 온 더 블럭>에도 출연하여 미디어아트의 성과와 앞으로의 발전에 대해 언급한 바 있다. 아이들과 미디어아트에 대해 이야기를 나누며 하루 여행을 마무리하는 건 어떨까?

아르떼뮤지엄 제주 주변 맛집

하영칼국수

연보라빛 외관이 인상적인 애월의 칼국수집이다. 아이와 가볍게 식사를 하고 예쁜 외관을 배경삼아 사진을 남겨보도록 하자.

위치 제주시 애월읍 구엄길 3
전화 0507-1313-9253
시간 10:00~19:00 / 화요일 휴무
메뉴 하영칼국수 9,000원, 보매칼국수 11,000원

국립제주박물관

모든 제주의 역사를
만날 수 있는 곳

<국립제주박물관, 어린이박물관 관람 정보>

📍 제주 저주시 일주동로 17
☎ 064-720-8000
📅 9:00~18:00 / 월요일 휴무
🕐 2~3시간 소요
💰 무료

국립제주박물관은 제주시 건입동에 있다. 건입동은 구제주시라고 불리는 곳으로 신제주시가 개발되기 전 제주도의 중심지로 동문시장, 제주목관아가 있는 곳이다. 제주시 도심을 탐방할 때 꼭 들러야 할 곳 중 하나이다. 국립제주박물관은 기획전시실과 상설전시실로 나뉘어 있다. 기획전시실은 정기적으로 주제를 바꾸어 여러 가지 예술 작품을 전시하고 상설전시실은 '탐라에서 제주까지'라는 주제로 선사 시대부터 현재까지 제주도의 문화와 역사에 대한 자료를 전시하고 있다. 제주도의 기원인 삼성혈, 제주도의 탄생 신화를 영상 자료로 재미있게 소개하고, 옛날 제주 사람들의 생활 모습과 문화를 볼 수 있어 제주도를 이해하는 데 도움이 된다. 제주도를 대표하는 국립박물관인 만큼 옛 제주도민들의 생활을 알 수 있는 다양한 물건들이 전시되어 있다.

조선 시대에는 제주도가 우리나라에서 가장 먼 유배지였는데, 제주도에 유배를 온 역사 속 사람들에 대해서도 나와 있어 흥미를 끌었다. 광해군과 추사 김정희 선생 등은 우리가 익히 잘 알고 있는 인물들이다. 추사 선생이 남긴 서예 작품도 감상할 수 있다. 이 밖에 조선의 임금이 제주목사를 파견할 때 내렸던 교지를 비롯하여 김만덕 등 제주도 출신의 위인들도 살펴볼 수 있다. 또한 눈길을 끄는 것이 있다. 바로 제주국립박물관 내의 어린이박물관이다. 어린이박물관이 리뉴얼되어 2021년 11월 26일

에 새로 개관하였다. 이곳에서는 다양한 체험을 할 수 있는데 제주의 전통 소리 듣기, 설문대 할망 이야기 애니메이션, 물구덕 등에 지기, 제주 밭담 쌓기, 해녀와 통화하기, 정낭 만들기 등의 다양한 활동을 하도록 꾸며져 있다. 여러 가지 체험 중 '소원 배 만들기'가 인상적이다. 소원 배를 접어 색칠을 한 후 QR 코드를 스캔하면 화면 속으로 자신의 배가 들어가 영상으로 보이는 체험이다. 자신이 만든 배가 영상 속에서 보이니 아이들이 신기해한다.

  어린이박물관의 하이라이트는 '실감 영상실'이다. 이곳은 미디어아트를 활용한 영상 체험실로 빛으로 만든 배에 타고 있으면 배가 파도를 타고 움직이는 것 같다. 배를 타고 빛으로 만들어진 동화 속으로 입장하게 된다. 아름다운 동물들이 영상관 이곳저곳을 뛰어다니고 화려한 꽃들이 벽면과 바닥을 가득 채워 환상적이다. 어린이박물관에서도 미디어아트를 감상할 수 있어 흥미로웠다. 국립제주박물관은 넓은 부지에 조성된 큰 박물관이다. 야외 정원도 볼만한 것이 많은데, 예쁘게 꾸며진 연못과 정원, 나무 그네에서 편하게 쉬다가 갈 수 있어 좋다. 더욱이 학생들의 흥미에 맞게 나날이 거듭나고 있어 이곳에 온다면 하루를 알차게 보낼 수 있다. 제주도에 대하여 더 알고, 이해하고 싶다면 꼭 이곳에 한번 방문해 보기를 바란다.

아이와 함께 현장 학습 팁!

　입장하자마자 왼쪽에 보관함이 있어서 아이들 옷이나 가방 등을 보관할 수 있다. 어린이박물관은 규모가 그리 크지 않지만 볼거리와 체험 거리가 많아 아이들이 좋아한다. 하나하나 눈으로 보고 직접 만져 보면서 한 코너에 충분히 머물러 보자. 소원 배 접기는 필요에 따라 부모님이 종이접기를 도와주는 게 좋다. 신이 나서 마음이 급한 아이들의 경우 앞뒷면을 뒤바꿔서 접는 경우가 종종 있다. 돗통시, 우영팟, 밭담 등 다소 생소한 제주어들도 체험을 하며 친숙하게 익힐 수 있으므로 아이들이 오감을 활용하여 제주의 문화를 쉽게 접하고 이해할 수 있도록 공간을 충분히 활용하자.

　실감 영상실 상영은 30분 단위로 이루어지는데 대기 장소에서 기다리면서 영상 설명을 듣다가 입장하게 된다. 재미있는 스토리와 아름다운 미디어 아트가 어우러져 신기한 경험을 할 수 있다. 또한 박물관 온라인 홈페이지에서 다양한 교육 프로그램을 사전 예약하여 여러 체험에 참여해 보자. 예약은 매일 오전 9시부터 할 수 있다. 그때그때 다양한 교육 프로그램이 무료로 진행되고 있어 인기가 많다.

=== 국립제주박물관 주변 맛집 ===

키친테왁

제주산 뿔소라를 활용한 퓨전 요리가 일품.
위치 제주시 천수동로 31
전화 010-7595-3054
시간 11:00~21:00(14:30~17:00 브레이크타임) / 목요일 휴무
메뉴 테왁파스타 15,000원, 뿔소라 게우장밥 12,000원

해녀 박물관

유네스코 인류무형문화유산 해녀를 찾아서

<해녀 박물관 관람 정보>

📍 제주 제주시 구좌읍 해녀박물관길 26
☎ 064-782-9898
📅 09:00~17:00 / 월요일 휴무
🕐 1~2시간 소요
ⓦ 어른(25~64세) 1,100원, 청소년(13~24세) 500원, 어린이(12세 이하) 무료

해녀 박물관은 구좌읍 세화리 백사장이 보이는 어촌 마을에 있다. 세화 바다는 색이 예쁘고 여름에 물놀이를 하기 좋아 많은 관광객이 찾는 곳으로, 이렇게 아름다운 곳에 해녀 박물관이 들어섰다. 해녀 박물관의 안팎에는 해녀들이 기부한 물건이 전시되어 있다. 전시관 안에는 실제 해녀가 살던 집을 옮겨 두었고, 음식 문화와 양육, 반어반농, 영등굿 문화 등이 자세히 안내되어 있다.

1층에 들어서면 매표소 옆에 영상관이 있다. 이곳에서는 해녀의 일생과 유네스코 인류무형문화유산에 지정된 해녀의 의미와 소중함을 일깨워 주는 내용의 영상을 상영한다. 약 7분 정도 상영이 되는데, 마지막 장면에서 해녀의 구슬픈 노랫소리가 나온다. 1층 전시실에는 해녀의 생활을 그대로 재현해 놓았는데, 전시실 안에 옮겨온 실제 해녀의 집을 보면 옛날 해녀들의 생활이 어떠했는지 실감할 수 있다.

2층 전시실에는 해녀의 일터를 모형으로 전시해 두었다. 무리 지어 일을 하던 해녀들의 모습을 간접적으로 알아볼 수가 있다. 또한 옛날 해녀들이 썼던 물옷과 해산물을 채취할 때 썼던 낡은 도구들도 전시되어 있다. 지금이야 방한이 잘 되고, 편리한 해녀복과 수경, 도구들이 있지만 한복을 개량해 입고 물질을 했을 해녀들을 생각하니 얼마나 고되었을지 짐작이 되었다.

3층 전시실에는 과거 물질을 하러 나갈 때 해녀들이 탔던 전통 배 '테우'를 볼 수

ⓒ 해녀 박물관

있다. 옛날에는 제주도 사람들이 육지로 도망가지 못하도록 배의 크기며 형태를 제한했다고 한다. 제주도에 태어나면 죽을 때까지 섬을 떠나지 못했던 제주도민들의 삶을 배를 통해 미루어 짐작해 볼 수 있었다. 3층 전시실을 나오면 복도의  통유리창으로 세화 바다가 한눈에 보여 멋진 풍경을 감상할 수 있다. 여름에 날씨 좋은 날 이곳에 서서 세화해수욕장을 바라보면 당장이라도 바다로 뛰어 들어가 놓고 싶은 마음이 들 정도로 풍경이 좋다.

  해녀 박물관은 자랑스러운 세계 유네스코 인류무형문화유산인 해녀에 대하여 자세히 공부할 수 있는 곳이다. '해녀를 알아야 제주도를 이해할 수 있다.'라는 말이 있을 정도로 해녀는 제주도의 역사이며 삶이다. 해녀 박물관을 관람하고 나오면 마음이 숙연해진다. 아마도 '저승에서 벌어 이승에서 쓰는 물질'이라는 말처럼 제주도를 지탱해 왔던 해녀의 삶의 무게가 느껴져서일 것이다. 아이와 함께 제주도를 이해하고 싶다면 꼭 이곳을 방문해 보기를 바란다. 제주도의 오랜 전통과 고단함의 상징인 해녀를 통해 제주도를 더욱 이해하게 될 것이다. 그리고 사랑하게 될 것이다.

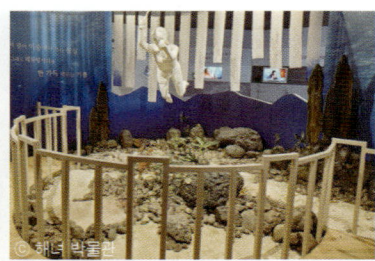

아이와 함께 현장 학습 팁!

사전 예약이 가능하다면 숨비소리길 답사 프로그램에 참여해 보자. 전문 해설사와 함께 숨비소리길을 걸으며 해녀의 삶을 들여다볼 수 있다. 세화리는 지금도 해녀의 활동이 활발한 마을 중 하나여서, 해녀 박물관 맨 꼭대기 층 쉼터에 올라가면 아름다운 세화 바다와 물질하는 해녀의 모습을 볼 수 있다. 푸른 바다 중간중간마다 주황색 테왁이 눈에 띈다.

해녀에 대한 시각은 다양하다. 지금은 해산물을 잡기 위한 편한 도구와 장비들이 많이 개발되었는데도, 전통적인 채취 방식을 고수하는 해녀의 물질은 어떤 의미일까? 시대는 발전하고 사람들은 갈수록 좀 더 편한 것을 추구하지만, 옛것을 지켜나가기 위해 노력하는 것을 어떻게 생각하고 받아들여야 할지 아이들과 이야기해 보자.

해녀 박물관 주변 맛집

얌얌돈가스

흑돼지 돈가스 끝판왕! 치즈가 가득 흘러나와 아이들이 좋아한다.

위치 제주시 구좌읍 구좌로 44
전화 064-782-8865
시간 11:00~20:00 / 수요일 휴무
메뉴 흑돼지돈가스 10,500원 치즈흑돼지돈가스 13,500원

재연식당

소박하고 친절한 숨은 도민 맛집.

위치 제주시 구좌읍 세화3길 27-2
전화 064-783-5481
시간 10:00~19:00
메뉴 엄마정식 9,000원, 갈치정식 15,000원, 옥돔정식 16,000원

피규어 뮤지엄

아이보다 어른이
더 좋아하는 박물관

<피규어 뮤지엄 관람 정보>
- 제주 서귀포시 안덕면 한창로 243
- 064-792-2244
- 10:00~18:00(연중무휴)
- 2~3시간 소요
- 성인 12,000원, 중·고등학생 10,000원, 24개월~초등학생(만 2세~11세) 9,000원, 24개월 미만 무료

아이들에게 장난감은 큰 의미이다. 어른들이 어렸을 때 좋아하던 스파이더맨, 슈퍼맨, 배트맨은 아직도 영웅이고 건담 시리즈, 태권 V도 건재하다. 아이들의 욕구뿐만 아니라 아빠의 추억도 함께 채워 줄 수 있는 박물관이 제주도에 있다. 바로 피규어 뮤지엄이다.

피규어 뮤지엄은 차를 타고 지나가도 한눈에 들어오는 곳이다. 벽면에서 벽을 타고 있는 스파이더맨이 보이고, 벽을 뚫고 나온 듯한 아이언맨이 벽면에 붙어 있어 관광객들의 눈을 끌기에 충분하다. 만약 아이의 성화에 어쩔 수 없이 박물관에 왔다고 해도 어른들도 전시물에 빠져들 것이다.

피규어 뮤지엄은 1~2층의 전시실로 꾸며진 본관과 옛날 만화 캐릭터의 피규어로 꾸며진 미니 박물관, 이렇게 두 개의 건물로 이루어져 있다. 본관 1층은 SUPER HEROES 전시실로 제1관 ACTION FIGURE, 제2관 MOVIE STATUE, 제3관 LIFE SIZE로 구성해 놓았다. 1층의 1~2관에서는 만화나 영화 속에서 볼 수 있었던 <가디언즈 오브 갤럭시>, <아바타>, <스타워즈> 등 수없이 많은 주인공 캐릭터들을 사실적으로 재현한 피규어를 만나볼 수가 있다. 1층의 3관과 2층의 4관 LIFE SIZE실에서는 아이언맨, 토르, 캡틴 아메리카, 헐크 등 어벤저스 주인공들을 실물 크기의 피규어로 관람할 수 있고, 배트맨, 슈퍼맨, 스파이더맨 등의 영웅과 조커 등 악당까지 실제

크기로 전시되어 있어 더욱 실감 난다. 2층 5관은 UP CYCLING실로 영화 <트랜스포머>의 주인공들을 업사이클링해서 만든 작품을 볼 수 있다. 이 밖에도 6관은 MOVIE STATUE, 7관은 BE@RBRICK, ANIMATION CHARACTER, GAME CHARACTER실로 꾸며져 잠시도 눈을 뗄 수가 없다.

2시간 정도 신나게 관람을 하고 나오면 밖에 마련된 미니 박물관이 또다시 발걸음을 이끈다. 이곳에서는 박물관 대표가 오랫동안 수집한 60년대 후반 <뽀빠이>부터 70년대 초반 <철인28호>, <로봇태권브이>, <마징가Z>, <은하철도 999> 등 오래된 애니메이션 작품들의 캐릭터를 피규어로 만나볼 수 있다. 또한 <토토로>, <센과 치히로의 행방불명>, <하울의 움직이는 성>, <무민>, <포켓몬스터>, <도라에몽>, <월레스와 그로밋>, <머펫 쇼>, <슈퍼마리오>, <인크레더블>, <스펀지 밥>, <미니언즈>, <해리포터>, <반지의 제왕>, <매트릭스>까지 접하기 어려운 작품의 캐릭터들도 만나볼 수 있다. 이곳을 관람하다 보면 아이보다 더 몰입해서 작품을 보고 캐릭터 소개글을 읽는 어른을 흔하게 볼 수 있는데 그만큼 남녀노소 누구나 좋아하는 곳이다.

박물관의 천국 제주도. 제주도 곳곳에 많은 박물관이 있지만 부모와 아이들이 동시에 만족하는 박물관으로 이만한 곳이 없다. 이 박물관을 관람한다면 2시간 정도 지난 후, 아이들과 부쩍 가까워진 채 웃으며 나오는 가족의 모습을 볼 수 있을 것이다.

아이와 함께 현장 학습 팁!

박물관을 관람할 때는 전시 물건을 만지지 않는 것 등의 예절을 연습해 보자. 사회적으로 통용되는 기본예절 및 에티켓을 잘 지키는 아이는 자존감이 높다고 한다. 아이의 자존감 향상을 위해 이번 기회에 공공장소에서의 예절을 잘 지키는 방법을 알려 주고, 그 중요성을 교육하는 기회로 삼아 보자. 체험 여행을 통해 자연스럽게 공공 의식을 배우고 습득하게 될 것이다.

또 업사이클링 작품을 감상하면서 환경에 대해 생각해 보는 계기를 가져 보자. 우리가 쓰고 버리는 물건들, 시시때때로 바뀌는 유행과 캐릭터들. 하지만 버려지지 않고 새롭게 재탄생하는 방법을 알게 되면 우리가 좋아하는 캐릭터와 물건과 작품들을 다시 돌아보게 되고 환경을 함께 생각하며 지구와 공존하는 방법을 고민해 볼 수 있지 않을까?

피규어 뮤지엄 주변 맛집

제주순메밀막국수

제주산 메밀로 만들어 깨끗하고 진한 맛이 나는 막국수.
위치 서귀포시 안덕면 녹차분재로 60
전화 064-792-0600
시간 24시간(연중무휴)
메뉴 들기름막국수 11,000원, 명태회막국수 11,000원, 수육 22,000원

춘심이네 본점

소문난 제주 갈치요리 전문점.
위치 서귀포시 안덕면 창천중앙로24번길 16
전화 064-794-4010
시간 매일 10:30~20:00, 브레이크타임 15:30~17:00
메뉴 통갈치구이(2인) 89,000원

헬로키티 아일랜드

온통 핑크빛으로
물든 세상

<헬로키티 아일랜드 관람 정보>

- 📍 제주특별자치도 서귀포시 안덕면 한창로 340
- ☎ 064-792-6114
- 📅 09:00 ~ 18:00 / 하절기 운영 별도 공지
- 🕐 2~3시간 소요
- 💰 성인 14,000원, 중·고등학생 13,000원, 25개월~초등학생 11,000원, 25개월 미만 무료

헬로키티 아일랜드는 건물 외관부터 예쁘다. 핑크빛으로 칠해진 건물과 커다란 키티 캐릭터는 마치 아이들에게 얼른 오라고 손짓하는 것만 같다. 헬로키티 아일랜드에 아이와 함께 간다면 박물관에 첫발을 내딛기 무섭게 환호성을 들을 것이다. 사방이 온통 핑크빛에 헬로키티 세상이라니!

헬로키티 박물관에 가면 40년의 역사를 가진 캐릭터 헬로키티의 역사와 이야기를 자연스럽게 만날 수 있다. 1층에 들어서면 가장 먼저 헬로키티 인형으로 쌓아 올린 웅장한 인형 탑을 만날 수 있다. 이곳은 메인 광장과 같은 곳으로 관람객들이 무조건 사진을 찍고 가는 곳이다.

박물관은 3층으로 되어 있는데 1층은 WISH관, 2층은 MIRACLE관, 3층은 HEALING관으로 되어 있다. 1층 WISH관은 소원을 꿈꾸는 공간으로 키티의 방이 예쁘게 꾸며져 있고 헬로키티 만화를 관람할 수 있는 버스 모양의 영상실이 갖추어져 있다. 벽면에는 다양한 키티 그림과 캐릭터가 전시되어 있다. 2층 MIRACLE관은 '꿈이 펼쳐지는 마법의 시간'이라는 주제에 키티 궁전, 키티 분수, 키티 의상실, 키티 놀이방이 꾸며져 있어 아이들이 신나게 사진 찍고 체험하고 놀 수 있는 공간이다. 헬로키티 벽화가 예쁘게 그려진 길을 따라가면 3층 HEALING관으로 갈 수 있는데 이

곳은 야외 정원이다. 예쁘게 가꾸어진 정원과 키티 가족 조형물들이 있어 아이들이 뛰어놀며 사진 찍기에 좋다. 날씨까지 좋으면 제주도의 멋진 하늘과 풍경을 볼 수 있는 공간이다.

　여행에 지친 어른들을 위한 공간도 2층에 마련되어 있다. 헬로키티 카페는 향긋한 커피와 키티가 그려진 달콤한 디저트를 맛볼 수 있는 휴식 공간이다. 분홍 키티 쇼파에 앉아 키티 잔에 채워진 따뜻한 커피를 마시며 잠시 쉴 수 있다. 아이들이 좋아하는 컵케이크에도 키티 그림이 찍혀 있어 이곳이 헬로키티 아일랜드라는 것을 실감할 수 있다. 이곳에 오는 아이들의 얼굴이 키티처럼 볼이 발그레하게 물드는 것을 볼 수 있다. 그만큼 이곳은 아이들이 좋아하는 곳이다. 이곳을 관람하며 '아이들과 어른의 욕구를 적절히 조화한 곳'이라는 생각이 들었다. 아이들은 박물관의 다양한 전시물을 관람하며 좋아하고, 어른들이 편히 쉴 수 있는 공간도 잘 마련되어 있으니 여행에 지친 부모가 커피 한잔을 하기에 좋다. 박물관 공간이 그렇게 크지 않아 아이들을 관리하는 것도 어렵지 않다. 환상의 세계에 대한 동경을 가진 아이를 위한 제주도 여행이라면 이곳을 방문하는 것도 좋은 선택이 될 것이다.

아이와 함께 현장 학습 팁!

부모들이 박물관 여행 중 많이 난감해하는 경우가 기념품 숍에 들렀을 때다. 아이들이 갑자기 생각지 않았던 물건을 사 달라고 조르는 경우가 많아서이다. 이럴 때는 물건을 고르기 전에 원하는 장난감 하나만 살 수 있다거나, 가격대를 어느 정도로 정해두고 그 이하의 물건만 사는 등의 사전 약속을 하는 것이 좋다. 약속을 했는데도 불구하고 아이가 자제력을 잃을 수 있는데, 부모도 자제력을 잃고 같이 화내지 않길 바란다. 대신 부드럽고 낮지만 힘 있는 목소리로 제언하는 것이 좋다. 아이의 인내력을 기르기 위한 훈육의 기회라고 생각하고 차분하게 접근하자. 아이들은 여행 중 발생하는 여러 가지 상황 속에서 부모와 나누는 공감적 대화의 감정 교류를 바탕으로 사회에서 필요한 규칙을 배울 수 있다. 이런 것 때문에 아이와 여행하는 것 아닐까?

헬로키티 아일랜드 주변 맛집

원앤온리

드넓은 정원에서 즐기는 맛있는 브런치.
위치 서귀포시 안덕면 산방로 141
전화 064-794-0117
시간 09:00~20:00
메뉴 에그베네딕트 18,000원, 리코타치즈샐러드 18,000원, 산방산 케이크 12,000원

페를로

제주 로컬 이탈리안 퓨전 음식 전문점으로 조용하고 우아한 가족 식사를 연출하는데 좋은 곳이다.
위치 서귀포시 안덕면 덕수회관로74번길 33
전화 010-5752-9501
시간 11:00~20:30(15:30~17:00 브레이크타임)
메뉴 제주 문어보말 파스타 24,000원, 제주 흑돼지 수비드스테이크 45,000원

넥슨 컴퓨터 박물관

제주도에서 컴퓨터의 역사를 배워요

<넥슨 컴퓨터 박물관 관람 정보>

- 📍 제주 제주시 1100로 3198-8 NXC센터
- ☎ 064-745-1994
- 🗓 10:00~18:00 / 월요일 휴무
- 🕐 2~3시간 소요
- ₩ 메가티켓(성인) 8,000원, 메가티켓(청소년) 7,000원, 메가티켓(어린이) 6,000원 / 테라티켓(성인 2명+어린이 2명) 25,000원

넥슨 컴퓨터 박물관은 제주특별자치도 제주시 노형동에 있다. 넥슨이 150억을 투자해 만들었으며 2013년 7월 27일에 아시아 최초의 컴퓨터 박물관으로 개관했다. 지하 1층에서 지상 3층까지 이르는 건물에는 옛날에 사용하던 각종 컴퓨터나 고전 게임기부터 최신의 컴퓨터와 게임까지 전시되어 어른들에게는 과거의 향수를, 아이들에게는 새로움과 신기함을 선물한다.

1층 Welcome Stage에서는 과거 저장 매체부터 볼 수 있는데, 천공 카드, 카세트테이프, 플로피 디스크, ZIP 드라이브, CD, DVD, 블루레이 디스크와 과거에 쓰던 컴퓨터들도 있다. 특히 애플 I을 전시하고 있는데, 아직도 작동하는 애플 I 기기는 전 세계에 단 6대밖에 없다고 한다. 그중 1대가 이곳에 전시되어 있다.

2층 Open Stage에서는 여러 가지 게임을 체험할 수 있으며, 스페이스 인베이더와 제비우스, 갤러그, 너구리, 하이퍼 스포츠, 테트리스 등을 무료로 체험할 수 있다. NCM 라이브러리에서는 다양한 비디오 게임기를 해 보거나 각종 게임 잡지 등을 볼 수 있다. MSX, 패미컴, 슈퍼패미컴, 메가 드라이브, 게임큐브[A], 드림캐스트[A], 플레이스테이션[4]. 아타리 2600 2번째 모델[5]과 게임보이 등도 실제로 해 볼 수 있

❶ 아이들에게는 조금 생소한 추억의 비디오 게임을 해볼 수 있다. ❷ 전 세계에 단 6대밖에 없는 작동 가능한 애플 I 기기. ❸ 80~90년대 인기 있던 아케이드 게임을 해 볼 수 있다.

다. 이러한 고전 게임 외에 VR 체험도 할 수 있는데, 1시간 30분 간격으로 운영되고 있으며, 체험은 한 사람당 2~3분 정도 소요된다.

　3층 Hidden Stage에서는 과거에 만들어졌던 마우스, 컴퓨터, 노트북 등이 있다. 과거의 한컴 타자연습과 도스 시절의 컴퓨터 바이러스, GW 베이직과 MS-DOS 등을 볼 수 있다. 레이저하프, 3D 프린터 등이 있다. 또한 도트 프린터를 사용해 볼 수도 있고, 메이플스토리 핑크빈과 함께하는 스토리코딩을 해 볼 수 있으며 여러 코딩 로봇이 있어 간단히 체험해 볼 수 있다.

　지하 1층 Special Stage는 원래 키보드 모양의 빵과 음료를 팔던 카페 공간이었는데 박물관이 새 단장을 하면서 작은 체험 공간으로 바뀌었다. 이곳에서는 재미있는 콘솔 게임을 자유롭게 체험해 볼 수 있고, 넥슨 회사의 게임 캐릭터 도안과 게임 스토리 콘티가 있어 자세히 살펴볼 수 있다. 다양한 색깔의 플로피 디스크 모형을 영상기기에 꽂으면 게임 영상을 감상할 수 있는 코너도 있는데, 관람객들의 반응이 매우 좋다.

　넥슨 컴퓨터 박물관은 어른과 아이 모두 만족할 수 있다. 어른들은 어렸을 적 한 번쯤 접해 보았을 만한 추억의 게임을 해 볼 수 있고, 아이들은 옛날의 게임부터 지금의 게임까지 다양한 게임을 경험할 수 있으니 흥미 만점이다. 실제로 이곳에 가면 아이들보다 신난 부모들의 모습을 쉽게 찾아볼 수 있다. 제주도에 여행을 왔는데 날씨가 좋지 않아 갈 곳이 마땅치 않다면 한번 '넥슨 컴퓨터 박물관'으로 향해 보자.

아이와 함께 현장 학습 팁!

모든 아이들이 신나서 구경하는 모습을 볼 수 있다. 특히 게임을 체험하는 활동이나 아이들에게 친숙한 스마트폰의 시초가 된 아이폰 1세대 등을 관람할 때 신기하다는 반응이다. 요즘 아이들은 스마트폰과 함께 태어난 세대이므로 초기 아이폰의 모양을 볼 일이 없었기 때문이다.

시간이 허락한다면 일일 체험을 신청하여 참여해 보자. 태양광 발전을 이용하여 움직이는 어몽어스 캐릭터를 만들 수 있다. 태양광판을 부착한 캐릭터를 밝은 빛이 비추는 곳에 두면 진동을 하며 움직인다. 간단한 원리지만 아이들이 매우 신기해한다.

박물관의 규모가 큰 편은 아니라서 관람하는 데 오래 걸리지는 않는다. 체험 시간이 맞지 않아 시간이 많이 남는다면, 바로 근처에 있는 브릭캠퍼스에도 가 볼 것을 추천한다. 두 군데를 하루 코스에 같이 넣는다면 아이들에게 충분한 체험도 제공할 수 있고, 노형동 근처의 맛집에서 시간도 보내는 등 알찬 하루를 보낼 수 있을 것이다. 노형동은 제주도에서 대표적인 시내 번화가이기 때문에 혹시 시골 쪽에 숙소를 잡았다면 노형동에 나왔을 때 마트에서 장도 보고 약도 사고 병원도 가고 웬만한 급한 일은 이곳에서 처리하면 가장 좋다.

넥슨 컴퓨터 박물관 주변 맛집

담아래

아이와 든든하게 밥 한그릇을 뚝딱할 수 있는 곳이다.

위치 제주시 수목원길 23 1층
전화 0507-1310-5917
시간 11:00~20:00 / 일요일 휴무
메뉴 지슬(감자)곤드레밥 12,000원, 간장딱새우밥 16,000원

늘봄흑돼지

제주도에서 규모가 아주 크고 주차장이 넓다. 바로 옆 건물 늘봄소고기도 함께 추천한다.

위치 제주시 한라대학로 12
전화 064-744-9001
시간 11:00~23:00
메뉴 흑돼지삼겹살 22,000원, 목살 22,000원

리보스코화덕피자

너무 맛있어서 또 찾게 되는 마약 피자(포장만 가능)!

위치 제주 제주시 수목원길 27
전화 0507-1448-0906
시간 11:00~21:00 / 수요일 휴무
메뉴 해녀톳도우 한라산용암피자 37,000원, 유채꽃 현무암 치킨피자 39,000원

노형삼대국수

노형동에 유명한 고기국수집. 공항에서 내리자마자 배고파서 가는 국숫집

위치 제주시 노형13길 11
전화 064-722-3366
시간 09:00~22:00 / 화요일 휴무
메뉴 고기국수 9,000원, 돔베고기(소) 16,000원

제주올레면옥

직접 뽑은 면과 해물을 넣고 끓인 육수가 일품인 냉면집

위치 제주시 광평동로 19 1층
전화 064-742-1239
시간 10:30~21:00(15:00~16:00 브레이크타임) / 화 휴무
메뉴 올레물냉면 10,000원, 탐라메밀비빔면 17,000원, 제주 흑돼지맑은곰탕 10,000원, 한라산 물갈비 44,000원

제주 항공우주 박물관

제주도를 넘어
세계로, 우주로!

ⓒ 제주 항공우주 박물관

<제주 항공우주 박물관 관람 정보>
- 📍 제주 서귀포시 안덕면 녹차분재로 218
- ☎ 064-800-2000
- 📅 09:00~18:00(매월 세 번째 주 월요일 휴관)
- 🕐 2~3시간 소요
- 💰 성인(만 19세 이상) 10,000 원, 청소년(만 13~18세) 9,000원, 어린이(만 3~12세) 8,000원

제주 항공우주 박물관은 서귀포시 안덕면에 세워진 대형 박물관이다. 3,000평 규모의 건물로 지하 1층, 지상 3층으로 이루어져 있다. 항공우주 박물관은 우리나라 항공의 역사와 우주의 신비에 대하여 공부할 수 있어 제주도 학생뿐만 아니라, 육지의 학생들도 수학여행을 와서 한 번쯤 방문하는 곳이다.

항공우주 박물관에 도착하면 야외에 있는 여러 대의 비행기와 전투기를 볼 수 있다. 입장권을 구입해서 실내에 들어서면 천장에 실물 크기의 항공기들이 마치 하늘을 나는 것처럼 전시되어 있다. 홀에도 여러 대의 비행기가 전시되어 있는데, 직접 타 볼 수 있는 비행기가 따로 있어 아이들의 호기심을 충족시켜 준다. 또한 열기구를 볼 수 있고 비행 시뮬레이션 게임기를 직접 조작해 볼 수 있어 인기가 좋다. 이 게임기는 아이들뿐 아니라 어른들에게도 인기가 좋아 게임기를 직접 체험해 보는 어른이 많다. 1층 항공역사관에서는 항공의 역사에 대하여 알아볼 수 있다. 또한 대한민국 공군 갤러리 존에서는 대한민국 공군의 역사와 변천에 대해 공부할 수 있다. 이외에도 전투기 엔진을 실물 그대로 볼 수 있으며 감추어진 항공기의 기술에 대해서도 알 수 있다.

2층 천문우주관에서는 우리나라 천문 우주의 역사에 대하여 알아볼 수 있는데, 삼국시대 신라의 첨성대부터 조선 중기 혼천의까지 과거의 천문 관측 도구의 쓰임과 원

ⓒ 제주 항공우주 박물관

리를 알아볼 수 있다. 우주 탐험존에서는 인류의 우주 탐험 역사, 우주정거장에서의 다양한 실험과 생활에 대해 알아보고, 일상생활에서 활용되는 국내·외 우주기술 개발상도 볼 수 있다. 또한 우리가 살고 있는 태양계의 구조 및 소행성·혜성, 별과 은하계, 더 나아가 우주 전체의 구조에 대해서도 공부할 수 있다. 2층의 테마관은 다양한 체험을 할 수 있도록 구성되었는데 특히 '중력 가속도 체험기구'와 '5D 돔영상관'은 아이들이 가장 흥미 있어 하는 곳이다. 특히 '5D 돔영상관'은 반구형 천장의 영상을 통해 하늘과 우주 그리고 별자리에 대한 생생하고 감동적인 이야기를 관람할 수 있다.

 2층 전시관을 나오면 제법 큰 규모의 어린이 놀이 공간 '잼스페이스'가 기다린다. 이곳은 아이들이 마음껏 놀 수 있는 어린이 놀이방으로 초등학생까지 입장할 수 있다. 어른들은 잠시 주위에 앉아 쉴 수 있어 아이들과 어른들 모두 만족하는 공간이다. 이처럼 '제주 항공우주 박물관'은 커다란 공간을 알차고 유익하게 꾸며놓았다. 코로나19로 학교의 현장 학습이 모두 취소되고, 아이들의 체험 기회가 줄어들어 안타까운 마음이 들 때 부모와 함께 항공우주에 대하여 배우러 떠날 수 있는 곳이다.

❶ 천문 우주관에서는 천문 우주의 역사를 알 수 있다. ❷ 중력 가속도 체험 기구. ❸ 어린이들의 놀이 공간인 잼스페이스

아이와 함께 현장 학습 팁!

제주에 있는 박물관 중에서도 다른 박물관에 비해 규모가 매우 큰 박물관이므로 한나절 정도 넉넉하게 잡고 가는 것이 좋다. 한번 들어가면 구경거리가 정말 많고 아이들이 직접 만지고 체험할 수 있는 기구들이 널려 있어서 충분히 체험하려면 시간과 체력이 많이 필요하니 단단히 준비하고 가자.

아이들이 좋아하는 로켓, 전투기부터 3D 체험 등 신기하고 재미있는 볼거리가 가득하여 다양한 체험존에서 이것저것 만지고 느낄 수 있다. 또한 과학 시간에 배운 태양계, 별자리, 우주과학 등 자신이 알고 있는 지식과 연결하여 실감나고 재미있게 공부할 수 있는 즐거운 과학 교육의 장이 될 것이다. 체력이 지칠 때쯤 되면 우주 놀이터인 잼스페이스에서 놀고 쉴 수 있으니 이 부분도 참고해 두자.

제주 항공우주 박물관 주변 맛집

도희네칼국수

직접 뽑는 생면 칼국수에 밑반찬까지 하나하나 다 맛있는 숨은 맛집이다.
위치 서귀포시 안덕면 중산간서로 1957
전화 064-792-7928
시간 09:00~15:30 / 수요일 휴무
메뉴 닭칼국수 11,000원, 매생이닭곰탕 10,000원

모모언니바다간식

분식을 좋아하는 아이들과 해물을 좋아하는 부모님까지 모두 만족시킬 음식이다.
위치 서귀포시 안덕면 녹차분재로59번길 3
전화 064-794-9936
시간 10:00~20:00
메뉴 문어즉석떡볶이(중) 29,000원, 해물라면 13,500원

아쿠아플라넷 제주

아시아 최대 면적을 자랑하는 아쿠아리움

<아쿠아플라넷 제주 관람 정보>
- 제주 서귀포시 성산읍 섭지코지로 95
- 1833-7001
- 09:30~19:00
- 3~4시간 소요
- 종합권 대인 42,400원, 청소년·경로 40,600원, 소인 38,500원(종합권은 아쿠아리움 관람권과 오션아레나 공연이 포함되어 있음)

우리나라 아쿠아리움 중 최대 규모를 자랑하는 '아쿠아플라넷 제주'는 성산읍 섭지코지 근방에 있다. 그래서 성산을 여행하는 많은 관광객들이 성산일출봉, 섭지코지와 더불어 많이 찾는 곳이다. 특히 호기심이 많은 아이들과 함께라면 한 번쯤 가 보는 것을 추천한다.

우리나라에 아쿠아리움은 많지만 '아쿠아플라넷 제주'의 특별한 점은 제주도 바다를 모티브로 건설되었다는 것이다. 그래서인지 다른 아쿠아리움에서 볼 수 없는 다양한 생물과 볼거리가 있다. 지하 1층 메인 수조 앞에서는 제주 해녀의 이야기를 다룬 공연을 관람할 수 있고, 실제 해녀분들이 메인 수조에서 물질을 하는 모습을 선보인다. 나열하기 어려울 정도로 많은 바다생물들, 그중에서 아이들이 가장 좋아하는 것은 뭐니 뭐니 해도 상어이다. 해저터널로 꾸며진 투명 수족관을 지날 때면 머리 위로, 투명 유리 벽면으로 상어가 오고 가니 아이들이 눈을 떼지 못한다. 또한 제주 해녀의 이야기를 공연하는 메인 수조에서는 대형 바다 생물들이 여유롭게 유영한다. 마치 제주도의 바다 일부분을 뚝 떼어 건물 안으로 들여다 놓은 듯한 기분이다.

신기한 바다생물들을 관람하고, 지루할 때쯤이면 '아레나 공연'을 보러 공연장으로

이동하면 된다. 그곳에서는 '아쿠아플라넷'이 준비한 다양한 공연을 볼 수 있다. 먼저 수중 서커스단의 공연이 관람객들을 맞이한다. 공중에서 다이빙과 묘기를 하는 서커스단의 모습에 공연장은 함성으로 가득 찬다. 한시도 눈을 뗄 수 없는 수중 서커스 공연이 끝나면 돌고래와 바다사자를 만나 볼 수 있다. 사육사의 말을 알아듣고 함께 공연을 하는 모습이 여간 놀라운 것이 아니다. 돌고래와 바다사자의 아이큐가 높다고 하던데 직접 확인해 볼 수 있다. 또한 재미있는 두 명의 진행자가 관객과 하나 되어 웃고 즐기는 게임은 관람객들을 즐겁게 한다.

아쿠아플라넷 제주는 성산일출봉이 바로 앞에 보이는 전망 좋은 곳에 있다. 지하 1층에 마련된 푸드코트에서 멋진 풍경을 보며 식사를 할 수 있고, 메뉴 또한 다양하다. 이곳은 워낙 볼 것이 많고 즐길 것이 풍족하기에 반나절 이상의 시간을 이곳에서 보낼 생각으로 방문해야 한다. 3~4시간 정도 아쿠아플라넷에서 가족과 시간을 보내고 섭지코지나 성산일출봉을 관광하는 것으로 하루 일정을 짠다면 꽉 찬 하루 관광코스가 될 것이다. 아이와 함께하는 제주 여행이라면 꼭 방문해야 하는 제주도의 명소 중 한 곳, 아쿠아플라넷은 아이들이 웃음 짓고 행복해하는 여행 장소이다.

아이와 함께 현장 학습 팁!

　제주의 아름다운 바다 바로 옆에서 다양한 해양 생물을 눈으로 직접 관찰하고 체험하는 곳이기에 그야말로 바다의 모든 것을 오감으로 느낄 수 있다. 평소에 쉽게 볼 수 없었던 신기하고 다양한 볼거리들이 가득하니 관람 예절을 잘 지키며 충분히 체험하는 시간을 가져 보자.

　만 12세 이상이면 아쿠아플라넷 스킨스쿠버다이빙 체험(1인당 90,000원, 촬영비 10,000원 별도)을 할 수 있다. 아쿠아플라넷의 거대한 수조 안에서 전문가의 1:1 코칭으로 진행되는 체험인데, 물을 좋아하는 아이에겐 잊지 못할 추억을 안겨 줄 것이다. 사전 예약을 하고 별도 문을 통해 들어가면 치료 중인 물고기들이 있는 수조를 지나 탈의실에 도착한다. 이후 안전서약서를 작성하고 전문가의 안내에 따라 안전 교육을 받은 뒤 장비를 착용하고 대형 수족관 위쪽에서 적응 훈련을 마치면 약 1분 간격으로 압력에 적응하는 절차를 거쳐 가장 밑바닥까지 내려오게 된다. 멋진 스폿에서 사진을 찍고, 물속에서 도넛 만드는 법을 알려 주시는데 생각보다 어렵다. 옆에 지나가는 거대한 상어와 함께 수영하면서 무섭고도 짜릿한 경험을 할 수 있다.

아쿠아플라넷 푸드코트
멀리 이동하지 않고 아쿠아플라넷 푸드코트를 이용하면 아이와 부모 모두 만족스러운 식사를 할 수 있다. 성산일출봉이 보이는 멋진 뷰를 감상하며 식사를 하자.
메뉴 수제 흑돼지돈가스 11,000원, 전복해물라면 11,000원, 보말칼국수 15,000원

아쿠아카페&고래상어빵
시원한 바다가 한잔에 담긴 시그니처 음료인 아쿠아 라떼 한잔과 고래상어빵을 가볍게 즐겨 보자.
메뉴 아쿠아라떼 5,500원, 고래상어빵 4,500원 / 함께 사면 20% 할인된다.

박물관은 살아있다

어른도, 아이도 동심의 세계로 떠나요

<박물관은 살아있다 관람 정보>

- 📍 제주 서귀포시 중문관광로 42
- ☎ 064-805-0888
- 📅 10:00~19:00
- 🕐 2시간 소요
- ₩ 성인 14,000원, 청소년 13,000원, 어린이 12,000원, 경로·장애인·국가유공자 12,000원

제주도는 날씨가 워낙 변화무쌍하여 비가 오거나 바람이 심하게 부는 날은 실외에서 관광을 하기 어렵다. 그럴 때는 온 가족이 즐길 수 있는 박물관을 찾아가는 것도 좋은 방법이다. 제주도는 박물관의 천국이라고 불릴 정도로 박물관이 많은데 그중에서 '박물관은 살아있다'는 오랜 시간 동안 많은 사람들이 찾는 박물관으로 유명하다.

'박물관은 살아있다'는 제주도에서 박물관이 가장 많이 몰려 있는 중문관광단지 내에 있다. 이곳은 설계될 때부터 재미있는 사진을 염두에 두고 만들어졌다. 많은 전시물 중 착시효과를 활용한 트릭아트 작품이 유명하다. 여러 가지 그림에 착시효과를 주어 현실과 작품 속 세계의 경계를 모호하게 만들어 버리는 것을 말한다. 신기한 그림은 감상하기도 좋지만 기념사진을 남기기도 좋다. 이곳에는 여러 포토존이 있다. 해바라기 포토존, 천사 날개 포토존은 이곳을 방문한 대부분의 사람들이 줄을 서서 사진을 찍는 곳이다. 대형 오르골도 전시되어 있는데, 아름다운 연주와 공연을 볼 수 있어 사람들이 구경하며 잠시 쉬어갈 수 있는 곳이다. '시크릿하우스'는 마치 무채색 그림 속에 들어와 있는 듯한 기분이 드는 장소이다. 실제 의자와 탁자가 놓여있지만

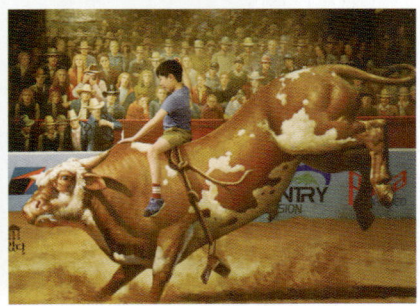

그림처럼 보여, 사람이 이곳에 앉으면 그림 속의 한 장면처럼 보인다. 몬스터 어둠의 방에 들어서면 핼러윈 파티에 온 것 같고, 어둠의 방을 지나 양옆에 늘어선 조명이 켜진 장미꽃은 절로 사진을 찍고 싶게 만든다.

많은 작품과 전시물 앞에서 사진을 찍다 보면 어느새 시간이 금방 흐른다. 여행의 피곤함이 느껴지면 내부에 있는 카페에서 음료 한잔을 하며 잠시 쉴 수 있다. 또한 기념품 숍에서 예쁘고 아기자기한 소품들을 구경하고 구입할 수도 있다.

야외에는 카트장이 잘 꾸며져 있는데, 가족들 모두 신나고 에너지 넘치는 활동을 즐길 수 있어 지루하지 않게 하루를 보낼 수 있다. 이렇게 이곳에서는 실내뿐 아니라 실외에서도 재미있는 시간을 보낼 수 있어 가족 단위의 관광객들이 많이 찾는다. 날씨가 좋지 않아 고민이라면 '박물관은 살아있다'에 방문해 보기를 추천한다.

아이와 함께 현장 학습 팁!

아이와 재미있게 트릭아트 사진을 찍으며 추억을 남기기 좋다. 착시 현상을 이용한 신기한 작품들을 감상하며 시각은 물론 오감을 활용한 체험을 충분히 할 수 있다. 아이들의 집중도에  따라서 관람 시간이 오래 걸릴 수도 있고 사진을 찍느라 줄을 서는 경우도 있다. 그날 아이들 컨디션에 따라 시간 계획을 유연하게 잡고 충분히 즐겨 보자. 다만 아이들 성향에 따라서 약간 무섭다고 할 수 있는 코너도 있으니 상황에 따라 아이들의 취향을 존중해 주자.

===== 박물관은 살아있다 주변 맛집 =====

가람돌솥밥
전복을 잘 안 먹는 아이도 잘 먹는 고소한 전복돌솥밥.
위치 서귀포시 중문관광로 332
전화 064-738-1200
시간 08:00~22:00
메뉴 전복돌솥밥 18,000원, 제주성게미역국 20,000원, 해물뚝배기 18,000원

숙성도 중문점
숙성시킨 제주 흑돼지 고기가 아주 연하고 부드러워서 아이들도 먹기 좋다.
위치 서귀포시 일주서로 966
전화 064-739-5213
시간 12:00~22:00
메뉴 삼겹살,목살 22,000원, 흑뼈등심 38,000원, 갈치속젓 볶음밥 8,000원

제주별빛누리공원

제주에서 우주 과학자의 꿈을 키워요

ⓒ 제주별빛누리공원

<별빛누리공원 관람 정보>

📍 제주 제주시 선돌목동길 60
☎ 064-728-8900
📅 10~3월 14:00~22:00, 4~9월 15:00~23:00 / 월요일 휴무
🕐 2시간 소요
💰 통합관람료 성인 5,000원, 청소년·어린이 2,000원

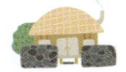

제주별빛누리공원은 제주시 오등동에 있으며, 시내에서 접근성이 좋은 박물관이다. 옥상에는 천체 관측실이 있어 별이 보이는 밤까지 박물관을 운영한다. 내부에는 전시실과 4D영상관, 천체투영실과 관측실 등이 갖춰져 있는데 4D영상관은 한 시간 간격으로 상영을 하고 있어 시간을 잘 맞추어 가야 한다. 4D영상관에서는 롤러코스터를 타고 우주를 여행할 수 있으며, 입체 안경을 쓰고 롤러코스터 놀이기구처럼 된 좌석에 앉으면 영상이 상영된다. 실감 나고 재미있는 영상에 아이들이 환호한다. 5분 정도의 짧은 시간이 아쉽게 느껴진다. 4D영상을 관람한 후에는 바로 천체투영실로 이동한다. 천체투영실은 돔 모양의 천장에 영상을 상영하는데 '행성의 탄생, 생명의 빛 오로라, 밤하늘 이야기, 제미니 천문대와 남반구 밤하늘, 코스모스 오딧세이'라는 주제로 시간대별로 다르게 상영이 되고 있다. 천체투영실 의자에 앉아 돔 스크린의 영상을 보고 있으면 마치 우주에 와 있

TIP

별빛누리공원이라는 이름처럼 박물관 외부부터 태양계 행성들이 모형으로 전시가 되어 있다. 밤에 방문하면 화려하고 멋진 조명이 우주에 들어온 것과 같은 분위기를 자아낸다.

© 제주별빛누리공원

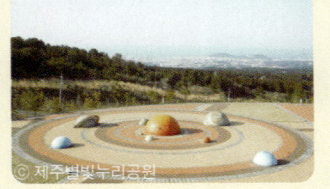

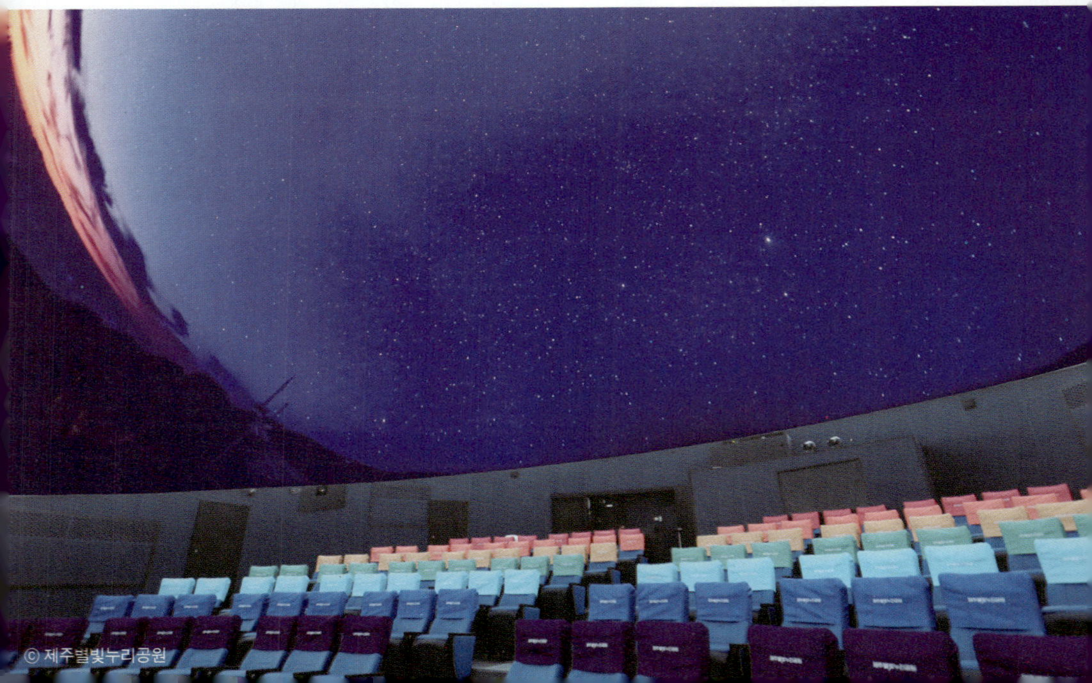
© 제주별빛누리공원

는 것만 같은 착각이 들 정도로 실감이 난다. 상영 시간은 20분 정도로 한 시간에 한 번씩 상영을 하기 때문에 다른 이야기가 궁금하다면 우주 전시실을 관람하다가 시간을 맞추어 관람하면 된다.

전시실에는 다양한 우주 관련 전시물들이 눈길을 끈다. 벽에 보이는 별자리를 터치하면 별자리 이름에 맞는 그림이 나타나고 별자리에 대한 정보를 알 수 있어 자연스럽게 공부가 된다. 화성 탐사로봇을 모션 인식으로 조정해 볼 수도 있고, 여러 행성에 갔을 때 지구에서의 몸무게와 행성에서의 몸무게를 비교할 수 있다. 가족들이 함께 이곳을 방문하면 내가 관심 있는 태양계 행성을 골라 공부를 할 수 있다는 점이 좋다. 커다란 화면을 보며 행성에 대해 배울 수 있어 아이들이 흥미 있어 한다.

또한 멋진 조명을 배경으로 박물관 곳곳에서 사진도 촬영할 수 있으니 추억을 남기기 좋다. 복도에는 태양계 광장과 해시계가 조성되어 관람객들이 다양한 체험을 할 수 있다. 무엇보다 '별빛누리공원'은 야간에 가면 더 좋은 곳이다. 날씨가 좋으면 천체망원경으로 별을 관찰할 수도 있다. 3층에 마련된 관측실에서는 카세그레인식 반사망원경으로 별을 관찰할 수 있다. 특히 우주과학에 관심이 많은 아이를 자녀로 둔 가족이라면 방문해 보기 바란다.

아이와 함께 현장 학습 팁!

낮에 가도 좋지만 주로 밤에 가는 걸 추천한다. 맑은 날 밤에는 관측실에서 천체망원경으로 달과 별을 관측할 수 있다. 또 공원 앞 광장에 켜지는 불빛은 더없이 멋진 야경을 선사하여 어른들도 좋아한다. 아이들과 함께 전시실을 둘러보며 퀴즈도 같이 맞혀 보고 4D 영상 체험도 함께하면서 가족 여행의 재미를 느끼면 좋다. 천체투영실은 뒤로 누워서 천장을 바라보고 영상을 관람하는 곳인데, 가족이 다 같이 누워 펼쳐지는 영상을 감상하며 자연의 신비로움에 빠져 보자.

별빛누리공원 바로 옆에는 난타호텔이 있는데, 서울 명동의 난타 공연을 못 가봐서 아쉽다면 이곳 제주의 난타공연 관람도 추천한다. 아이도 어른도 다 같이 웃으며 즐길 수 있는 이야기로 구성되어 추억을 쌓을 수 있다. 오후 5시 난타 공연 관람 후 별빛누리공원에서 하늘을 바라보며 근사한 저녁 시간을 보내는 건 어떨까?

제주별빛누리공원 주변 맛집

제대김밥

제주대 학생들 사이에서 소문난 싸고 맛있는 김밥.
위치 제주시 산천단동3길 26
전화 064-711-0708
시간 09:00~20:00 / 토~일요일 휴무
메뉴 제대김밥 3,500원, 돈까스김밥 4,500원

매력식당

아기자기한 인테리어에 가성비 좋은 제대 덮밥 맛집.
위치 제주시 산천단동1길 20-9 1층
전화 064-722-4593
시간 11:00~20:30(14:30~17:00 브레이크타임) / 토 휴무
메뉴 흑돈카츠카레 9,000원, 데리야끼치킨덮밥 8,000원

아프리카 박물관

제주도에서
아프리카 문화를 배워요

<아프리카 박물관 관람 정보>
- 제주 서귀포시 이어도로 49
- ☎ 064-738-6565
- 🗓 10:00~19:00
- ⏰ 2시간 소요
- ₩ 성인 10,000원, 청소년 9,000원, 어린이 8,000원

제주도에 방문해 아프리카 문화를 느껴보는 것은 어떨까? 아프리카 박물관은 중문관광단지 안에 있는데, 아프리카 느낌이 물씬 나는 큰 외관을 자랑한다. 1층 사파리 파크에 들어서면 아프리카에서 사는 다양한 동물들이 모형으로 제작되어 전시되어 있다. 이 아프리카 모형에는 다양한 미션이 적힌 쪽지가 걸려 있었는데, 2층 전시실에 전시된 유물을 찾는 미션이다. 이 미션을 해결하면 기념품을 준다고 적혀 있었다. 1층 사파리 파크에서는 동물 모습의 인형과 사진을 마음껏 찍고 시간을 보낼 수 있어 아이들이 좋아한다. 아프리카 박물관은 다른 박물관에 비해 자유롭게 관람할 수 있는 것이 특징으로, 전시물에 가까이 가서 기대어 사진을 찍거나 관찰할 수 있다.

2층 상설 전시장에는 아프리카 원주민들의 문화를 볼 수 있는 전시품이 있다. 조각상이나 그들이 사용했던 가면은 영상을 통해서나 볼 수 있었는데 실물을 보니 신기했다. 마치 아프리카 부족원의 혼이 담긴 것 같았다. 그들이 썼던 무기나 도구, 전투복, 농기구까지 없는 것이 없었다. 전시장의 전시물들을 보면 아프리카 사람들이 생각하는 아름다움이 우리나라 서구의 사람들이 생각하는 기준과 많이 다르다는 것

을 느낄 수 있었다. 우리 눈에는 좀 기괴해 보이는 것이 그들에게는 멋과 아름다움을 상징한다는 것이 신기했다. 2층에는 '미디어 파사트'라는 곳이 있는데 미디어아트로 아프리카의 음악과 춤을 화려한 색감을 보여 주는 곳이다. 커다란 방안을 아프리카 음악과 함께 부족원의 춤을 형상화해서 꾸민 미디어아트를 보고 있으니 환상의 세계로 들어온 느낌이 드는데, 아이들도 신나는지 함께 춤을 추며 즐겼다.

  3층에는 아프리카 출신 작가들의 그림이 전시되어 있는데, 아크릴 물감을 화려하고 두껍게 칠해 아프리카의 모습을 나타낸 그림을 볼 수 있었고, 그들이 만든 멋진 조각품도 감상할 수 있었다. 과거와 현재의 아프리카 모습을 표현한 미술 작품을 보며 아프리카의 예술에 대해서도 이해할 수 있는 시간이 되었다. 이곳에는 아이들을 위해 다양한 만들기 체험 공간이 준비되어 있다. 마라카스 만들기, 칼림바 만들기, 목걸이 만들기 등 아이들이 좋아할 만한 체험을 할 수 있어 흥미를 끌었다. 아프리카 박물관은 어린아이부터 성인까지 함께 즐기기에 좋은 곳이다. 1층 사파리 파크에서는 아이들이 귀엽게 전시된 동물들과 사진을 찍으며 즐거워하고, 2층 전시장에서는 성인들도 관심을 가질 만한 아프리카 문화들이 전시되어 있어 한참을 감상할 수 있다. 3층의 수준 높은 아프리카 미술품까지 감상할 수 있으니 가족이 방문하기에 좋다.

아이와 함께 현장 학습 팁!

박물관의 규모가 그리 큰 편은 아니어서 걷기 힘들지는 않다. 아프리카의 신기한 동물 모형들을 함께 관람할 수 있어 어린아이들도 좋아한다. 초등학생 아이들과는 가족이 함께 힘을 합쳐 미션을 완수하면서 관람의 즐거움을 느껴 보자. 미션을 성공하기 위해 아프리카 유물을 찾아다니는 재미가 있다. 또 이국적인 문화를 탐색하는 게 생소하고 다소 무섭게 느껴질 수도 있지만, 강렬하고 아름다운 아프리카의 문화를 접하면서 색다른 즐거움으로 다가갈 수 있다. 오감을 열고 아프리카의 미술 작품, 아프리카의 춤, 아프리카의 음악, 아프리카의 패션과 생활 모습 등 아프리카의 모든 것을 느껴 보는 즐거운 시간이 될 것이다.

아프리카 박물관 주변 맛집

약강정

속초에는 만석닭강정, 제주에는 약강정이 있다. 아이들의 간식으로도 좋으니 꼭 맛보도록 하자.
위치 서귀포시 대포중앙로 85
전화 064-805-5050
시간 13:00~19:30 / 토~월요일 휴무
메뉴 반반닭강정 23,000원, 달콤약강정 22,000원

불턱버거클럽

맛있는 수제 햄버거집으로, 매장 분위기가 힙해서 좋은 곳이다.
위치 서귀포시 일주서로570번길 1
전화 064-738-6280
시간 10:30~19:30 / 수요일 휴무
메뉴 프레시치즈버거 10,800원, 시그니처통새우버거 11,800원 / 포장 가능

더 플래닛

버디프렌즈가 들려 주는 숲속 이야기

<더 플래닛 관람 정보>
- 제주 서귀포시 천제연로 70
- 064-798-2000
- 10:00~18:00(입장 마감 17:30) / 화요일 휴무
- 2시간 소요
- 성인 12,000원, 청소년 11,000원, 소인 10,000원,

제주도 중문관광단지에 있는 더 플래닛은 박물관이라기보다는 '교육관'이라는 말이 어울리는 곳이다. 제주도의 숲속 이야기와 멸종위기 동물, 자연보호의 필요성에 대하여 아이들의 눈높이에서 교육을 하는 곳이다. 이곳에서는 도슨트가 관람객 20명 정도와 함께 다니며 전시물에 대하여 설명해 주기 때문에 의미 있고 감동적이다.

이곳은 '버디프렌즈'라는 자체 캐릭터와 함께 스토리텔링으로 교육이 이루어진다. 버디프렌즈는 제주도의 멸종위기 다섯 종류의 새를 캐릭터화한 것이다. 팔색조 피타, 동박새 화이트, 매 캐스커, 종다리 젤다, 큰오색딱따구리 우디 이렇게 다섯 친구들이 전시장을 안내한다. 1층은 캐릭터 전시관으로 버디프렌즈를 소개하고, 거멍숲으로 초대한다. 제주의 자연을 일러스트 작가들과 함께 상상하여 만든 공간이 나오는데 예술적이면서 아름답다. 영상을 통해 거멍숲의 하루를 시청하고 새소리를 들을 수 있는 장치로 직접 들어 본다. 버디프렌즈 깃털숲에서는 자연의 신비로운 색감을 느끼고 즐길 수 있다.

2층 생물다양성 전시관에서는 생물 다양성에 대한 개념과 다양한 종의 생명체가 어우러져 살고 있는 지구의 약 46억 년 역사를 확인할 수 있다. 영상 시청을 통해 지

TIP

더 플래닛 전시관은 건물부터가 의미 있다. 이곳은 원래 1981년 제주도 중문관광단지에 전력을 공급하기 위해 세워진 변전소였다. 하지만 시간이 지나 가동이 중지되어 방치되었던 건물을 2019년 버디프렌즈 친구들과 함께 생태문화 전시관으로 재탄생시킨 것이다. 그래서 더 플래닛은 역사성을 보존하고자 외관의 모습을 그대로 유지한 채 전시관으로 바꾸었다.

구에 살고 있는 인간과 다른 생명체의 공존에 대해 알아보고 멸종 위기에 관한 적색 목록 동식물에 대하여 배운다. 한라산이 고향인 쿠살낭(구상나무)에 대하여 도슨트의 이야기를 들으며 환경 오염의 심각성에 대해 생각해 본다.

 이렇게 도슨트와 함께 1, 2층을 다니다 보면 자연스럽게 환경의 중요성과 의미에 대하여 배우게 된다. 전시물 관람이 끝나면 지하 1층에 만들기 체험이 아이들을 기다리고 있다. 이곳에서는 다양한 동물 종이 인형 만들기, 딱따구리 만들기, 열매 구슬 나무 목걸이 만들기, 가면 만들기, 마트료시카 인형 꾸미기 등 다양한 활동을 할 수 있다. 우리도 이곳에서 딱따구리, 마트료시카 인형을 만들며 즐거운 시간을 보냈다. 체험을 하면 자기만의 기념품이 생겨 아이들은 좋아하기 마련이다. 환경교육과 함께 친환경 장난감을 만드니 아이도, 부모도 만족해한다.

 더 플래닛은 작은 공간이지만 프로그램이 알차게 구성되어 있었다. 더불어 전시실도 쾌적하고 청결했다. 제주도에 이렇게 좋은 교육 전시실이 있다는 점에 놀라며 더욱 많은 관광객이 몰려올 것이라는 생각이 들었다. 이곳에 오면 가족 구성원 모두가 유익한 시간이 될 것이다.

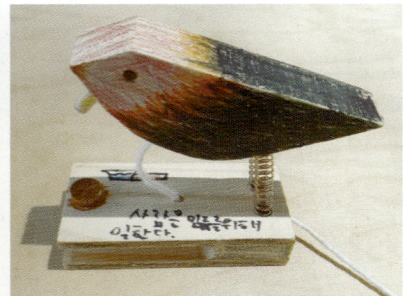

아이와 함께 현장 학습 팁!

도슨트의 해설을 들으면서 체험활동을 해 보자(도슨트 해설 시간 10:30, 15:00, 16:30 하루 3회). 도슨트의 이야기를 들으면서 관람하는 것이 관람 의도를 명확히 알고 이해하기에 많은 도움이 된다. 캐릭터를 등장시킨 스토리텔링으로 굉장히 흥미 있고, 지루하지 않으면서도 자연스럽게 생명 다양성 교육과 환경 교육이 이루어진다. 그래서 멸종 위기 동물을 보호하기 위한 방법을 생각해 보게 한다는 점에서 유익하다. 또한 작은 전시실 이곳저곳을 아기자기하게 교육적 의미를 담아 전시 공간을 꾸며 놓았다. 아이들이 짧은 시간 동안 집중력 있게 도슨트의 설명에 귀 기울이며 환경 문제를 생각해 보게 하고 도슨트의 설명 후 다시 한번 자유 관람을 하면서 생각해 볼 시간을 가지면 굉장히 유익한 시간이 될 것이다.

더 플래닛 주변 맛집

중문보말칼국수

추자도산 돌미역, 완도산 매생이, 제주산 보말 등 특재료만 넣어 만든 음식으로 제주 음식을 만드는 곳.
위치 서귀포시 천제연로 190
전화 064-739-1070
시간 08:00~20:30
메뉴 매생이보말칼국수 11,000원, 몸국 10,000원

둘레길

양식이 먹고 싶다면 이곳으로 가자.
위치 서귀포시 천제연로 209-1 2층 둘레길
전화 010-5808-3255
시간 10:00~22:00(월~금 15:00~16:30 브레이크타임)
메뉴 오믈렛 오리지널 15,900원, 고사리 마농 봉골레 16,900원

세계 자동차&피아노 박물관

아이를 위한,
어른을 위한 박물관

<세계 자동차&피아노 박물관 관람 정보>
- 제주 서귀포시 안덕면 중산간서로 1610
- 064-792-3000
- 09:00~17:30
- 2~3시간 소요
- 성인 13,000원, 청소년 12,000원, 소인 12,000원

세계 자동차&피아노 박물관은 2008년 아시아 최초로 개장한 개인 소장 자동차 박물관으로 2019년 피아노 박물관까지 추가로 개관하였다. 이곳에 가면 전 세계 자동차와 피아노의 역사를 한눈에 볼 수 있다.

1층 로비에 들어서면 벤츠의 클래식 슈퍼카가 관람객들을 맞는다. 자동차 문이 날개처럼 위로 열리는 최초의 자동차로 지금도 명차로 꼽는다고 한다. 벽에 붙어 있는 연표를 통해 최초의 자동차부터 지금까지의 자동차의 역사를 한눈에 볼 수 있다. 본격적으로 1층 전시실에 들어서는 순간, 탄성부터 나온다. 세계 각국의 자동차들이 시대별로 전시가 되어있다. 1909년에 만들어진 올슬리 자동차부터 다양한 국가, 브랜드의 클래식 자동차들이 모두 모여 있었다. 클래식 자동차들은 지금의 자동차와는 다르게 크고 웅장했는데, 하나의 예술 작품처럼 느껴졌다. 자동차마다 자세한 설명이 붙어 있어 한참을 관람하다 보면 시간이 금방 지나갔다. 영화 속에 나오는 자동차, 비틀스 존 레논이 탔던 자동차, 미국 대통령의 자동차들을 구경한 후 2층으로 올라오면 우리나라의 과거 자동차 역사를 알 수 있는 전시관이 따로 마련되어 있었다. 우리나라 최초의 자동차 시발부터 포니, 맵시나까지 지금은 보기 힘든 자동차를 만날 수 있고, 1990년대 자동차 부흥기를 이끌던 다양한 회사의 모델들을 만나볼 수 있었다.

❶ 메르세데스 벤츠 역사상 최고의 명차로 손꼽는 모델이다. ❷ 1800년대 후반~1900년대 초반의 클래식 자동차들이 전시된 1전시관 ❸ 마릴린 먼로와 엘비스 프레슬리가 애용했던 엘도라도 차량.

❹ 중앙홀 피아노는 영국의 저명했던 건축가 T.G 잭슨이 디자인 피아노. 멀리 모이는 것이 근대 조각의 아버지 오귀스트 로댕이 조각한 세계에서 단 하나뿐인 피아노다. ❺ 전 세계에서 하나 뿐인 100% 24k 황금 피아노. ❻ 콘서트 그랜드 피아노, 아트케이스 그랜드 피아노 등이 전시된 2전시관.

 2층 피아노 박물관에서는 로비에 전시된 24k 황금 피아노부터 전 세계에 단 하나뿐인 '오귀스트 로댕'이 조각한 피아노까지 희귀한 피아노가 많다. 300년도 더 된 피아노, 베토벤과 쇼팽, 하이든 등 위대한 음악가들이 사랑했던 피아노가 자세한 설명과 함께 전시되어 있다. 이곳에서는 100여 년 전의 피아노를 연주하는 피아노 음악회가 매년 열린다고 한다. 김영락 회장은 자신의 재산을 자동차&피아노 박물관을 건립하는 데에 썼다고 한다. 박물관을 건립해 사회에 환원한다는 생각을 가진 설립자가 존경스럽게 느껴졌다.

 이곳에서는 어린이를 위한 다양한 체험 프로그램이 마련되어 있다. 1층에서는 아이들이 직접 교통 신호를 준수하며 운전해 보는 프로그램이 있는데 운전을 한 후 간단한 필기시험을 보면 그 자리에서 '어린이 운전면허증'을 발급해 주어 아이들이 좋아했다. 또한 2층에서는 오르골 만들기, 목공품 만들기 등의 체험 활동을 할 수 있었다. 피아노실에서는 아이들이 그랜드 피아노를 직접 연주해 볼 수 있고, 화면을 보면서 지휘를 할 수 있는 시설과 모션 인식 장치를 활용하여 직접 율동을 해 보는 프로그램도 준비되어 있다.

아이와 함께 현장 학습 팁!

아이와 함께 운전면허증 따기 체험은 초등 저학년 아이들이 매우 좋아한다. 부모님과 함께 직접 운전하는 체험인데 속도도 적당하여 안전하고 신호등을 보면서 천천히 주행하다 멈추는 등 직접 운전을 해 볼 수 있어서 즐거워한다. 주행하면서 세계 여러 나라의 전시물을 구경하는 재미도 있어서 여행을 다녀오는 기분도 낼 수 있다. 주행이 끝나면 간단한 필기시험을 본다. 자동차와 교통안전에 대한 기초적인 지식을 물어보는 이 필기시험까지 통과하고 나면 어린이 운전면허증을 발급받는데 아이들이 성취감을 느끼기에 딱 좋다. 만들기 체험장에서는 여자아이들은 오르골 만들기, 남자아이들은 자동차 만들기 체험을 주로 하는 편이다. 다양하게 꾸미고 색칠해서 나만의 작품을 만들 수 있기에 아이들이 집중하여 참여한다.

세계 자동차&피아노 박물관에서 하루를 보내고 나면 운전면허증도 받고 나만의 작품도 가져갈 수 있어 양손 가득 손에 쥐고 가는 것들이 많아진다.

====== 세계 자동차&피아노 박물관 주변 맛집 ======

숨비나리

신선한 해산물로 조리하는 해물요리 전문점.
위치 서귀포시 안덕면 중산간서로1615번길 8
전화 064-792-3455
시간 10:00~20:00
메뉴 해물전골옥돔세트 80,000원, 해물통갈치조림세트 150,000원(포장 가능)

제주민속자연사박물관

제주의 역사와 전통문화가 숨 쉬는 공간

<제주민속자연사박물관 관람 정보>
- 📍 제주 제주시 삼성로 40
- ☎ 064-710-7708
- 📅 09:00~16:30
- ⏰ 2~3시간 소요
- ₩ 성인 2,000원, 청소년 1,000원, 어린이 무료

1984년에 개관한 부지 49,500㎡(10,500평), 건축 면적 4,950㎡(1,500여 평)에 이르는 제주민속자연사박물관은 자연사 자료 9,000점, 민속 자료 3,200점 등 모두 12,000여 점의 자료를 갖추고 있는 박물관이다. 전시품은 민속 유물뿐 아니라 동·식물 생태 및 지질에 관한 자연사 자료까지 모아 놓았다. 박물관 건물은 제주 전통 초가를 본떠 인상적인 모습이었다. 전시 공간을 동선이 끊어지지 않도록 'ㅁ'자형으로 배치하여 그 중앙에 마당을 둔 것이 전통적인 건축 양식과 비슷했다.

박물관은 제1민속전시실과 제2민속전시실, 제주의 탄생, 자연사 전시실, 야외 석물전시장, 제주체험관, 해양종합 전시관으로 나누어져 있다. 제1민속전시실은 1, 2층의 중층으로 이루어진 공간으로 제주 사람들의 일생, 초가, 향토음식, 옹기, 갓 공예 등 2,000여 점의 민속 자료가 전시되어 있다. 제2민속전시실은 제주의 생업과 생산을 주제로 한 전시실로 해녀, 농업, 목축, 무속신앙, 고가구 등이 전시되어 있다. '제주의 탄생'에서는 제주 설문대할망신화와 삼성신화를 애니메이션 영상으로 관람하고 한 달 중 반은 산에서, 반은 바다에서 살았다는 전설을 가진 산갈치를 볼 수 있다.

'자연사전시실'은 크게 지질관과 육상 생태관으로 구분하여 제주도의 지질 동식물 표본 1,500여 점을 볼 수 있다. 제주의 오름, 계곡, 동굴, 곶자왈 등 자연경관과 지질을 배울 수 있는 곳이다. 이 밖에 야외 석물 전시장과 제주 체험관, 해양 종합 전시관에도 주제에 맞게 다양한 전시물들이 있어 관람객들의 눈길을 끈다. 그중에서 '제주 체험관'은 아이들이 흥미 있어 하는 공간이다. 제주도의 전통 옷인 갈옷을 직접 입고 사진 촬영을 할 수 있으며, 제주도 전통 화장실인 돗통시 모형을 체험해 볼 수도 있다. 제주도 가옥의 대문인 정낭을 전시하고 의미를 자세히 설명해 제주도 문화에 대하여 이해할 수 있다.

　제주민속자연사박물관을 관람하다 보면 제주의 참모습을 알 수 있다. 지금은 '환상의 섬 제주'라고 해서 대한민국 사람들이면 누구나 좋아하는 최고의 관광지가 되었지만 옛날에는 척박하고 살기 힘든 유배의 고장이었다. 척박한 섬에서 살아온 강인한 제주도 사람들의 모습을 엿볼 수 있었다. 제주도의 깊은 내면까지 이해하고자 한다면 제주민속자연사박물관에 방문해 보기를 바란다. 제주도의 탄생부터 지금까지의 제주도를 온전하게 이해하는 시간이 될 것이다.

아이와 함께 현장 학습 팁!

　이곳은 제주를 테마로 한 사회 공부와 과학 공부를 한 번에 할 수 있다. 먼저 민속전시실에 가서 사회 공부를 해 볼까? 이곳은 제주의 전통문화와 생활 모습을 한눈에 알기 쉽다. 옛날 사람들이 어떤 옷을 입고 어떤 음식을 먹고 어떤 집에서 어떤 모습으로 생활했는지 직접 보고 체험할 수 있으니 다소 생소하게 느껴질 수 있는 제주 지역 사회의 문화를 제대로 이해할 수 있다. 정낭, 낭푼, 갈옷, 돗통시, 애기구덕 등 들어보긴 했는데 정확히 뭔지 잘 모르는 용어들이 무슨 의미인지 이곳에 가면 다 알 수 있다.

　다음으로 자연사전시실에 가면 과학 공부의 장이 펼쳐진다. 제주도는 사방이 바다로 둘러싸인 화산 섬이자 천혜의 자연환경을 지니고 있기 때문에 지질학적 특성이 뚜렷하고 해양학 연구도 활발한 곳이다. 이곳 제주에서 화산 지질과 바다의 특징을 배우고 신기한 바다 생물들을 관찰해 보자. 아이들이 재미있어하는 와중에 초등학교의 지구과학 시간에 배우는 과학 개념들을 자연스럽게 터득할 수 있다. 제주민속자연사박물관은 제주에 대해 궁금한 요모조모를 친절하게 알려 주는 곳이다. 여행 첫날 이곳에서 눈으로 공부하고 제주 여행을 시작하면 '아는 만큼 보이는' 효과를 얻을 수 있을 것이다.

제주민속자연사박물관 주변 맛집

사와라횟집

삼치회를 코스요리로 제대로 즐길 수 있는 제주도민의 숨겨진 맛집.
주소 제주시 광양8길 26
전화 064-752-4006
시간 16:00~23:00
메뉴 삼치회(소) 50,000원, 뿔소라구이/회 20,000원

삼성혈

탐라왕국의 발상지를 찾아서

<삼성혈 관람 정보>
- 제주 제주시 삼성로 22
- 064-722-3315
- 09:00~18:00
- 1~2시간 소요
- 성인 4,000원, 청소년·군인 2,500원, 어린이 1,500원

삼성혈은 제주자연사박물관 근처에 있는 유적지로 제주도의 옛 지명인 탐라국과 가장 관계가 깊은 곳이다. 삼성혈은 한반도에서 가장 오래된 유적이기도 한데, 제주도 최초의 사람인 삼신인(三神人)이 탄생한 곳이다. 이 삼신인은 삼성혈에서 태어나 수렵 생활을 하다가 오곡의 종자와 가축을 가지고 온 벽랑국 삼공주를 맞이하면서 농경 생활을 시작하였고, 탐라 왕국을 이루었다고 전해진다. 탐라국은 고려 시대까지 존속하다가 고려에 완전히 편입되었다.

각 나라마다 시조의 탄생 신화는 존재하기 마련인데, 아주 작은 나라였을 탐라국의 탄생 신화는 이곳에 오기 전까지 특별하게 생각하지 않았다. 지역마다 있는 위인들의 전설 정도로만 생각했었는데 막상 이곳에 와 보니 신기하고 신성하게 느껴지기도 했다. 우선은 삼성혈의 흔적이 너무나도 분명했다. 평범한 땅에 유독 깊게 들어간 세 개의 구멍은 삼신인이 솟아난 흔적 같았다. 이 삼성혈과 연관이 있는 유적지는 제주도에 여러 곳이 있는데 벽랑국에서 온 공주를 맞이했던 해변인 연혼포, 삼공주와 혼례를 하고 목욕을 한 혼인지, 혼례를 치른 후 첫날밤을 치른 신방굴, 삼신인이 각자 도읍을 정하려고 활을 쏜 봉우리인 사시장올악, 삼신인이 쏜 화살이 박혔던 돌인 삼사석 등은 탐라국의 탄생 신화를 뒷받침하고 있었다.

삼성혈 주변으로는 오래된 나무들이 빼곡하게 있는 공원이 조성되어 있다. 삼성혈

을 가운데 두고 커다란 고목들이 고개를 숙이듯이 둘러싸고 있는 모습도 신비로웠다. 탐라국을 창시한 삼을나(三乙那)의 위패를 봉안한 삼성전이 있고, 매해 이곳에서 제향 행사가 열린다. 조선 숙종이 건립한 삼성문, 제향에 관한 일을 맡아보는 전사청, 뛰어난 선비를 두었던 숭보당이 삼성혈 공원에 있어 국가 지정 문화재 사적 제134호답게 의미가 있는 유적으로 가득했다.

> **TIP**
> 영상관에서는 삼신인에 대한 이야기를 애니메이션으로 제작하여 관람할 수 있어 아이들이 재미있게 볼 수 있었다. 15분 정도의 애니메이션은 지루하지 않고 교육적이어서 아이들도 잘 집중하며 보았다. 아이들뿐 아니라 제주도에 대하여 잘 모르는 성인들도 이 영상 하나면 제주도의 역사를 이해하는 데에 도움이 될 것이다.

제주도에는 '고, 양, 부' 세 성씨가 많다. 다른 지역에서는 흔하지 않은 성인데 제주도에는 흔하게 찾아볼 수 있다. 이 '고, 양, 부' 세 성씨가 삼신인의 성이라고 전해진다. 그래서인지 이 세 가지 성을 가진 제주도민들의 자부심은 대단하다. 종친회에서는 '고·양·부 삼성사 재단'을 결성하여 삼성혈 공원을 제주도와 함께 운영하고 있었다. 이곳을 다녀오면 이렇게 제주도의 다양한 역사적인 사실도 배울 수 있다. 우리 역사 속에 분명히 존재했던 탐라국이라는 작은 나라와 제주도의 역사에 대해서 알고 싶다면 필히 '삼성혈'을 방문해야 한다.

아이와 함께 현장 학습 팁!

삼성혈은 제주의 세 성씨 탄생 신화의 배경을 이해해야 재미가 있다. 따라서 영상관에서 영상을 꼭 시청할 것을 권한다. 애니메이션으로 이루어진 15분짜리 영상인데 쉽고 재미있게 설명해 주어 아이들이 집중해서 본다. 이 영상을 보고 난 뒤 관람을 해야 전시물에 대한 이해가 쉽고 흥미를 느낄 수 있다. 이 탄생 설화를 바탕으로 삼성혈을 돌아보면 제주인의 뿌리와 그에 대한 자부심을 엿볼 수 있으며 제주라는 지역이 가진 독특한 지방의 색채를 느끼기에 좋다. 아이들도 제주에 얽힌 이야기에 좀 더 흥미를 갖고 관심 있게 볼 수 있어서 좋은 체험이 될 것이다.

삼성혈 주변 맛집

삼대국수회관 본점

삼성혈 앞에 있는 유명한 돔베고기국수 가게이다. 제주에 오면 꼭 들러야 하는 맛집이다.

위치 제주시 삼성로 41
전화 064-759-6645
시간 08:30~02:00
메뉴 고기국수 9,000원, 멸고기국수 9,000원, 돔베고기(중) 15,000원(포장 가능)

안경 쓴 고등어

제주 도민이 추천하는 고등어회 맛집이다. 밑반찬과 함께 나오는 수제비도 맛있어서 아이들도 배불리 먹는다.

위치 제주시 서광로20길 3-8
전화 0507-1402-0278
시간 17:00~22:00 / 일요일 휴무
메뉴 고등어회 45,000원

추사관

추사 선생님의 묵향이 있는 곳

<추사관 관람 정보>

📍 제주 서귀포시 대정읍 추사로 44
☎ 064-710-6801
📅 09:00~18:00 / 월요일 휴무
🕐 1~2시간 소요
🆓 무료

추사 김정희 선생님은 조선 후기 서예뿐만 아니라 다양한 학문에 뛰어난 업적을 남긴 학자로, 선생이 제주도에 유배를 오게 된 것은 55세가 되던 해였다. 그때의 제주도는 한양에서 가장 먼 유배지로 죽음을 각오하고 와야 할 정도로 척박한 땅이었다. 낯선 제주 땅에서 선생은 약 9년 동안 유배 생활을 하며 그의 학문을 다듬고 서체를 완성시켰으며 제주에서 많은 후학을 길렀다고 한다.

제주 추사관은 추사 김정희 선생의 학문과 예술을 기리기 위하여 2010년 5월에 건립되었다. 기존에 전시관이 없었던 것은 아니지만, 2007년 10월 추사 유배지가 국가지정문화재로 승격이 되면서 새로 지어졌다. 제주 추사관은 추사 기념홀과 3개의 전시실, 교육실, 수장고 등의 시설을 갖추고 있고 여러 단체에서 기증받은 추사 관련 유물을 전시하고 있다. 이곳에 도착하면 무엇보다 소박한 박물관 외부 모습이 인상적이다. '세한도'라는 선생의 작품에 나오는 집의 모습을 모티브로 박물관이 설계되어 세한도에 나오는 집을 그대로 옮겨 놓은 것만 같다. 박물관에 심어진 키 큰 소나무도 세한도에 나오는 모습 그대로다. 그리 크지 않은 규모의 박물관이지만 외관부터 이곳이 '추사관'이라는 것을 잘 나타낸다.

추사관에 들어서면 추사 김정희 선생님의 다양한 작품들을 만날 수 있다. 화선지 위에 쓴 선생의 글씨부터, 탁본 글씨, 현판까지 다양하다. 전시된 작품들을 감상하다

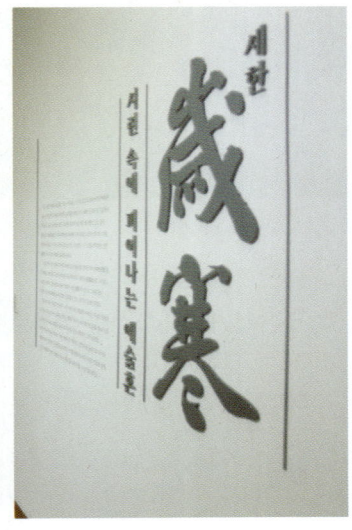

보면 서체의 변화를 느낄 수 있다. 젊은 시절의 서체, 관직에 있을 때의 서체, 유배지에서의 서체, 노년에서의 서체까지 그의 글씨 변화를 보며 '노년의 김정희 선생님은 정신적 해탈의 경지에 이른 것이 아닐까?'라는 생각을 하게 된다.

박물관에서는 '세한도'도 만나볼 수 있다. 일본에 넘어간 '세한도'를 긴 설득 끝에 손재형 선생이 찾아왔고 다시 고리대금업자에게 넘어간 '세한도'를 손창근 선생이 사들여 소유하다가 국가에 무상으로 기증하여 국민 모두가 볼 수 있게 된 감동적인 이야기를 간직한 세한도! '추사관'에 전시된 작품은 영인본이지만 실물 그대로 복제되어 작품을 감상할 수 있다. 화려하지는 않지만 간결하고 소박한 작품을 보며 선생의 정신이 느껴지는 것만 같았다. 박물관에서 추사 선생님의 작품을 보고 있으면 어디선가 선생의 묵향이 전해지는 것 같다.

박물관 뒤편에는 추사 선생이 유배 기간 기거했던 유배지가 보존되어 있다. 가시덩굴이 쳐진 초가에 살며 책을 읽고 글씨를 쓰고, 후학들을 길러냈을 선생의 모습이 상상이 되었다. 추사관과 유배지가 있는 대정읍은 제주도에서도 바람이 가장 세고 척박한 땅이다. 약 200년 전 제주도에서 유배 생활을 했을 김정희 선생님과 그의 정신, 작품들을 만나고 싶다면 '추사관'을 방문해 보기를 바란다.

아이와 함께 현장 학습 팁!

역사, 문화 유적지를 방문하고 나면 남는 것이 많다. 역사에 관심 없는 아이들도 막상 유적지에 도착하여 눈으로 직접 보고 만지고 들어가 보는 활동을 통해, 옛날 사람의 발자취를 따라 즐겁게 시간을 뛰어넘는 경험을 할 수 있다. 대대로 명필 가문에서 태어났지만 제주에 유배 오면서 출세와는 거리가 먼 삶을 살게 된 김정희 선생님, 제주에 내려와 집 안에만 갇혀 지내는 답답한 유배 생활에도 세상을 한탄하지 않고 오히려 예술혼을 불태우며 추사체를 완성하고 국보 180호인 세한도를 그려낸 점은 오늘날의 아이들과 어른들에게 삶을 대하는 태도의 중요성을 일러 주는 좋은 포인트다. 내가 처한 환경을 탓하지 않고 지금 이 순간 할 수 있는 일을 하는 것, 위기를 기회로 삼는 것, 추사관에서 배울 수 있는 인생의 가르침이다.

추사관 주변 맛집

고을식당
제주도민의 맛집이다. 색다른 돔베고기 소스가 일품이다.
위치 서귀포시 대정읍 일주서로 2258
전화 064-794-8070
시간 11:00~15:00
메뉴 돔베고기 15,000원, 고기국수 8,000원

어린왕자 감귤밭
저학년 아이들과 가기 좋은 카페. 양, 포니, 토끼 친구들에게 먹이를 주고, 귤 따기 체험도 할 수 있다.
위치 서귀포시 대정읍 추사로36번길 45-1
전화 010-4245-3132
시간 09:30~20:00
메뉴 아메리카노 8,000원, 청귤에이드 8,000원, 한라봉에이드 8,000원

제주목 관아 · 관덕정

옛 제주의
중심을 찾아서

<제주목 관아 · 관덕정 관람 정보>
- 📍 제주 제주시 관덕로 25
- ☎ 064-710-6711~7
- 📅 10:00~18:00
- ⏰ 1~2시간 소요
- ₩ 어른 1,500원, 청소년·군인 800원, 어린이 400원

제주목 관아는 옛 탐라국부터 현대에 이르기까지 많은 역사적인 사건들을 겪은 제주도 역사의 중심지라고 할 수 있다. 관덕정을 포함한 주요 관아 시설이 이곳에 있었으며 지금도 제주도의 중심지로 이어지고 있다. 특히 관덕정은 제주도에서 가장 오래된 건물로 조선시대 세종 때인 1448년 제주 목사 신숙청이 사졸들을 훈련시키고 상무 정신을 함양할 목적으로 이 건물을 세웠다. 사방이 뚫린 정자 형태의 건물인데 지금도 신발을 벗고 들어갈 수 있어 신기했다. 관덕정은 국가지정 보물 제322호로 사람들이 자유롭게 올라갈 수 있도록 국가의 유적지를 제주도민과 관광객들에게 온전하게 개방한 것이다.

제주목 관아는 탐라국 이래 조선 시대에 이르기까지 제주 행정의 중추 역할을 해왔던 제주목 관아지를 1991년부터 1998년까지 4차례 발굴 조사하여 중심 건물인 홍화각(弘化閣), 연희각(延義閣), 우연당(友蓮堂), 귤림당(橘林堂), 영주협당(瀛洲協堂) 등 30여 채 건물의 흔적을 확인하였고 복원하였다. 이곳은 국가 사적지 제380호로 지정되었다.

제주목 관아는 해설사가 상주하여 자세한 이야기를 들을 수 있는데, 제주목사를 지낸 많은 관리들의 이야기부터 제주목사의 역할과 전해 내려오는 이야기까지 자세히

알 수 있다. 해설사분에게 들은 제주목사 중 '이형상'이라는 분이 인상적이었는데, 이 분은 글과 그림에 능해 옛 제주도의 모습을 그림으로 남겨놓아 제주도에 관한 중요한 역사적 자료로 쓰이고 있다. 제주목 관아는 서울의 경복궁이나 창덕궁에 비하면 매우 작고 소박한 옛 건물이지만, 제주도 행정의 중심지이며 지방의 관아치고는 그 규모가 큰 편이어서 놀라웠다.

　제주목 관아의 또 다른 볼거리는 제주도의 상징 돌하르방이다. 옛날부터 내려오는 돌하르방은 모두 47기가 존재하는데 그중 2기는 경복궁 한국민속박물관에 있고 45개가 제주도 내에 흩어져 있다. 그중 관덕정 앞에 2기, 제주목 관아 뒤뜰에 2기가 있으며, 우리가 흔히 알고 있는 돌하르방의 모습은 관덕정 앞에 있는 돌하르방을 본떠서 만든 것이다. 관덕정 앞의 돌하르방은 좌우 각각 216㎝, 213㎝이고, 목관아 뒤뜰의 것은 좌우 각각 171㎝, 146㎝로 키가 매우 크다. 제주 돌하르방에 대한 유래와 역사, 소개까지 돌하르방 앞에 세워진 안내판을 통해 자세히 배울 수 있어 이보다 좋은 역사 공부도 없다.

　제주목 관아 경내에는 이곳을 방문하는 아이들을 위한 요소도 마련해 두었다. 죄인을 다스릴 때 사용했던 형틀, 곤장 체험을 해 볼 수 있고 투호, 굴렁쇠 등 전통 놀이도

제주목 관아에는 옛날부터 내려오는 돌하르방이 4기가 있다. 관덕정 앞에 2기, 뒤뜰에 2기가 있는데 이 돌하르방을 찾아보는 재미도 쏠쏠하다.

준비해 두어 아이들이 넓은 마당에서 뛰어놀 수 있다.

제주목 관아와 관덕정은 조선시대에는 제주 행정의 중심지였고, 일제 강점기에는 독립운동의 중심지, 4·3사건의 중심지로 제주도의 모진 역사를 지켜보고 함께했던 제주도의 상징과 같은 곳이다. 지금도 제주도에서 목관아는 제주도민들이 사람을 만나거나 약속을 할 때 약속의 장소로 많이 사용된다고 하는 것을 보니 목관아와 관덕정이 얼마나 제주도민의 마음 깊숙하게 자리 잡고 있는지를 알 수 있었다. 대한민국 국민이면 모두가 좋아하는 제주도, 제주도에 대하여 더욱 깊이 알고 싶다면 제주도 역사의 중심지 목관아와 관덕정을 꼭 방문해 보기 바란다.

아이와 함께 현장 학습 팁!

역사에 관심이 많고 역사 관련 이야기를 좋아하는 아이들에게 적합한 체험 장소이다. 역사 이야기는 언제나 흥미진진하지만 특히 제주도에 얽힌 이야기는 더 신비로운 느낌을 준다. 제주도는 섬이라는 지리적 특성상 지금과 같이 교통편이 발달하지 않았던 옛날에는 육지와의 교류가 쉽지 않았다. 그래서 탐라국이라는 자치국가의 모습을 형성하고 독자적인 문화가 발달했다. 특히 탄생 설화나 제주 역사 이야기는 흔히 알고 있는 일반적인 역사 속 국가들의 이야기와는 다르게 약간은 이국적인 매력이 있다. 세 명의 왕자가 부족을 이루어 3도를 나누어 지배한 이야기 등은 하나의 왕권을 중심으로 형성되는 여느 다른 국가 탄생 설화와는 다른 맥락이다. 또 제주 목사들의 활동 모습, 그림이 주는 느낌도 독특하고 과장된 색채와 표현이 독특한 분위기를 풍긴다. 돌하르방은 우리나라에서 제주 이외의 곳에서는 찾아보기 힘든 독보적인 형태의 조형물이기도 하다. 이곳 관덕정을 돌아보며 제주 역사 이야기를 들으면 이국적인 역사를 배우는 기분이며, 새로운 형태의 문화를 받아들이는 수용적인 자세와 열린 마음 등을 배울 수 있어 교육적이다.

제주목 관아 · 관덕정 주변 맛집

도토리키친

상큼한 청귤이 48시간 끓인 쯔유와 만나 새콤한 맛이 잘 어울리는 소바와 유부초밥을 추천한다.

위치 제주시 북성로 59 1층
전화 064-782-1021
시간 11:00~17:00
메뉴 청귤소바+톳유부초밥 14,000원

엠제이돼지

제주 유튜버 뭐랭하맨도 추천하는 도민 맛집이다. 특히 직접 만드는 돼지막창순대가 맛있다.

주소 제주시 신성로 103
전화 010-6545-5550
시간 17:30~22:00 / 월요일 휴무
메뉴 돼지막창순대 10,000원, 오겹살 또는 목살(200g) 15,000원

제주 유리박물관

아름다운 유리 공예를 만날 수 있는 곳

<제주 유리박물관 관람 정보>

📍 제주 제주시 한경면 녹차분재로 462
☎ 064-772-7777
📅 09:00~19:00(입장 마감 18:00)
🕐 1~2시간 소요
💰 성인 9,000원, 청소년 8,000원, 어린이(만36개월 이상) 7,000원

제주 유리박물관은 제주도 서귀포시 안덕면 중산간로에 위치한 유리로 만들어진 공원이다. 약 8,000여 평의 넓은 부지에 자리 잡은 이곳은 넓은 야외 정원과 카페, 체험공간, 작가의 작업실로 이루어져 있다. 겉보기에는 작은 박물관으로 보이는데 안으로 들어가면 제법 넓게 펼쳐진 모습에 놀라게 된다. 다양한 꽃들과 나무, 연못 등 아기자기하게 꾸며진 정원에 유리 조형물들이 가득하니 색다른 풍경을 즐길 수 있다. 특히 이곳은 유리 조형물에 조명을 설치하여 야간에도 개장을 하는데 야간에 방문하면 더 멋진 풍경을 볼 수 있다.

박물관에서 가장 큰 실내 공간은 유리 공예를 체험할 수 있는 체험 카페 공간이다. 이곳에는 작가님이 상주하며 유리 공예를 체험해 보고 싶은 관람객들을 친절하게 지도해 주신다. 성인부터 유치원 아이들까지 작가님의 안내를 받으며 자신만의 접시, 캔들 글라스를 만들 수 있는데 유리로 만들어진 밑판에 특수 물감으로 다양한 그림을 그린 후 박물관에 맡기면 이곳에서는 뜨거운 불로 가열을 하여 접시와 캔들 글라스를 완성해서 배송해 주거나 직접 찾아가면 되는 방식이다. 유리판에 물감으로 그림을 그렸을 뿐인데 불로 구워져 접시가 되고 캔들 글라스가 되니 아이들이 완성된 작품을 받으면 즐거워한다.

야외 정원에 나가면 유리 공예 작가들이 만든 다양한 조형물들을 감상할 수 있다. 유리로 만들어진 꽃, 나뭇잎, 새들, 열매, 유니콘, 유리 하르방, 천국의 계단 등 헤아리기 어려울 정도로 많은 유리 작품들은 관람객의 눈길을 사로잡기에 충분했다. 유리로 만들어진 피라미드에 직접 들어가 볼 수도 있고 '유리 미로'에 갇혀 출구를 찾는 다양한 경험도 할 수 있으니 단순히 눈으로 보는 관람만이 아닌 체험의 요소까지 갖추고 있어 관람객들이 흥미를 느낄 수 있다.

또한, 별도의 전시실에는 다양한 유리 공예 작품이 전시되어 있는데 유리로 만든 신발, 가방, 유리그릇, 항아리 등은 영롱한 유리의 특성과 어우러져 신비한 멋을 뽐내고 있었다. 유리는 열을 가하면 다양한 모양으로 변하는 특징이 있다는 것을 이곳을 방문하면 쉽게 알 수가 있다. 전시품들을 관람하고 기념품 숍으로 들어가면 유리로 만들어진 다양한 소품들을 구경하고 구입할 수가 있는데 유리 박물관의 기념품 숍은 또 하나의 전시실과 같은 느낌이다.

유리 박물관은 볼거리와 체험 거리가 조화롭게 어우러진 '체험 박물관'이다. 눈으로 보는 것에만 지친 아이들이 자신만의 유리 작품을 만들어 볼 수 있는 유익한 장소이다. 아이들에게 색다른 체험의 기회를 주고 싶다면 꼭 이곳을 방문해 보기를 바란다.

아이와 함께 현장 학습 팁!

겉으로 보기에 외관은 작고 오래된 듯 하지만 막상 안에 들어가면 드넓은 정원에 유리 작품이 가득하여 깜짝 놀라고, 유리 공예 체험 또한 만족도가 높다. 유리라는 소재가 아이들에게 익숙하고 우리 생활 속에 많이 쓰이지만, 이를 활용해 공예 체험을 하는 것은 이색적인 경험이기 때문이다. 유리는 투명하면서도 다양한 색감과 질감으로 여러 표현이 가능한 소재이다. 그에 따른 아이디어도 무궁무진하고 작품도 다양하게 나올 수 있다. 또 유리는 끝이 날카롭고 깨지기 쉬운 성질이기 때문에 위험한 부분이 있어 조심해야 한다는 점을 강조하며 안전 교육도 할 수 있다. 아이들이 조심조심하면서 아주 차분하게 집중하는 모습을 볼 수 있을 것이다.

제주 유리박물관 주변 맛집

달팽이식당

우리 아이가 청국장 잘 먹는 아이인지 처음 알았네~ 하게 되는 곳!
위치 서귀포시 안덕면 일주서로 1322-1
전화 064-792-7574
시간 11:00~15:00 / 일요일 휴무
메뉴 청국장&석쇠구이 한상 15,000원, 어린이 메뉴 8,000원

콩이네 두부

상창리 마을 주민들이 직접 재배한 콩으로 만든 건강한 집밥 요리로 든든한 곳.
위치 서귀포시 안덕면 한창로 137
전화 064-794-0236
시간 10:00~21:00 / 목요일 휴무
메뉴 순두부찌개 9,000원, 콩이네정식 9,000원

테디베어 뮤지엄

귀여운 테디베어로
가득한 세상

<테디베어 뮤지엄 관람 정보>

📍 제주 서귀포시 중문관광로110번길 31
☎ 064-738-7600
📅 09:00~18:00(입장 마감 17:30)
🕐 2~3시간 소요
₩ 성인 12,000원, 청소년 11,000원, 어린이 10,000원 / 비스포크 금액: 컬러, 얼굴, 리본 선택 35,000원 / 컬러, 얼굴, 리본, 와펜, 리본자수 선택 50,000원

전 세계적으로 사랑을 받는 테디베어라는 이름이 어디에서 비롯되었는지 알고 있는가? 바로 미국의 26대 대통령인 테어도어 루스벨트(Theodore Roosevelt)의 애칭인 테디에서 나온 말이다. 사냥에서 곰을 한 마리도 잡지 못한 대통령에게 보좌관들이 새끼 곰을 산 채로 잡아다 사냥한 것처럼 총을 쏘라고 하자 이를 거절했다는 일화가 미국 전역에 퍼지면서, 사람들이 이를 소재로 테디베어를 만들게 되었다고 한다. 테디베어를 상품화한 사람은 미국의 모리스 미첨과 독일의 마가레테 슈타이프인데 슈타이프사는 현재 세계 최고의 봉제 인형 제조 회사가 되었다.

제주 테디베어 뮤지엄은 올해로 개관한 지 20주년이 되어 리뉴얼하여 재개관하였다. 국내에는 제주, 여수, 설악, 군산에 뮤지엄이 있는데 특히 제주 테디베어 뮤지엄은 규모가 가장 크고 관광객이 가장 많이 찾는 곳이다. 원뿔 모양의 지하 1층, 지상 3층의 유리 건물에는 테디베어를 소재로 한 다채로운 전시물들이 가득하다. 실내에 들어서면 비대면으로 입장권을 발권할 수 있도록 키오스크가 설치되어 있어 이곳에서 입장권을 구매하면 된다. 입장권을 구매하여 전시실에 들어서면 재미있고 신나는 테디베어의 세계에 들어서게 된다. 테디베어는 다채로운 주제로 전시를 하고 있다. 세계 명화를 모티브로 액자 속에 테디베어가 들어가 그림을 표현하기도 하고, 앨비스

프레슬리, 고흐 등 유명인의 모습을 테디베어로 나타내기도 했다. 세계 여러 나라의 도시와 홍콩반환 등 역사적인 사실 등도 테디베어로 표현했다. 오래전 방송했던 <궁>이라는 드라마 속 주인공의 모습을 테디베어에 한복을 입히고 익살스럽게 전시하기도 했다. 테디베어의 역사와 지금까지 변화의 모습을 한눈에 살펴볼 수 있으며 밴드를 결성한 테디베어처럼 움직이는 테디베어의 모습도 볼 수 있다. 제주에 개관한 특성을 살려 옛 제주 마을의 모습을 테디베어로 나타내기도 했는데 초가집과 해녀들을 보며 재미와 지역적 특색을 느끼기에 충분했다.

　테디베어 뮤지엄의 여러 가지 프로그램 중 '비스포크 베어'는 아이들이 가장 좋아하는 프로그램이다. 이것은 나만의 테디베어를 만들 수 있는 것인데 내 취향대로 즉석에서 인형이 탄생해서 아이뿐만 아니라 어른들도 좋아한다. 내가 원하는 테디베어의 색을 선택하고 컬러에 어울리는 눈과 코가 부착된 얼굴을 고르고 리본, 와펜, 자수를 선택하면 나만의 테디베어가 즉석에서 완성된다. 테디베어 안에 하트 모양의 심장을 넣어 주고, 테디베어의 이름과 만든 날짜, 주인의 사인까지 쓰여 있는 출생신고서를 문서로 주어 인형의 주인들에게 특별한 의미를 준다.

　실외로 나가면 대형 목각 테디베어를 만날 수 있다. 대형 목각 테디베어를 만드는 일꾼 테디베어들의 모습이 실감 나게 표현되어 있어 재미가 있다.

아이와 함께 현장 학습 팁!

좀 커서 인형을 좋아할 나이가 지난 아이들도 막상 테디베어 박물관에 들어오면 눈빛이 달라진다. 명화, 드라마 등 우리에게 익숙한 콘텐츠들과도 잘 접목된 멋진 전시물들을 구경하는 재미가 쏠쏠하여 취향이 다른 가족 모두를 만족시킬 수 있다. 곰 인형이 주는 따스함과 편안함 덕분에 스트레스가 사라지고 긴장이 풀리는 경험을 할 수 있다.

비스포크 체험은 다소 비싸도 한번 해 볼 것을 권한다. 나만의 인형을 만드는 과정에서 아이들이 많은 생각을 하고 결정을 내리면서 자신이 디자인한 인형이 탄생되는 즐거움을 느낄 수 있다. 또 이름을 붙이고 심장도 넣어 주면서 내가 만든 인형에 의미를 부여하는 과정을 통해 아이들은 상상력을 키우고 자신의 인형을 더욱 아끼게 된다.

테디베어 뮤지엄 주변 맛집

소담명가 찰솥밥 중문본점
다양한 밑반찬과 흠잡을 데 없는 건강하고 깨끗한 제주 음식의 진수성찬이 차려지는 곳이다.
위치 서귀포시 천제연로 357 소담명가찰솥밥
전화 064-739-1121
시간 09:00~22:00(2,4번째 수요일 휴무)
메뉴 18첩반상 친구세트 60,000원, 18첩반상 가족세트 80,000원

브릭캠퍼스

아이들의 친구 레고와 하루를

<브릭캠퍼스 관람 정보>

📍 제주 제주시 1100로 3047
☎ 064-712-1258
🗓 10:00~18:00(매표 마감 17:30)
⏰ 2~3시간 소요
💰 성인·청소년·아동 16,000원 / 예매 입장권(10% 할인) 14,400원

제주 브릭캠퍼스는 2017년 12월에 '도깨비 도로'라고 불리는 제주시 1100로에 4,000평 규모로 세워진 박물관 겸 체험관이다. '브릭'은 결합을 위해 튀어나온 단추 모양의 돌기가 있는 완구를 말하는 것으로 레고, 옥스포드, 메가블록, 나노블록 등을 말한다. 브릭을 재료로 작가들이 스스로 창작하여 만들어낸 예술 작품을 '브릭 아트 작품'이라 한다. 이곳에는 약 280만 개의 브릭을 사용한 아티스트 40여 명의 브릭 아트 작품 250여 점이 전시되어 있다. '브릭캠퍼스'는 국내는 물론 세계 최초로 선보이는 브릭 테마 뮤지엄이다.

이곳은 크게 브릭 가든, 갤러리, 플레이존, 굿즈존으로 캠퍼스를 구성하고 있는데 모든 곳이 포토존이며 갤러리이다. 브릭으로 모든 생명과 사물, 캐릭터를 구현해 낼 수 있다는 것을 증명이라도 하듯이 다양한 전시물이 있다. 레고 건물 모양의 안내소에서 티켓을 구매한 후 갤러리로 이동하게 되는데 가든에는 다양한 형태의 포토존이 있어 쉽게 갤러리로 갈 수가 없다. 관람객 모두 발걸음을 멈추고 레고로 꾸며진 돌하르방, 나무, 벤치, 장식품 앞에서 사진을 찍게 된다.

브릭 가든을 지나 갤러리로 들어서면 본격적인 브릭의 세계로 빠져든다. 갤러리에

는 국내외 유명한 건축물, 사물, 영화와 게임 캐릭터와 로봇, 자동차, 명화 등 예술작품을 브릭으로 빚어 전시하고 있다. 주제를 정해 전시실을 꾸며 놓아 다양한 작품들을 체계적으로 만나볼 수 있다. 'Save the earth', '모자이크 명화', '브릭으로 만든 영화 캐릭터', '2002년 한일 월드컵', '브릭 작가들의 작품 코너' 등 주제별 작품들과 어마어마한 규모의 브릭 작품들은 관람객의 감탄을 자아낸다. 갤러리를 관람하다 보면 '브릭 아트'라는 장르에 대하여 알게 된다. 레고가 단순히 장난감이 아닌 예술이 될 수도 있다는 것을 자연스럽게 알게 된다. 엄청난 크기의 스타워즈 우주선과 '2002년 한일 월드컵 이탈리아전'을 재현한 작품은 정교함과 크기에 관람객들 모두 사진 찍기에 바쁘다.

갤러리를 나와 플레이존으로 가면 아이들이 직접 브릭을 가지고 여러 가지 작품을 만들어 볼 수 있다. 1층에는 푸른색, 투명한 색 두 종류의 레고를 가지고 '브릭 빌딩 만들기'를 할 수 있는데 부모와 아이들이 한 팀이 되어 높이 빌딩을 올리는 모습이 인

상적이다. 레고 조각이 충분히 준비되어 있어 무너지지 않는 한 끝까지 빌딩을 올릴 수 있어 은근히 도전정신이 불탄다. 2층으로 가면 브릭으로 자동차를 만들어 경사로 구조물에서 직접 아래로 굴려볼 수가 있는데 경사로 중간에 여러 장애물이 있어 장애물을 피해 부서지지 않고 무사히 내려오는 것이 도전 과제였다. 아이들은 저마다 만든 자동차를 위에서 아래로 굴려보며 시험해 보기에 바빴다. 3층은 다양한 색깔의 레고 조각을 가지고 마음대로 모양을 만들어 보는 공간으로 아이들이 마음껏 레고를 가지고 놀기에 좋았다.

플레이존을 나오면 예쁜 브릭 장난감이 판매되고 있는 '굿즈 건물'로 들어서게 되는데 이곳은 꼭 사지 않아도 보는 것만으로도 재미가 있고 어른들이 동심의 세계로 돌아가는 공간이었다. 부모들은 아이들에게 시달릴 수 있지만 최근에 나온 다양한 제품들과 사진도 찍을 수 있는 예쁜 곳이기도 했다.

아이와 함께 현장 학습 팁!

아이들의 집중력과 상상력을 끌어올리기에 최적의 장소다. 브릭 캠퍼스의 가든에 들어서면, 블록과 자연이 만든 최고의 콜라보 작품들이 눈 앞에 펼쳐진다. 어른들에게는 제주의 자연을 만끽하게 하고, 아직은 신기하고 재미있는 장난감이 마냥 좋은 아이들에게는 보는 순간부터 빅 재미를 선사하는 이곳. 브릭 가든을 산책하며 블록 작품과 제주 자연이 함께 얽혀 멋짐 폭발하는 정원을 거닐자. 가든의 곳곳에 배치된 블록 작품들을 감상하며 인생 사진도 남기고, 자연과 조형물의 조화도 느껴 보자.

갤러리에 입장하여 다양한 블록 작품을 감상하고, 브릭 아티스트의 세계에 빠져 보자. 단순히 블록을 좋아하고 즐기는 데서 그치는 것이 아니라 브릭 아티스트라는 직업, 브릭 아트의 세계를 직접 접하게 되면 또 하나의 진로 교육이 이루어진다. '이런 것도 직업이 될 수 있어?'하며 눈을 동그랗게 뜬 아이들의 모습을 보게 될 것이다. 초등학생 아이들과 함께라면 입장 전에 미션지를 받아 미션을 수행하며 관람하는 재미도 느껴 보자. 미션을 수행하려면 작품을 좀 더 오래, 더 세밀하게 관찰해야 한다.

브릭캠퍼스 주변 맛집

브릭커피

예쁜 실타래 빙수가 마음 설레게 하는 것은 물론 앤틱한 인테리어가 인상적인 카페이다. 빙수와 커피는 물론 크로와상 또한 맛있는 곳이다.

위치 제주시 정존1길 21
전화 0507-1307-4041
시간 11:00~22:00 / 수요일 휴무
메뉴 실타래빙수 15,000원, 아메리카노 3,800원

블로비포레스트

제주 먼바다와 한가로운 숲을 투명한 돔 안에서 즐기는 대형 정원 바비큐 카페이다.

위치 제주시 수목원서길 62-5
전화 0507-1429-2274
시간 14:00~22:00
메뉴 바베큐 ALL in set(3인) 120,000원, (4인) 160,000원

털보네 장원랜드

제주에서 장어를 먹고 싶다면 친절하고 맛있는 이곳을 찾도록 하자.

위치 제주시 1100로 3001
전화 064-749-7210
시간 11:00~21:30(15:00~16:00 브레이크타임) / 수요일 휴무
메뉴 히츠마부시 28,000원, 어린이메뉴 9,600원

스시제주

가성비 끝내주는 노형동 회전초밥집. 공항에서 가까우니 가볍게 한 끼 식사가 가능하다.

위치 제주시 원노형남1길 16 2층
전화 064-749-2557
시간 11:30~21:00
메뉴 초밥 2,200원부터

아이와 떠나는 제주 여행 버킷리스트

부록

제주도 한달살이 | 제주도 일년살이

부록

제주도 한달살이

1. 한달살이 숙소 구하기

　제주도에서 한달살이를 위해 가장 먼저 해야 할 일은 집을 구하는 일이다. '한달살이' 집의 유형은 매우 다양한데 제주도 전통 돌집을 리모델링한 현대식 제주 돌집, 제주도 시골집을 리모델링한 제주 촌집, 한달살이 타운하우스, 개인 펜션, 빌라, 아파트, 오피스텔까지 각양각색이다.

　우선 '제사모' 카페에 가입하는 것이 좋다. 이곳에는 한달살이 집을 구하는 것부터 다양한 정보가 정리되어 있다. 한달살이 비용부터, 위치, 집 모양과 내부 사진까지 모든 정보가 이곳에 있으니 참고해 보자. 마음에 드는 집을 구한 후 나와 있는 연락처로 직접 연락을 해서 예약을 하고, 비용을 입금하면 계약이 체결된다. 요즘은 '제사모'카페 외에도 숙소 자체 홈페이지에서 예약을 받는 경우도 있으니 확인해 보자. 또한 에어비앤비와 같은 플랫폼을 이용하는 방법도 추천한다. 플랫폼을 활용하면 수수료는 다소 비싸더라도 믿을 만한 숙소를 구하기 좋다.

제주도는 관광지이기에 성수기와 비성수기의 숙소 비용이 크게 차이가 난다. 특히 아이들이 방학을 하는 7~8월의 극성수기에는 한달살이 방을 구하기가 쉽지 않고 가격 또한 매우 비싸다. 반면에 가을과 겨울 같은 비수기에는 한달살이 방을 구하기가 쉬운 편이며 가격도 많이 내려간다.

한달살이에서 가장 인기가 좋은 곳은 역시 제주도 전통 돌집이다. 외부는 전통 돌집의 모양이지만 실내는 깨끗하게 리모델링되어 쾌적하고 안락하다. 이러한 곳은 한달살이 비용이 400~500만 원 정도 되며, 몇 달 전부터 예약이 마감되어 예약이 어렵다. 촌집, 타운하우스, 단독주택도 인기가 좋은데 이곳도 한달살이 비용이 350~450만 원 정도로 비싼 편이다. 아무래도 집 한 채를 단독으로 빌리려면 이 정도의 비용을 감수해야 한다. 빌라나 오피스텔, 아파트를 빌리는 것은 단독주택에 비하여 비교적 저렴하다. 하지만 이것도 원룸부터 20평대~30평대까지 금액이 차이가 커서 인원과 생활 방식에 따라 잘 선택해서 결정해야 한다.

주거 형태		단독주택 (돌집, 타운하우스, 촌집, 주택)	빌라/아파트	오피스텔	원룸
시즌	비수기	250~400만 원	200~300만 원	150~250만 원	100~200만 원
	여름방학 (극성수기)	300~500만 원	250~400만 원	200~300만 원	100~200만 원

한달살이 숙소를 선택할 때는 가족의 구성과 연령에 따라 지역을 선택해야 한다. 어린아이(유아~초등 저학년)가 있는 경우는 지나치게 바닷가나 산속으로 들어가지 않을 것을 추천한다. 제주도는 제주시 도심과 산간, 바닷가에 따라 의료시설과 생활 편의시설이 천차만별이다. 특히 병원은 시골에서는 찾아보기 힘들다. 어린아이가 있는 경우 소아과나 약국 등 의료시설이 가까이 있어야 하고 마트에서 장을 보아야 하는 경우도 많기 때문에 도심에서 가까운 곳에 숙소를 얻는 곳이 좋다. 제주시 동지역 외곽에도 한달살이 숙소가 많으니 그곳을 중점으로 찾아보자. 아이들이 어느 정도 큰 경우(초등 고학년~중고등학생)는 바닷가나 산간 등 관광지에서 한달살이를 해 보는 것도 좋은 경험이 될 것이다. 아이들이 크다면 병원에 가거나 긴급상황이 발생할 확률이 적기에 제주스러운 마을에서 한달살이를 하는 것도 좋은 선택이 될 것이다.

또 한달살이의 목적에 따라 여름 물놀이 위주라면 바닷가 근처를, 숙소에서 푹 쉬며 잔디 마당과 바깥 경치를 즐기는 목적이라면 바닷가가 아닌 중산간에 위치한 숙소를 추천한다. 바닷가 근처의 숙소는 습하고 다소 시끄러울 수 있기 때문이다. 겨울에 한달살이를 한다면 오르막길이 있는 산간의 숙소는 피해야 한다. 길에 빙판이 얼어 차가 올라가지 못하는 경우가 있기 때문이다.

	해안가 숙소	중산간 숙소
장점	• 여름에 해수욕장이 가까워 물놀이 즐기기에 동선이 좋음. • 겨울 한달살이 시 빙판이 얼지 않아 이동하기 쉬움.	• 조용히 먼 바다 경치를 즐기고 아이들이 마당에서 뛰어놀기 좋음. • 습기가 바닷가에 비해 적어서 덜 눅눅함.
단점	• 습기가 많아 침구가 눅눅할 수 있으니 관리가 잘 되는지 확인해야 함. • 해수욕장 바로 앞이라면 다소 시끄러울 수 있음.	• 겨울에 차가운 날씨로 도로가 얼거나 눈이 쌓이면 이동하기 힘듦. • 외진 곳이 많아서 무서울 수 있음.

또 마트나 편의점은 가까운 거리에 있는지, 음식은 배달이 되는 곳인지 잘 따져 보아야 한다. 제주도에는 음식 배달도 되지 않는 곳이 의외로 많다. 제주도는 대형마트가 제주시에 두 곳, 서귀포시에도 두 곳 밖에 없고 하나로 마트가 지역마다 있어 생필

품이나 먹거리 등을 이곳에서 해결한다. 제주도에는 '하나로세권'이라는 말이 있을 정도로 하나로 마트는 지역의 중심이니 집을 구할 때 참고하자.

> **숙소 구할 때 낭패을 피하는 방법**
> ❶ 제주 시내와 서귀포 시내를 제외한 시골의 조용한 숙소의 경우 근처에 갈만한 병원이 없을 가능성이 많으므로 근방에 작은 의원이라도 있는지 확인해야 한다.
> ❷ 겨울에는 가스비(난방비)를 별도로 받는 경우가 있는데, 숙소가 빌라 형태이면 가스비가 많이 나오지 않아 가성비 좋은 선택이다. 단독주택이라면 숙소 포함 가격을 계산해 보고 결정해야 한다. 보통 일반 40평 정도 되는 주택의 경우 아주 추운 겨울(1~2월달)에 난방 가스비가 월 30만 원 이상 나오고 복층 구조의 주택은 40~60만 원까지 나온다.
> ❸ 포털사이트에서 숙박업소로 등록이 되어 있는지 검색해 보자.
> ❹ 카카오톡이나 관련 채널 창으로 호스트와 연락 시 연락이 잘 되는지 반드시 확인하자.
> ❺ 주소를 받고 거리뷰로 위치와 시내권까지의 거리를 알아본다.
> ❻ 후기가 많이 올라온 곳일수록 안심할 수 있다.

2. 교통 선택하기

집을 계약했으면 일정에 맞추어 비행기나 배를 예약해야 한다. 만일 자가용을 가지고 갈 계획이면 배를 예약하고, 그렇지 않다면 비행기를 예약하는 것이 경제적이다. 2주 이상 제주살이를 할 계획이라면 자가용을 가지고 가는 것이 좋다. 성수기에 렌터카를 대여하는 것은 경제적으로 큰 부담이 된다. 또한 장기적으로 렌트를 해 주는 업체도 찾기 힘들다. 렌트카는 한 달 정도 장기적으로 렌트를 해 주는 것을 꺼리기에 차량을 반납하고 다시 예약해야 해서 경제적, 시간적으로 부담이 된다. 자가용을 가지고 가면 마음 편히 운전할 수 있다. 배에 싣는 비용만 부담하면 더 이상 드는 비용이 없기에 훨씬 경제적이다. 만일 차 없이 대중교통을 이용해 제주살이를 할 생각이라면 다시 한번 생각해 보기를 바란다. 제주도는 대도시처럼 대중교통이 잘 되어 있지 않아 길에서 보내는 시간이 상당할 것이다. 제주도는 차가 없으면 참 불편한 곳이다. 특히 아이와 함께 간다면 말이다.

3. 일정 짜기

집과 교통이 해결되었다면 이제 여행 계획을 짜 보자. 이때 꼭 필요한 것이 제주도 지도이다. 제주도는 섬이지만 면적이 넓기 때문에 동선을 잘못 짜면 차 안에서 몇 시간씩 허비할 수 있고 체력적으로도 힘들다. 지도를 보고 지역별로 묶어 여행 계획을 짤 것을 권장한다. 제주도를 찾는 관광객들이 지역을 생각하지 않고 동쪽 서쪽을 왔다 갔다 하며 비경제적으로 움직이는 것을 보면 안타까운 마음이 들 때가 많다. 기억하자. 제주도는 우리나라에서 가장 큰 섬이라는 것을. 제주 한달살이는 하루하루 소중한 시간이다. 제주에 있는 동안 구석구석 숨은 명소를 알차게 여행하기 위해서는 효율적으로 일정을 짜야 한다.

1) 주제별 일정 짜기

　제주도에는 많은 관광지와 박물관, 체험장소가 있다. 후회 없이 제주도에서 시간을 보내기 위해서는 주제별로 일정을 짜는 것이 좋다. 예를 들면 제주도의 자연, 박물관, 체험, 명소로 나누어 일정을 짜고 이동해 보자. 이렇게 하면 선택의 폭이 넓어지고 숨은 명소까지 방문할 수 있는 기회가 될 것이다. 기준 없이 이곳저곳을 다닌다면 남는 것이 별로 없는 여행이 될 위험이 있다. 이 책에서는 주제별로 제주도에서 가 볼만한 곳을 소개하고 있다.

2) 지역별 일정 짜기

　제주도는 우리나라에서 가장 큰 섬이다. 거리가 가장 먼 서쪽 끝에서 동쪽 끝까지는 70km 정도 거리이며 1시간 30분~2시간 정도 운전을 해야 한다. 도시에서의 한 시간 운전과 제주도에서의 한 시간 운전은 다르다. 보통 35km 정도의 거리가 한 시간 정도이고 서울에서 경기도 외곽으로 가는 거리라고 생각하면 되는데, 길이 막히지 않아 시간이 짧게 걸린다고 큰 부담이 느껴지지 않는 것뿐이지 운전해서 가기에는 피곤할 수 있다. 또 제주도는 섬 한가운데에 한라산이 버티고 있기 때문에 동쪽에서 서쪽, 북쪽에서 남쪽으로 가기 위해서는 산을 타고 넘어가야 한다. 산간 도로는 운전 길이 쉽지 않고 구불구불한 길도 꽤 있기 때문에 피로감이 상당해서 아이들도 멀미를 하거나 체력적으로 지칠 수 있다. 따라서 효율적인 제주도 관광을 위해서는 지역별로 나누어 관광을 하는 것이 좋은 방법이다.

　제주시 도심·애월의 북서쪽, 한림·한경의 제주 서쪽, 안덕·대정의 서남쪽, 조천·구좌 또는 성산·표선의 제주 동쪽, 서귀포 도심·남원 또는 서귀포 도심·중문 등으로 지역을 묶어 여행하는 것을 추천한다. 이렇게 하면 시간과 노력 면에서 경제적이어서 효율적으로 여행할 수 있다.

4. 한달살이 - 쇼핑편

1) 편의점

제주도의 편의점은 육지의 편의점과 의미가 다르다. 제주도에서 편의점은 생활의 큰 부분을 차지한다. 동네마다 있는 편의점에서 대부분의 먹거리와 생필품을 해결해야 한다. 또한 도심을 제외하고는 대부분 11~12시에 문을 닫는다. 그래서 편의점 영업시간을 알아두는 것이 중요하다. 칫솔, 치약, 샴푸, 비누부터 라면, 햇반, 도시락, 김치, 계란까지 모두 편의점에서 구입을 해야 한다. 아이들에게 제주도 편의점은 간식을 해결하는 유일한 공간이다. 이렇게 간단한 물품과 간식들은 편의점에서 구입하면 된다.

2) 하나로마트

하나로마트는 제주도 읍면 지역에 1~2개 정도 있다. 이곳에 가면 그 지역에 사는 사람들의 대부분을 만날 수 있다. 하나로마트는 제주도에서 종합쇼핑몰의 역할을 한다. 여름이면 수영복, 물놀이 도구를 팔고, 아이들의 학용품, 장난감까지 이곳에서 해결한다. 상품의 종류가 다양하지 않고 수량이 적어 아쉬울 수 있다. 하지만 하나로마트는 신선한 과일과 먹거리 등을 비교적 저렴한 가격에 구입할 수 있어 자주 가게 될 것이다. 읍에 1~2개밖에 있지 않아 이곳에 가는 것이 멀고 부담될 수 있으니, 하나로마트에 간다면 쇼핑 계획을 잘 세워 한 번에 대량으로 구입하기 바란다.

> **마트에서 싸게 구입하기 좋은 기본 식재료**
> ❶ **제주 당근, 무** : 그냥 먹어도 달고 아삭해서 작게 잘라 아이들 간식으로 줘도 좋아한다.
> ❷ **제주 브로콜리, 감자** : 제주 밭에서 생산된 식재료들은 육지보다 싸고 신선하다. 특별한 조리법 없이 데치거나 쪄 주면 끝.
> ❸ **제주 미니 밤호박** : 찌거나 에어프라이어에 돌려 먹으면 아이들 잘 먹고 영양가 만점!
> ❹ **제주 흑돼지** : 당연히 육지보다 싼 편. 흑돼지 전문 음식점에 가기 어려워서 숙소에서 간단히 구워 먹는다면 괜찮은 선택.

> ❺ **멜젓(멸치젓)** : 흑돼지 구워 먹을 때 같이 찍어 먹는 제주도만의 특제 소스. 스테인리스 종지에 멜젓:소주를 1:1로 섞고 청양고추, 다진 마늘을 살짝 넣어서 그릴 위에 올려 끓여 먹으면 비싼 흑돼지 음식점 안 부럽다.
> ❻ **제철 회** : 마트에 제공되는 회도 신선하고 가성비 좋은 편. 횟집에 가기 어렵다면 마트에서 구입하여 숙소에서 먹는 것도 좋은 선택. 저녁에 가면 이미 동나고 없으니 미리미리 GET할 것.
> ❼ **귤 잼, 당근 잼** : 아침에 급할 때 아이들 빵에 발라 주면 잘 먹는다.
> ❽ **감귤 과즐** : 아이들이 의외로 좋아하며 잘 먹는 간식. 단, 부스러기 발생주의.

3) 다이소

편의점, 하나로마트에 없는 물건들은 다이소에서 구할 수 있다. 제주도에는 지금 다이소가 곳곳에 들어서고 있다. 이곳에서는 아이들의 천국으로 아이들의 장난감과 학용품, 준비물 등을 구입할 수 있다. 또한 간단한 간식거리도 팔고 있어 다방면으로 유용하다. 철물점 코너가 있어 간단한 공구나 무언가를 고칠 때 필요한 재료를 살 수 있다. 주방용품, 그릇, 청소용품까지 다이소는 제주도에서 그 영역을 넓히며 쇼핑의 중심지로 떠오르고 있다.

> **아이와 한달살이 때 다이소에서 싸게 구입하기 좋은 물건**
> ❶ **아동용 작업 장갑** : 바다에서 보말을 캐거나 당근 캐기 체험 등을 할 때 필수.
> ❷ **색연필, 사인펜 등의 학용품** : 숙소에서 심심하다는 아이들이 그림 그릴 때 좋음.
> ❸ **모래놀이 세트** : 해수욕장 가서 모래놀이를 더 많이 즐기고 싶다면 구입하자.

4) 대형마트

제주시에 이마트와 롯데마트, 서귀포시에 이마트와 홈플러스가 있다. 제주도에서 마트는 육지의 백화점과 같다. 제주도민들은 이곳에서 옷과 신발, 가방을 사며 전자제품까지 다 해결한다. 제주시와 서귀포시 도심에서 먼 지역에 사는 사람들은 1시간이 넘는 거리를 운전해서 이곳에 온다. 이런 이유로 제주도에서 대형마트를 가는 것은 큰 노력과 시간이 드는 일이다. 만일 제주살이를 하며 제주시 도심과 서귀포시 도심을 갈 일이 있다면 꼭 마트에 들러 필요한 것들을 한 번에 사 오기를 바란다. 대부분 한달살이를 하는 분들이 제주도 시골의 집을 구하는 경우가 많기에 대형마트에 가는 것은 쉬운 일이 아닐 것이다. 도심에 나갈 일이 있으면 꼭 쇼핑 리스트를 생각해서 방문하기를 바란다. 이렇게 제주도는 육지와 다른 것이 많은 섬이다.

아이와 한달살이 때 대형마트에서 싸게 구입하기 좋은 물건

❶ **수영복, 아쿠아슈즈** : 하나로마트보다 종류가 다양하고 많아서 마음에 드는 것을 고르기 좋다.

❷ **물놀이 도구, 스노클링 등** : 튼튼한 걸로 사서 제대로 놀고 싶다면 대형마트에서 구입하는 것이 낫다.

❸ **각종 공산품** : 식재료가 아닌 일반적인 물건들은 하나로마트보다 물건도 더 다양하고 품질 좋은 물건을 고를 수 있으며, 하나로마트보다 더 저렴하고 할인되는 것도 많이 있으니 대형마트에 들린 김에 사 가면 절약할 수 있다.

5. 한달살이 – 음식편

제주도로 여행을 가면 좋은 점 중의 하나가 음식이다. 제주도는 사면이 바다로 둘러싸인 지역의 특성상 해산물이 다양하고 풍부하다. 예로부터 자급자족을 해왔기에 척박한 땅을 가꾸어 농사도 지었다. 전복, 보말, 미역, 톳, 우뭇가사리와 갈치, 방어, 옥돔, 한치 등 해산물이 많이 잡히고 양배추, 당근, 무, 브로콜리, 비트 등도 많이 재배된다. 흑돼지고기, 말고기는 제주도를 방문하는 관광객들이면 한 번쯤 떠올려 보는 먹거리이다. 제주도는 과일도 많이 열리는데 감귤, 한라봉, 천혜향, 황금향, 레드향 등의 귤뿐 아니라 애월읍 신엄리에서는 수박이 많이 열리고 성산읍에서는 딸기가 유명하다. 제주살이를 경험하다 보면 짧게 관광을 왔을 때와는 다른 제주도의 특성이 보인다. 볼거리도 먹거리도 많은 매력적인 섬 제주도의 먹거리를 소개해 보고자 한다.

식사류

❶ **보말죽, 보말 미역국** : 보말의 영양가는 단연 최고.
❷ **성게미역국** : 아이도 잘 먹는 든든한 한 끼.
❸ **제주 흑돼지 바비큐 요리** : 백돼지에 비하여 육질이 두껍고 단백질 함량이 높은 영양 음식.
❹ **제주 흑돼지 돈까스** : 돈까스 전문 맛집 추천.
❺ **갈치조림, 고등어조림** : 가시 제거 및 손질된 것이 좋다.
❻ **옥돔 정식** : 고소한 옥돔살은 아이들도 좋아한다.
❼ **전복죽, 전복돌솥밥** : 유아의 이유식으로 전복죽만한 것이 없고, 전복돌솥밥은 최고의 영양식
❽ **비빔밥** : 제주 로컬 채소로 깨끗한 한 끼 챙겨 먹기.

제주 별미

❶ **성게국수** : 어른들과 아이들 모두 만족스러운 든든한 한 끼 식사.
❷ **고기국수, 돔베고기** : 고기가 부드러워 아이들도 먹기 좋다.
❸ **제주 흑돼지 수제버거** : 아이들 좋아하는 햄버거로 기분 업!
❹ **현무암 샌드위치** : 현무암 빛깔의 빵에 신선한 제주산 야채와 과일이 듬뿍.
❺ **보말전, 뿔소라전** : 제주도에 많이 나는 보말과 뿔소라로 만든 전은 어른과 아이들에게 최고의 간식.
❻ **한치 돌솥밥** : 제주도 한치는 회로 먹어도 맛있고 라면에 넣어도 맛있고, 돌솥밥에 썰어 넣어도 맛있어 어떤 음식과도 궁합이 맞음.
❼ **보말 한치 파스타** : 제주 로컬 식재료와 이탈리안 파스타를 활용한 독특한 음식으로 색다른 식문화 경험하기.
❽ **돌문어 볶음밥** : 탱글탱글한 돌문어를 썰어 함께 만든 볶음밥은 최고의 별미.
❾ **청귤 소바** : 제주 로컬 청귤과 일본식 소바의 만남으로 독특하고 맛있는 음식 경험하기.

간식류

❶ **제철 과일** : 귤, 한라봉, 레드향 등. 특히 레드향은 신맛이 안 나고 단맛이 많이 나서 신 과일을 못 먹는 아이들에게 추천한다. 마트보다 귤 가게에서 저렴하게 사는 것이 좋다.
❷ **귤잼, 한라봉잼, 당근잼** : 하나로마트에서 구입 추천.

❸ 한라봉 쥬스 : 동문시장, 서귀포올레시장 추천.
❹ 한라봉 에이드, 청귤 에이드 : 카페 메뉴에 많이 있는 편.
❺ 제주 유기농 우유 제품 또는 우유아이스크림 : 유기농 우유 카페, 아침미소목장, 오설록 등 추천.
❻ 제주 우뭇가사리 푸딩 : 우무 추천.
❼ 감귤 과즐 : 하나로마트나 귤 가게에서 구입 추천.
❽ 우도 땅콩 초코 찰떡파이 : 하나로마트 추천.
❾ 제주 전통 과자(증편, 모나카) : 구옥 돌집 개조 카페의 디저트.
❿ 제주 마음샌드(파리바게뜨 제주공항점) : 집으로 갈 때 공항에서 구입 가능.
⓫ 돌짝대기(아이스크림 돼지바 제주도 한정판) : 제주도 편의점이나 슈퍼에서만 판매, 운 좋으면 구입 가능.

6. 한달살이 생활하기 - 여름 한달살이와 겨울 한달살이

제주도 한달살이를 경험하는 대부분의 가족들이 자녀의 방학 기간에 맞추어 제주도에 오는 경우가 많기에 여름방학과 겨울방학 한달살이가 일반적이다. 제주도에서 여름과 겨울은 차이가 크기 때문에 제주도 여름과 겨울의 특징을 알고 한달살이를 준비하는 것이 중요하다.

제주도의 여름은 사계절 중 가장 화려한 시기이다. 갈 곳과 즐길 것, 먹을 것 많아서 관광객이 많이 찾는다. 여름에는 제주도의 아름다운 바다에 몸을 담그고 물놀이를 하며 하루 종일 시간을 보낼 수 있으며 가성비 좋은 호텔의 수영장에서 재미있는 시간을 보낼 수도 있다. 또한, 시원한 박물관을 찾아 다양한 전시물을 관람하고 체험할 수 있고, 때로는 오름에 올라 상쾌한 제주 바람을 맞을 수도 있다. 나무가 울창한 숲길을 걷는 것도 좋은 선택이 될 것이다. 해가 긴 여름은 저녁 늦은 시간까지 음식점과 카페가 영업을 하고 다양한 관광지도 시간을 연장하여 운영한다. 선선한 저녁에 가족과 저녁을 먹고 예쁜 카페를 방문하는 것도 좋은 추억이 될 수 있다. 더운 날씨이긴 하지만 여름에는 이렇게 갈 곳도 즐길 것도 많다.

제주도의 겨울은 육지의 겨울과는 많이 다르다. 제주도의 겨울은 육지에 비하여 해

가 일찍 진다. 11월만 되어도 저녁 5시면 어두워지고 카페와 음식점도 6시면 대부분 문을 닫는다. 겨울철 제주도는 관광지 특유의 생기와 화려함을 찾기 어렵다. 사방이 어두운 까닭에 한달살이를 할 때 저녁에는 대부분 숙소에서 시간을 보낸다. 겨울철에 한달살이를 한다면 숙소에서 즐길 거리를 준비해 가야 한다. 조용히 제주도에서 시간을 보내고 싶다면 오히려 사람들이 많은 여름보다는 겨울이 적합할 수도 있다. 저녁에 조용히 책을 보기에 좋은 계절이기 때문이다. 낮에 제주도의 이곳저곳을 다니고 싶다면 실외보다는 실내를 추천한다. 제주도는 바람이 많이 부는 곳이므로 제주도의 바닷가를 가거나 오름에 가면 생각보다 세고 차가운 바람에 놀랄 것이다. 이러한 이유로 겨울에는 실내 관광지를 추천한다. 다양한 박물관과 실내 놀이시설에서 주로 시간을 보내게 된다. 다만, 겨울이라고 실내에만 있으라는 것은 아니다. 다행히 겨울철에는 재미있는 실외 체험이 기다리고 있다. 겨울에 한달살이를 한다면 가족과 감귤 따기 체험을 꼭 해 보기를 바란다. 가족과 재미있는 추억을 쌓고 저렴한 가격에 맛있는 감귤의 맛도 즐길 수 있을 것이다.

    이렇게 다른 계절의 특성을 잘 알고 제주도 한달살이를 한다면 더욱 재미있는 시간이 될 것이다. 이 책에서 가족과 함께 시간을 보낼 수 있는 실내외 관광지와 체험장소를 소개하고 있으니 도움이 되기를 바란다.

7. 한달살이 - 긴급상황

    제주도에서 의료 수준이 높은 병원은 대부분 제주시 도심에 몰려있다. 실제로 제주도민들도 간단한 치료를 제외하고는 모두 제주시까지 차를 몰고 나온다. 제주시 중에서 신제주권이라고 불리는 노형동은 서울의 병원과 비교해도 수준이 떨어지지 않아 많은 제주도민들이 병원 진료를 받으러 자주 찾는다. 제주도에서 응급실을 운영하는 대형병원은 몇 군데 되지 않는다. 제주시권으로는 제주대학교병원, 한라병원, 한국병원, 한마음병원이 있으며 서귀포시권으로는 서귀포 의료원 응급실이 유일하다. 이 때문에 어린아이와 제주살이를 할 경우 큰 병원이 멀지 않은 곳에 숙소를 잡아야 한다. 아이들은 갑자기 병원에 갈 일이 생길 수 있기 때문에 이러한 대형병원 응급실을 알아두는 것은 매우 중요하다.

    참고로 제주도 읍면 지역에서 소아과를 찾는 것은 매우 어렵다. 시골에서는 개인이 운영하는 의원에서 아이들 진찰과 처방까지 모두 하고 있어 전문적이지는 않다. 이 때문에 아이가 아픈 경우 한 시간씩 차를 타고 제주 시내권으로 오는 경우가 많다. 이처럼 대부분의 의료시설과 편의시설이 제주 시내에 몰려있다는 것을 알고 있어야 한다.

제주도내 대형병원 응급실

❶ **제주대학교 응급실** : 제주 제주시 아란13길 15 (064-717-1900)
❷ **제주한라병원 응급실** : 제주 제주시 도령로 65 (064-740-5158)
❸ **제주한국병원 응급실** : 제주 제주시 서광로 193 (064-750-0119)
❹ **한마음병원 응급실** : 제주 제주시 연신로 52 (064-750-9119)
❺ **서귀포의료원 응급실** : 제주 서귀포시 동홍동 1530 (064-730-3001)

부록

제주도 일년살이

1. 제주 일년살이 집 구하기

　주로 년세(월세 1년 치를 한꺼번에 내고 1년간 생활하는 제주도의 독특한 부동산 시스템)로 계약하는 경우가 많다(전세는 2년 계약). 기왕 제주도에 살아 보는 김에 단독주택이나 타운하우스에 한번 살아볼 것을 꿈꾸며 주택 형태의 집을 알아보는 경우가 많다. 하지만 다들 같은 마음이어서일까? 이제는 이런 주택이 인기가 많아서 년세나 전세를 구하기가 쉽지 않다. 또 년세도 많이 올라서 부담스러울 수 있다. 하지만 제주도 일년살이의 로망을 실현하기 위해 이런 곳을 알아보는 것은 추천한다. 만약 구하기 어렵다면 아파트나 빌라에서 좀 더 편하게 생활하면서 제주 곳곳을 즐기는 방향으로 계획을 잡아도 크게 후회는 없을 것이다.

	주택, 타운하우스	빌라, 아파트
장점	• 층간소음 걱정 없이 아이들을 마음껏 뛰놀게 할 수 있다. • 마당을 활용하기 좋다(바비큐, 캠핑, 불멍 가능). • 이웃과의 거리가 가깝다.	• 집수리 또는 관리할 게 따로 없어 편하다. • 난방비가 비교적 적게 나온다. • 사생활이 존중된다(안전, 치안 등의 걱정이 덜한 편).
단점	• 난방비가 많이 나온다. • 집과 마당을 관리 해야 한다. • 벌레가 많이 나온다(지네, 뱀 등). • 사생활 보호가 안 될 수도 있다(단독주택은 대문이 없는 경우도 많음).	• 층간소음이 발생할 수 있다. • 마당이 없으면 바비큐 로망 실현 불가. • 이웃과 친해지려면 약간의 노력이 필요하다.

2. 아이가 다닐 제주도 초등학교 알아보기

　제주도는 전국에서 유일하게 사립 초등학교가 없이 모든 초등학교가 국공립 초등학교인 지역이다. 따라서 어느 지역에 집을 구하고 어느 학교에 아이를 보낼 것인지만 고민하면 된다. 제주도의 초등교육과정은 모든 학교가 거의 비슷하게 진행된다고 보면 된다.

　제주도 초등학교는 주로 1~2월 두 달간의 겨울방학, 7월 말~8월 중순까지 약 3주간의 여름방학이 있다. 1~2월에 이사 와서 미리 전입학 신고를 하여 3월에 함께 새 학기를 시작하는 방법을 추천한다. 학기 중간에 전학 와서 4~5개월 정도 생활하다 학기 중에 다시 전출 가는 경우는 별로 추천하고 싶지 않다. 아이도 중간에 반 친구들이 바뀌어 적응하기 쉽지 않고, 제주에 사는 다른 친구들 입장에서도 친해진 친구가 중간에 떠나면 그리워하고 힘들어하는 경우가 있다. 될 수 있으면 한 학년을 오롯이 함께 보내고 학년이 바뀔 때 작별하는 것이 모든 학생들에게 더 좋은 방향이었다는 것이 교사로서의 경험적 의견이다.

　제주도의 초등학교를 선택할 때 고려할 점은 일단 집과 학교 간의 거리이다. 아무래도 집과 학교의 거리가 너무 멀면 매일 아이를 픽업하는 일이 스트레스가 될 수 있으니 가장 먼저 고려할 부분이다. 다음으로 학교의 규모를 보자. 제주도는 하나의 섬 안에 소규모, 중규모, 대규모 학교가 모두 있다. 어느 학교가 더 좋고 나쁠 것 없이 아이의 특성과 가정 상황에 알맞게 선택하면 좋다.

	소규모 학교	중규모 학교	대규모 학교
학생수	전교생 50명 내외	전교생 200~400명 내외	전교생 700명 이상
규모	6학급(한 학년에 1반씩만 있음, 한 반에 10명 내외)	평균 12학급~18학급 정도 (한 학년당 2~3반, 한 반에 20~25명 내외)	평균 25~35학급 이상(한 학년당 6반 이상, 한 반당 25~30명 내외)
장점	● 대부분의 시골 학교에 해당되어 아이들을 자연친화적으로 키우기에 좋은 조건이다. ● 학생 수가 적기 때문에 선생님들께서 한 명 한 명을 세심하게 봐주실 수 있다. ● 근처에 학원이 없어서 많은 아이들이 늦게까지 학교에 남으며, 방과 후 수업 등을 함께 하는 경우가 많다. ● 혁신학교의 경우 학교에서 다양한 프로그램을 운영한다.	● 소규모 학교와 대규모 학교의 중간 규모여서 각각의 장점을 섞어놓은 느낌이다. ● 학생 수가 적당하여 친구들과 교류할 기회가 있고 근처에서 생필품을 구하는데 크게 불편하진 않다. ● 학교 인근에 단독주택이나 타운하우스 형태의 집을 구하기 수월하다.	● 대부분의 도심지 학교들에 해당되는데 친구들과 교류할 기회가 많다. ● 근처 인프라가 잘 형성되어 있어 학습준비물이나 원하는 물건을 쉽게 구할 수 있다. ● 근처에 학원이 많아서 쉽게 사교육을 접할 수 있다.
고려할점	● 학생 수가 적어서 아이들이 다양한 친구들과 교류할 기회가 적다. 그래서 선후배 학생 간의 교류와 활동이 더 활발하다. ● 인프라가 부족하고, 집도 많지 않아 집을 구하기가 어려울 수 있다.	● 대규모 학교만큼 인프라가 잘 형성되어 있지는 않다. 학원이 별로 없고 학교 앞에 문구점이 없어서 준비물 구할 때 시내까지 나가야 하는 경우도 있다. ● 제주토박이 주민과 외지인의 구분이 명확해 교류가 쉽지 않다.	● 학교 근처에 단독주택이나 타운하우스와 같은 집의 형태가 별로 없고, 주로 아파트나 빌라 형태의 집으로 분포되어 있다. ● 대도시의 학교와 다를 것이 없다.

학교의 규모와 특성을 아는 방법

어느 초등학교든 학교 공식 홈페이지에 들어가면 '학교현황'이라는 탭이 있다. 여기를 클릭하면 그 학교의 전체 학생 수, 학급 수 등을 명확하게 파악할 수 있다. 의외로 많은 학부모들이 학교에 대한 정확한 정보를 수집하는 방법을 몰라서 인터넷에 떠도는 정보에 의존하는 경우가 있는데, 학교에 대한 모든 정보는 학교 홈페이지에서 확인하는 것이 가장 정확하니 학교의 공식 홈페이지를 잘 활용해 보자.

제주 국제학교 이야기

제주도에는 현재 4개의 국제학교가 있다. KIS(한국국제학교), SJB(세인트존스베리), NLCS(노스런던칼리지), BHA(브랭섬홀아시아)의 4개 학교가 서귀포시 대정읍 구억리 부근 영어마을에 모여 있으며, 이 학교를 중심으로 타운하우스와 빌라가 지어져 있고 근처에 학원이 모여 있는 빌딩도 꽤 들어서 있다. 이미 연예인이나 유명인의 자녀들이 다니는 곳으로도 많이 알려져 있다. 특히 원어민 선생님과 영어로 수업이 진행되기 때문에 자녀에게 영어를 생활 속에서 쓸 수 있는 교육의 기회를 주고 싶을 때 많이 고려하는 학교이다. 국제학교는 일반적인 초등교육과정을 이수하는 것이 아니라, IB교육과정(International Baccalaureate)이라는 국제공인 커리큘럼으로 수업이 진행된다. 학사 운영 기간도 일반 학교와 달리 8월에 새 학년이 시작되어 다음 해 6월에 종료된다.

제주살이를 하면서 아이를 국제학교에 보내고 싶다면 영어마을에서 살아 보자. 아이들은 집과 학교가 가까워서 좋고 서귀포 대정, 안덕 등 근처에 가볼 만한 곳이 많으며 자연 친화적이어서 쾌적하다. 제주 시내와 공항까지 약 40km 정도 떨어져 있지만, 영어마을 안에 상점이나 편의시설 등 웬만한 인프라는 거의 다 갖추어져 있어서 영어마을 생활권 안에서는 크게 불편함이 없을 것이다.

제주형 IB교육과정 시범 운영

IB교육과정은 스위스 제네바에 설립된 비영리 교육재단인 국제바칼로레아기구가 주관하는 국제공인교육과정이다. 1968년 프랑스에서 외교관 자녀를 위한 대입시험으로 개발되었다가 현재는 세계 150여 개의 나라에서 약 100만 명 정도의 학생들이 이 커리큘럼을 이수하고 있다. 제주 국제학교가 바로 이 IB교육과정으로 운영 중이다. 그리고 제주도교육청에서는 IB교육과정을 제주도 공교육에 도입해 보고자 몇 개의 시범학교를 운영하고 있다. (현재 제주도 IB교육과정 운영 후보 초등학교 : 표선초등학교, 온평초등학교, 토산초등학교, 제주북초등학교, 풍천초등학교) 내 아이를 공립초등학교에 보내면서 동시에 IB교육과정을 경험해 보고 싶다면 제주도의 IB 후보 학교에 가볼 것을 추천한다.

3. 제주로 이사하기

　제주 이사는 1박 2일이 걸린다. 첫날 아침 육지에서 이삿짐을 싸고 목포항(또는 다른 항)까지 간 뒤, 그날 밤에 배로 이삿짐을 싣고 제주도로 간다. 둘째 날 아침 제주항에 도착하면 제주의 집까지 이동하여 짐을 풀고 정리하고 나면 이사 끝. 제주로 가는 이사는 이틀 정도 걸린다는 점을 기억하자.

　육지에서 제주도로 이주하는 것은 일반 이사에 비하여 큰일이다. 옆 동네의 아파트로 이사하는 것도 부담이 되는 일인데 바다를 건너 이사를 가는 것은 보통 일이 아니다. 가능하다면 최대한 이삿짐을 줄일 것을 조언한다. 기본적으로 제주도로의 이사는 도선료가 붙어 600~700만 원(서울, 7t 트럭 기준) 선이다. 짐을 줄일수록 이사비용이 줄어드는 것은 당연한 이치이다.

　제주도에는 '신구간'이라는 기간이 있는데 제주도민들은 대부분 이 시기에 이사를 한다. 자연스럽게 '신구간' 기간에는 이사비용이 비싸지고 이 기간을 벗어나면 저렴해진다. 이 점도 참고하여 이사를 진행하면 도움이 될 것이다.